西域四百年

割据与融合

400 Years of Western Regions

2

李东◎著

新世界出版社
NEW WORLD PRESS

图书在版编目（CIP）数据

西域四百年. 2，割据与融合 / 李东著. -- 北京 : 新世界出版社，2025. 5. -- ISBN 978-7-5104-8102-4

Ⅰ. K928.62

中国国家版本馆 CIP 数据核字第 20257SK584 号

西域四百年2：割据与融合

作　　者：李　东
责任编辑：范禄荣
责任校对：宣　慧　张杰楠
责任印制：王宝根
出　　版：新世界出版社
网　　址：http://www.nwp.com.cn
社　　址：北京西城区百万庄大街 24 号（100037）
发 行 部：(010)6899 5968（电话）　(010)6899 0635（电话）
总 编 室：(010)6899 5424（电话）　(010)6832 6679（传真）
版 权 部：+8610 6899 6306（电话）　nwpcd@sina.com（电邮）
印　　刷：天津丰富彩艺印刷有限公司
经　　销：新华书店
开　　本：880mm × 1230mm　1/32　尺寸：145mm × 210mm
字　　数：228 千字　　印张：9.5
版　　次：2025 年 5 月第 1 版　　2025 年 5 月第 1 次印刷
书　　号：ISBN 978-7-5104-8102-4
定　　价：69.00 元

推荐序

FOREWORD

读历史，打开更高维度的智慧

两汉四百年发展到三国时代，气数已尽。

诸葛亮的《出师表》道出了王朝更替的缘由：“亲贤臣，远小人，此先汉所以兴隆也；亲小人，远贤臣，此后汉所以倾颓也。”亲贤远佞是王朝兴盛的千古要诀；帝王被小人包围，则是王朝衰退的标志。

一代英主，开创基业，用人为先。近贤臣，远小人，做好了则是帝国之盛、百姓之福。历史如同波动的弦线，经过几代君主而由盛到衰时，各种问题层出不穷，无法规避。于是，改朝换代，这就是周期率，周而复始。诸葛亮的警世名言后人都懂，但王朝周期率依然循环，且在魏晋南北朝时期的波动频率更密集。

魏晋南北朝这段历史，多数人并不了解。历史教材也往往一笔而过，只要记得两汉之后的 400 年间有过“一汉、两赵、三秦、四燕、五凉加一夏”的十六国和之后的北朝魏与南朝宋齐梁陈，便可应付考卷。而这段时间里，西域这块土地上发生了什么，更是鲜为人知。

我很佩服李东先生能静心研读资料，写下西域系列的第二本书。

这段历史不是我的专长，只能从大历史观来作此序。

（一）

有权力就有了“小人包围”定律，这在五胡十六国和南北朝门阀制度下极为明显。这个包围圈中的小人有权臣、佞臣、外戚、女人，贤臣被排斥在圈子之外。小人当道，最终让老百姓失去信心。

老百姓养活了封建官员，但封建官员则认为是他们拯救了百姓。所以，从大历史来看，没有失控的百姓，只有失控的权力。当百姓无法左右封建官员对权力的放纵，生活在水深火热中时，一旦出现“引爆点”，王朝便可发生“易变”。

“贤臣”与“小人”的区别就是有道和无道，有德与无德。同道者也未必同德，当庙堂中缺少公平、正义、气节，这种土壤就会滋养出小人。所以吏治下的“道与德”，是王朝兴衰的关键。这就造成历史上动荡的年代，也是人才辈出的年代。

两汉之后，历史进入一个“门阀乱，大割据”时代，城头变幻大王旗，王朝频繁更替。

游牧民族入中原，对农耕民族展开掠夺。二者彼此争斗，又在磨合中融合，这就是人类为了生存的历史。

人有人性，有私欲，人性之私的争斗千百年来没有停止过，且必然有失败的一方。那些权争的赌徒总是在博弈，胜者不多，败者呢，则认输不认错，一旦恢复又要去赌，直至消亡。

十六国时期战乱频繁，而百姓反对战争，追求丰衣足食和诗酒田园。门阀官僚体系的强人拉帮结派，为了自身的私利相互博弈，结局便是两败俱伤或同归于尽。

百姓制止不了战争，国破山河在，人的生命力很强大，虽逢战乱、灾祸，但依旧繁衍下来。

中原王朝以农耕文明为基础，与北方游牧政权的生活方式不同，中原历朝历代都有外患，来自匈奴、鲜卑、柔然、高车……征战无数，白骨遍野。彼此从斗争到融合。经过千百年，北方的游牧政权先后消失。游牧民族入主中原后，也以华夏的“道与德”为标准，与中原大地的汉族及其他民族共同形成了大一统的中华民族。

农耕文明是经历了时间检验的文明，平和时，柔弱如水，震怒时，惊涛骇浪，并以水的包容逐步融合其他文明，形成同一价值观下的共同体。这是中华文明特有的凝聚力和向心力。在这种文化的共同认知下，中华文明独一无二地延续着。与其说一方水土养一方人，不如说一种共同的价值观滋养一方人。这就是历史，前进着，变化着，在此消彼长的矛盾中发展着。

（二）

20 世纪 50 年代，我的老师翦伯赞先生去内蒙古访古。他在呼伦贝尔看到优美富饶的草原，领悟到北方的游牧部落每每败落后，只要在这片丰饶的牧场上休养生息，50 年左右就可以再度兵强马壮。匈奴人如此，鲜卑人也如此，这也是规律。但对同一文化的认同，则可以使不同民族逐渐融合。五胡的创业者多是受汉文化教育长大的，也都是西晋的臣民，他们均认为自己代表着华夏正统。于是，就有了南北朝的割据到隋唐大一统的过程。

为了制止草原部落入侵，自汉以来就有了远交近攻的外交策略。从草原地带与农耕地带之间向西可以通往高昌和楼兰，这里成为中原王朝的屯兵之地。于是，二十四史中就有了专门写西域的传记，记录了西域的山川地形、人文风貌、宗教信仰，这就是文化的功效，而游牧民族用文字记录下来的史料极少，只能以考古和口头说唱作为历史考证。

从十六国到南北朝，那些帝王的人生就如同一场自编自导的闹剧，杀戮与被杀戮，说到底就是自作自受。人生如戏，戏如人生。大兵过后，必有大灾——经济萧条，土地荒芜。无为而治，与民休息，似乎是历代王朝初年的共识，这便是翦伯赞先生提出的“让步政策”。历史应该为执政提供史鉴，这才是历史的功效。

从文明来说，春秋时期的诸子百家从平民阶层崛起，都是规劝贵族阶层善待百姓，如此国家方可兴盛。到了战国时期，法家崛起，出现了驭民之术。同一时期的孟子提出“民为贵，社稷次之，君为轻”的民本思想，作为对法家的制衡。他提倡要以人为本，尊重百姓的生存自由，这是和谐发展的基础。

治官靠法，养民靠德。当一个王朝法不惩官，道德缺失，陷于钱权交易时，危险的信号就出现了。

秦之后，逐步形成了外儒内法的独特统治方式，但这只是拉长了王朝的寿命，并没解决根本的问题。究其原因，人是万物之灵，人性又有私欲，所以走着走着就走偏了。于是“道”起了作用，春夏秋冬轮回，呈现了王朝的周期率。

历史在向前发展，中华文明也在发展。南北朝时期，佛教的盛行成为融合的“黏合剂”，“胡汉一家”在西域传来的佛经中得以实现，形成了儒、释、道三者互为补充的局面。各民族从思想融合到文化融合，并完成了血脉融合。

魏晋南北朝近400年纷争的乱象，可以得出打天下易而治天下难的观点。治国难就难在君王权臣有私欲，而“道”的运转是不停止的。按“天人合一”的理论，谁欺辱了民，也就是蔑视了天，天必怨罚于人，这叫天谴，因不可捉摸，故后人很难觉悟。

《易经》是中华文明的精髓之一，博大精深，包含了哲学、占卜和伦理等方面的内容，强调阴阳两极的相互转化，以及人与自然的和谐统一。作为小宇宙的人类与天体构成的大宇宙同步则盛，逆行则衰。

人类出现以来，都在诅咒战争，但战争从未停止，原因何在?

战争的根源是权力，权力的根源是利益，利益的根源是人性。“争利”属于人的动物性，是本能，是需求，也展现了人性的劣根性。战争没有情，没有爱，是赤裸裸的掠夺与杀戮，从古至今，循环往复。文明的核心是人类的共存和发展，但权力有时让人不理智，让人总想消灭对手，结局往往是玉石俱焚。人类必须回归自然，彼此互相尊重，和谐发展。

（三）

由历史，我们可以回望现实。

我是1958年来到新疆的，当时随工作组进行塔吉克族社会历史调查，在帕米尔高原工作了8个月，与工作组成员共同完成了《塔吉克史志》的初稿。

帕米尔高原的石头城，就曾是西域三十六国中的蒲犁国所在地，生活在这里的居民属白种人，操波斯语。到了南北朝时期，这里叫朅（qiè）盘陀国，与两汉、魏晋南北朝均保持着隶属或朝贡关系。由石头城再往南行70公里的卡拉其峡谷，有一个浪漫的传说，说是中原的公主远嫁波斯，到达此地时，由于遇匪乱，被接亲的卫队安置在一处陡峭的山岗上保护起来，与外界隔离。每天太阳西下，就有王子骑着金马从天而降与公主相会。后来公主怀孕了，卫队不敢回波斯复命，于是在此地留了下来，公主所生的孩子成为后来的国王，这便是朅盘陀国的先祖。他们自此以后繁衍生息，称为“汉日天种”，意思是“大汉光芒下的天之骄子”，形成了中国的高原塔吉克人。当年汉家公主避乱的地方，被称为公主堡。

传说多源于真事，只是被神化而已。

古代的阳关在现在的敦煌西，西出阳关即通往楼兰、婼（ruò）羌的路，是重要的历史通道。后来，由于罗布泊断流，这条道荒芜了，阳关也成了戈壁中的一个土堆。20世纪50年代，自治区博物馆的李遇春教授在和田地区考古，这里是古代的于阗国。他说，和田地区存有大量汉文化和佛教文化的遗址，后来也因为水源和沙化问题，古城被放弃了，于阗国人向有水源的地域迁徙。从遗址的规模来看，于阗国当年人丁兴旺。

当年，我们去蒲犁县，即今天的塔什库尔干县，那里有塔吉克族6000余人，土地贫瘠，无霜期短，生产力低下。塔吉克人过着半牧半耕的贫苦生活。我由于年轻，先有了历史结论，用阶级斗争观去寻找地主富农的剥削阶级，但走遍蒲犁的山水，除了塔吉克人的淳朴好客外，我找不到地主庄园和剥削阶层的任何痕迹。

当时的塔吉克人生活贫困，饲养牦牛、羊，数量不多，但他们的热情好客给我们留下了深刻印象。据当时的县公安局局长说，塔吉克人中没有打架斗殴、杀人抢劫这类刑事案件，所以看守所一直空着。

他还说，你想要雪鸡，给他们钱，如果抓不来，会退钱，绝不会有辛苦费之说。虽然生活不富裕，但当地人与人之间十分亲近团结。因地处偏僻，汉人到家里，当地人一定会宰羊款待。我们调查组的副组长穆舜英是女同志，大同乡一位塔吉克大娘对她像对待女儿一样好，并说，她是第一次见到汉家姑娘，公主堡的公主当年应该和眼前的汉家姑娘一样美。我们当年还是北大的学生，不懂礼节，下乡时只备了砖茶和方糖，去大同乡走了 7 天，吃住在塔吉克居民家中，每到一家，主人都会宰羊接待，让我们感觉亏欠了这些质朴的百姓。

塔吉克的历史，我们查了清代的《东华录》，找到了库尔察克和克林伯克率民众抵抗外来侵略、维护国家统一的壮举。他们的后代阿林伯克住在大同乡，我们调查组就住在他家，房子是破旧的土坯房。当时，阿林伯克去县里开政协会，因大雪封山回不来，他的妹妹宰羊接待了我们。当时，副组长穆舜英很犹豫是否接受款待，专门请示了乡长，得到的答复是：宰羊是塔吉克人招待贵客的习俗，拒绝是不礼貌的行为。

历史上，塔吉克人虽少，但他们守卫在祖国的西大门，这里是西域历史中葱岭（今帕米尔高原）的关口，也是从此地进入中亚的唯一通道。

在帕米尔高原，我们吃了不少苦，但我们也是幸运的。因为这对我们来说是一种教育，也是潜移默化接近群众的过程，这种实践可以是“胜读十年书”。

当年，我们十分天真，常常先下结论，后找资料自圆其说。但是几十年过去了，再回望，我们那叫无知，不是做学问。为了做好调查，我们读过很多相关历史的书。匈奴、柔然这些草原民族强大的背后充满了血腥，男子无一技之长，便被杀，工匠可以留下，妇女留下当奴婢，塔吉克人也是被奴役者之一。只有中原的农耕文明，才可能引领西域的和平。

对于魏晋南北朝时期的西域来说，李东先生的“中原稳定，西域则盛；中原纷乱，西域必衰”的观点，我是认可的。

这篇序，算是进入耄耋之年的文史工作者对历史作家的支持。我一辈子读史写史，自觉光明磊落，到了90多岁，仍然头脑清晰，身体健康，结善缘，得善果，这也算是为人清贫、无为得道的因果。

千百年的历史告诉后人，唯有祖国安定团结，才会有西部这块疆域的繁荣稳定。

原《新疆文史》总编：冯永才

2023,10,1

自序

PREFACE

续写西域四百年

魏晋南北朝时期，中原虽有过短暂统一，但总体上是混战割据，西域诸国与中原的联系不如两汉时紧密。匈奴汗国瓦解，漠北草原各部族之间不相统属，对西域的威胁也在减弱。而在中亚，贵霜帝国开始走下坡路，形成了邦国林立的局面；嚈（yè）哒帝国昙花一现，未对西域的政治结构产生大的影响，西域诸国与中亚历代王朝没有建立过任何臣属关系。

在中原你刚唱罢我登场的统一战争中，西域也在形成小统一的局面，焉耆（qí）、疏勒、莎车、于阗、鄯善、龟兹各霸一方，互不臣属。但这些西域诸国与中原各政权大部分时间保持着臣属关系，这种关系已不是军事征服的结果，而是经济上的密不可分和心理上的亲近所至，自觉且不被动。

中亚、西亚乃至欧洲诸国对丝绸的需要在递增，中原虽然烽火连连，但丝织产量递增，西域诸国可以从贸易上获利。不过由于贫富分化拉开，西域百姓的不满情绪与反抗意识也在递增。这一时期，贫困者希望从信仰中获得解脱，统治者希望用信仰缓和民间矛盾，而佛教的许多观念、思想甚至咒术等恰好迎合了西域统治者和百姓的需求。自此，西域在文化、诗歌、舞蹈、音乐、美术、绘画、雕塑、建筑等诸多方面具有了浓厚的佛教色彩。

鸠摩罗什、法显这些著名高僧和无数不知名的僧侣，穿行在东与西的文明之间，用精神的力量弥合战争与苦难的创伤。

中原内乱时，大量河西民众逃往西域谋生；中原稳定时，大量西域民众迁入中原定居。以高昌为核心的区域形成了儒家文化圈，西域诸民以在高昌进修汉文化为荣。

在魏晋开启到隋唐的数百年中，中原政权稍一稳定，便会仿效两汉，在西域设官置守，西域长史和戊己校尉依旧调和着西域诸国的纷争，龟兹、于阗、乌孙、疏勒等国延续着“无岁不奉朝贡，略如汉氏故事”。

我们的故事，将从公元220年曹丕称帝始，至公元590年隋文帝统一中国止，续写西域四百年。

李东

2023年10月于新疆

目录
CONTENTS

下部　大融合

引言　匈奴去哪儿了？

我们在上一册《西域四百年：汉匈争夺战》中写到，从匈奴崛起到大汉雄起，两强相争，其中有一个焦点，就是对西域的争夺。这场400余年的汉匈争夺战最终的结局，是匈奴消失。那么，匈奴人去哪儿了？

方向一：融入为中国北方汉人

建安二十一年（公元216年），南匈奴单于来邺城（今河北省临漳县）朝觐献帝，曹操直接把呼厨泉单于安置在邺城，再没让其回王庭。将匈奴首领与部落隔离，此事件意味着南匈奴历史的终结。之后，曹操又将南匈奴一分为五，化整为零，每部立一名贵族为统帅，后降为都尉，朝廷派出武官监督。匈奴与当地汉人杂居，左部万余户驻兹氏县（位于今山西省汾阳市），右部6000余户驻祁县（今属山西），南部3000余户驻蒲子县（今山西省隰县），北部4000余户驻新兴郡（治所位于今山西省忻州市），中部约6000余户驻大陵县（今山西省文水县）。

曹魏代汉后，匈奴各都尉宣告："我们的先祖是汉王朝刘姓皇族的外孙，身上有皇家血脉。现取消匈奴贵族的'挛提'姓氏，改姓

‘刘’。”南匈奴改汉姓有两个原因：一是南匈奴的贵族已自小接受官办的汉文化教育；二是儒家经典《左传》中提到“非我族类，其心必异”，通汉学的南匈奴贵族们自然知道这句话的利害。这是匈奴历史上首次以官方的形式宣布主动融入汉族，这极大地促进了汉匈融合格局的形成。而在民间，融合早已开始。匈奴南侵，抢掠边塞居民，男为奴仆劳力，女为妻妾婢女。普通百姓的爱恨情仇不得而知，历史记录的名人故事则印证了这类事的真实存在。

东汉末年的公元195年，董卓、李傕（jué）相继作乱，南匈奴趁机劫掠中原。当时著名文学家、左中郎将蔡邕（yōng）之女蔡琰（yǎn）被匈奴左贤王部掳走，她在匈奴生活了12年，为匈奴人生了两个儿子。曹操与蔡邕是好朋友，蔡邕死后，曹丞相打听到好友之女蔡琰身陷匈奴。于是，他将蔡琰赎回中原。

这位蔡琰就是历史上有名的才女蔡文姬，她回归后写下了《悲愤诗》。在这首五言长诗里，她没有提到她的匈奴丈夫，但提到了生不如死的被劫过程、战乱给百姓带来的苦难、北地恶劣的气候、与两个儿子分离时的痛苦，以及与她一起被劫掠的同乡女子送别她时的场景：“……兼有同时辈，相送告离别。慕我独得归，哀叫声摧裂。马为立踟蹰，车为不转辙。观者皆嘘唏，行路亦呜咽……”

张骞、苏武、班超在匈奴、西域也都娶过当地女子。汉匈战争之始，投降汉朝的匈奴部落被安置在河西一带，与汉人开始杂居，开启了中华民族的大融合时代。

公元304年，西晋“八王之乱”后，中原纷争，南匈奴左部帅刘渊建立割据政权，自称汉王，国号为汉，年号元熙，建造三祖五宗的神位祭祀。三祖五宗是八位刘姓皇帝的合称，即刘邦、刘秀、刘备、刘恒、刘彻、刘询、刘庄、刘炟（dá），他们的庙号分别为太祖、世祖、烈祖、太宗、世宗、中宗、显宗、肃宗。此时，南匈奴已完全融入中原文化。

方向二：一部分匈奴人成为鲜卑人

鲜卑人原本在东北的大兴安岭一带过着狩猎加游牧的生活。起初，他们未加入汉与匈奴的战争。匈奴分裂后，南匈奴依附了汉王朝，曾被匈奴欺压的东胡各游牧部落站在汉王朝的一边，向北匈奴展开攻势。东胡因居于匈奴（胡）以东而得名，秦末被匈奴击败，退居乌桓山的一支为“乌桓”，退居鲜卑山的一支为“鲜卑”。

光武帝刘秀时代，匈奴、鲜卑、乌桓屡次扰边，祭肜（róng）到任辽东太守，广设探哨，厉兵秣马，大败鲜卑军队，促使鲜卑、高句丽（辖境横跨今中国东北地区及朝鲜半岛北部）等陆续归降，弱化了北匈奴势力，并利用草场争利形成的矛盾，联合其他民族袭击北匈奴。窦固、窦宪先后大破北匈奴，使其远迁阿尔泰山脉的草原后，鲜卑人进入匈奴领地，留下的部分北匈奴部落归附了鲜卑人，成为鲜卑的族群，使鲜卑的实力增强。

魏晋南北朝时期，鲜卑人虔诚信奉佛教，在武州山（一作武周山）开山刻佛。

公元 477 年，北魏孝文帝拓跋宏在祖母冯太后的支持下，开始全面推行汉化改革，史称“太和新制”，118 个鲜卑复姓改成汉族单姓，从此复杂的拓跋鲜卑祖姓在历史上消失，穆、陆、刘、贺、楼、于、嵇、尉成为“八大家族”的姓氏。之后的设律法、说汉话、穿汉服、分土地，以及提倡鲜卑人与汉人通婚的改革，使鲜卑人逐步融合到汉民族中。

公元 493 年，借南征为名，孝文帝带领 20 万大军从平城（位于今山西省大同市东北）向中原开进，定都洛阳。这位对开凿石窟意犹未尽的皇帝，下令在洛阳龙门山上开凿了第二处石窟，即龙门石窟。就这样，鲜卑这个马背上的民族，1500 多年前隐没在了从平城到洛阳的历史古道上。

历史上的慕容鲜卑、乞伏鲜卑、拓跋鲜卑、宇文鲜卑在中国的土地上先后建立过吐谷（yù）浑、前燕、后燕、西燕、西秦、北魏、南凉、南燕、北周等众多割据政权。来自草原的风，给中华大地带来了生机与活力，促成了大唐盛世的到来。

北魏时始见契丹族名，为宇文鲜卑后裔。契丹族于五代时建立政权，国号为契丹，后改称辽。公元 1125 年辽亡，部分族人西迁，建立西辽政权。其疆域东起哈密，西至咸海，北达叶尼塞河上游，南抵阿姆河，成为中亚一大国。西辽的创立者、宇文鲜卑的后裔、契丹人耶律大石，在他西征统治西域和中亚时期，契丹族人已成为当时西域最强大的势力，将汉文明播扬到中亚大陆。至此，“契丹（kitai）”成为俄语、阿拉伯语、拉丁语民族对中国的称谓。西域所称的“桃花石汗”就是“拓跋氏汗”的转音。

在众多的鲜卑部族向蒙古草原和黄河流域迁徙的过程中，有一些人留了下来，锡伯族的先人就是其中的一部。他们留在了嫩江、松花江一带，以狩猎和捕鱼为生。

清乾隆二十九年（公元 1764 年），清王朝征调锡伯营到新疆的伊犁河南岸驻防。锡伯官兵连同家属从辽阳、开原、义州会聚沈阳，踏上了从东北到西北的民族大迁徙征程，他们成为新疆近代屯垦戍边的先驱。

方向三：融入其他民族

进入西域的北匈奴在长期的游牧生活中，与西域当地的乌孙人、塞人、月氏人、羌人融合，形成了其他族群。

《新唐书》记载，在西域的伊吾（亦称伊吾卢，今新疆维吾尔自治区哈密市）之西、焉耆以北，天山脚下，生活着黠戛斯人，民众数十万，士兵八万。他们曾是被匈奴征服的众多游牧部落中的一支。当年李陵远击匈奴，矢尽粮绝、寡不敌众，被俘降匈奴，封为右校王，娶匈奴公主，管辖坚昆一带，属下的汉人军士与坚昆人通婚，形成了黠戛斯一部。匈奴并不是一个单一族群，而是由多个游牧部落形成。郅支单于曾攻坚昆，于是一部分坚昆人随匈奴西迁至今新疆天山和中亚一带。

公元 648 年，一支来自叶尼塞河的黠戛斯朝贡团来到长安认亲。这些人长着黑发黑瞳，其酋长自称是汉朝将军李陵的后裔，与唐朝皇帝李世民是同宗。李陵是李广之后，陇西成纪人，而唐朝皇帝祖上也是陇西成纪人，且自认为是李广后人。黠戛斯酋长受到了唐太宗的热情款待。宴会上，酋长开怀畅饮，请求归附。之后，唐朝在黠戛斯辖地设立坚昆都督府，隶属燕然都护府，封黠戛斯酋长为左屯卫大将军、坚昆都督。黠戛斯部自叶尼塞河流域不断地向南迁徙，到达西域。

让我们把目光再向西移，更令人惊异的情形出现了。据欧洲人的记载，公元 4 世纪，欧洲大陆突然冲进了一个彪悍的游牧部落，击败了阿兰人和哥特人，一度建立了强大的阿提拉帝国，这支游牧部落被欧洲人称为匈人。在欧洲的记录中，这些人有着明显的东方人的身材、面庞和祭土拜天的习俗。

但匈人没有文字，他们从哪儿来，只存在于推测之中。18世纪，法国历史学家德金提出一个猜想，出现在欧洲的匈人就是中国汉代的北方游牧部落的匈奴人。这个猜想随着《罗马帝国衰亡史》而广泛传播。

也有很多学者提出反对意见，认为匈人应该是一群居住在里海北岸的游牧民族，与匈奴人无关，古罗马地理学家托勒密在《地理学指南》一书中提到过这个民族。

宽广的欧亚大草原上，生活着习俗、性格、服饰相近的游牧民族，匈人是不是匈奴人并不重要，重要的是他们虽强盛一时，但野蛮终被文明融合。

纵观历史，中华民族大一统，排除了狭隘的族群概念，以文化为水，凝合散杂黏土，经过“礼”的修整和“义”的洗礼，把广大地域内的众多民族合为一邦，牢固地筑成了共同的民族精神文化价值观。

我们即将开始讲述魏晋南北朝至隋近400年间，中华大地上“合久必分，分久必合”的年轮故事。

上部

大 割 据

XIYU

中国历史上有过一个“门阀乱”的时间段，就是两晋南北朝时期，近400年。史学家将其前段称为十六国时期，后段称为南北朝时期。

公元280年，西晋结束三国纷争，建立统一王朝。其后仅十余年，便爆发了历时16年的“八王之乱”（公元291—306年），司马氏亲人反目、骨肉相残。这个“乱”的先决条件是中原王朝自己乱了纲常。

原本可以重塑两汉荣光的两晋，由于门阀制度的形成，在皇族与士族的角逐中，大量失去土地的流民出现。权力平衡一旦打破，则天下必乱！

于是，中华大地陷入了“大割据”的历史阶段！

01 从一块玉石讲起

《韩非子》中记录了这样一个故事，一个叫卞和的楚国人在山中砍柴时发现一块石包玉。卞和识货，就把它献给了楚厉王，楚厉王找玉匠一看，说是石头。大怒之下，他以欺君为名砍了卞和的左脚。厉王死后，武王登基，卞和再次献上这块石包玉。楚武王找玉匠鉴别，也说是石头。于是楚武王以欺君为名砍了卞和的右脚。楚武王在位 50 年，到了楚文王继位，卞和抱着这块石包玉在楚山下痛哭，楚文王得知，命人问其原因。卞和说："我哭的不是我的脚，而是这块玉。忠贞不二的人被当作欺君贪婪之人受处罚，而愚昧奸邪之徒被当作治世良臣受宠幸，这世道黑白颠倒了呀！"于是，楚文王命人切开这块石头，举世无双的美玉现世，这块楚玉被命名为和氏璧。

楚文王继位的时间是公元前 689 年。此时，和氏璧并没有被雕琢，而是深藏楚宫 300 多年。到楚怀王时代（公元前 323 年），楚国发兵魏国，一举拿下襄陵等 8 个邑，史称襄陵之役。楚国威震齐、燕、赵、魏、秦、韩六国。为表彰有功的大司马昭阳，楚怀王将和氏璧赏给了他。

昭阳得了和氏璧，很是高兴，于是大宴宾客，席间难免将和氏璧拿出炫耀一番。酒足饭饱，宾客散去，和氏璧没了！昭阳命人挨个盘查，最终怀疑是贫穷落魄、靠“嘴”吃饭的张仪所为。张仪被暴打之后装死，然后被扔进了茅坑。他逃脱后，直奔秦国，在师兄苏秦的暗助下得到秦惠文王的赏识，后成为秦国国相。

公元前283年，赵国宦者令缪贤在集市上花五百金购得一块玉。玉工鉴定，确认此玉就是失踪已久的和氏璧。缪贤将此玉献给了赵惠文王。秦昭襄王获知，致信赵惠文王，愿以15座城池换取和氏璧，这才有了蔺相如“完璧归赵”的故事。

公元前228年，秦国大将军王翦攻破赵国国都邯郸，和氏璧又“完璧归秦”。

公元前221年，秦统一中国，秦始皇让玉匠将和氏璧雕刻成传国玉玺。玺方四寸，上纽交五龙，由李斯篆写了“受命于天，既寿永昌”八个字。其间还演绎了一出“失而复得”的传说故事，以告知世人“君权神授”的正统性。但和氏璧并未给秦国带来好运。

公元前206年，秦王子婴投降刘邦，献出这枚传国玉玺。自此，它成为汉朝的皇帝权力的象征。王莽篡权，建立新朝，向太皇太后王政君索要玉玺，老太后大怒，将玉玺摔在地上，崩掉一个角，王莽让匠人用黄金补角，玉玺成了“金镶玉”，这也成了后世鉴别传国玉玺的依据。

公元23年，王莽死于攻入长安的乱军之中，更始帝刘玄得到传国玉玺。后来更始军被赤眉军打败，玉玺又到了赤眉军所立皇帝刘盆子手中。再后来，赤眉军投降，刘秀得到了这枚传国玉玺。

东汉末年，大将军何进与司隶校尉袁绍进宫诛杀宦官，“十常侍”张让、段珪等人劫持汉少帝出逃。也许就是这次出逃中，掌玺宦官将传国玉玺扔进了一口井中。因“十常侍”被杀，所以无人知道玉玺去了哪里。

《三国志·吴书·孙破虏讨逆传》记载，讨伐董卓时，孙坚驻军洛阳城东南，附近的甄官井口，每天早晨有五彩云气浮动。孙坚命人下井，打捞出了这枚传国玉玺。几年后，孙坚攻击荆州的刘表，中埋伏，战死，传国玉玺为袁术所得。袁术死后，大臣徐璆（qiú）夺了玉玺，献给了曹操，曹丞相交归汉献帝，后来汉献帝禅让皇帝位时给了魏王曹丕。

司马氏取代曹魏后，玉玺成为西晋的国宝。之后，“八王之乱”加“五胡入中原”，门阀割据政权形成。公元 311 年，前赵皇帝刘聪俘获西晋怀帝司马炽，传国玉玺归了前赵。公元 320 年，后赵的石勒灭前赵，得到了传国玉玺。石勒为了证明他称帝的合法性，又在玉玺的一侧刻上了“天命石氏”四个字。公元 350 年，石勒的重养孙、掌权的汉人冉闵夺权篡位，改国号为魏，史称冉魏。后赵亡国，传国玉玺传到了冉闵手中。两年后冉闵在与前燕作战中被擒，冉魏将领谋划着用传国玉玺为筹码向东晋借兵，结果玉玺被东晋将领骗走，到了安西将军谢尚手中。谢尚连夜派 300 精骑将传国玉玺送往建康（今江苏省南京市），交给了东晋穆帝司马聃。传国玉玺重归司马氏手中。

公元 420 年，刘裕代东晋自立，定都建康，国号“宋”，中国历史进入南北朝时期。南朝是宋、齐、梁、陈，北朝是北魏（后分裂为东魏、西魏）、北齐、北周。到了梁武帝时期，侯景作乱，攻入皇宫，得到了这枚传国玉玺。不久后侯景死了，他的部将侯子鉴得到了传国玉玺。他认为所有的战乱都是由这块石头引发的，于是将之随手扔进了栖霞寺的一口井中。后来寺中一位老和尚淘井的时候发现了这枚传国玉玺，此时已是陈朝了。老和尚就将此物献给了陈武帝陈霸先。

公元589年，隋文帝大军南下灭陈，隋一统华夏，传国玉玺又被收入隋宫。

公元618年，江都政变，身在行宫的隋炀帝杨广被叛将宇文化及等人所杀。萧皇后先后流落于叛军宇文化及、窦建德处，后义成公主迎其至突厥，传国玉玺又被萧皇后携带遁入漠北突厥。

公元630年，唐贞观四年，大将军李靖北上讨伐突厥，迎萧皇后重回中原，将传国玉玺交给唐太宗李世民。

公元905年，唐天祐四年，权臣朱温为建新朝，在滑州（治所位于今河南省滑县）白马驿残暴地滥杀以裴枢为首的朝臣，酿成“白马驿之祸”，逼迫唐哀帝禅位，夺传国玉玺，建立梁朝，史称后梁。

唐河东节度使、晋王李存勖南击后梁、北取契丹、东取河北、西并河中，击败后梁时夺取了传国玉玺，于公元923年在魏州称帝，定国号为唐，史称后唐。

公元936年，后晋石敬瑭引契丹军包围洛阳，后唐末帝李从珂怀抱传国玉玺，带着母亲、妻儿登玄武楼自焚。从此，真的“传国玉玺”不复存在……

和氏璧是什么？不过是一种结构复杂的不透明或半透明、硬度大、密度高的石头而已，只是被赋予了一种特殊的含义，成为国之重器，代表着皇权神授的光芒。千百年的王朝更替，帝王将相你刚唱罢我登场，使一块“石头”的传说不断演绎，似乎得之则象征其“受命于天”，失之则代表其“气数已尽”。

为什么？帝王将相只是想通过一块石头来证明权力获得的正统

性、合法性、公正性，天无二日，民无二主。“正”的意思在于“真”，除此之外皆是“伪”；“统”的意思就是承天之合，一统天下。天下是天下人的天下，因为怕天下人不认可，于是有了“正统论”。

“正统”说自曹丕篡汉开始不断被强化，后代王朝为了证明合法性也不断寻求“正统”的依据，以致用和氏璧雕琢的传国玉玺，到清代统治者还要假传其藏于皇宫中，尽管它被乾隆认定只是赝品。

从另一个角度来说，王朝更替，不管是什么民族，要入主中原并到中原百姓的认可，就必须提倡“正统论”。自秦统一中国 2000 多年来，“正统论”将一个个草原民族融合到中华民族的大家庭中，成为华夏文明的传承者。

当年，子贡曾问孔子治国之道，孔子说：“备足粮秣，充实军备，百姓支持。”子贡又问：“如果三选二，去除哪一个？”孔子说：“军队。”子贡又问：“再二选一呢，去除哪一个？”孔子说：“去掉粮秣。人都会死，没有粮食，不过是饿死罢了，但如果没有了百姓的支持，国将不存。”

人民就是江山！得民心者得天下！这就是 2500 年前“子贡问政”的核心思想。得民心者才有实力争夺天下，区区一枚传国玉玺又有何用呢?

不过话说回来，正因为中国古代这些帝王如此看重传国玉玺，追求对大一统王朝的统治，才使得中国历史总是趋向于统一。

我们的故事将从极力强调“正统”的魏文帝曹丕开始，一代政治家、文学家为了彰显政权的合法性，在那方神传的石头上刻上了：“魏受汉传国玉玺”。

02　三国和西域

东汉末年，中原大地兵荒马乱，大量的军民死于战争。战争过后又发生多次大瘟疫，以致“出门无所见，白骨蔽平原”。后世一些学者推测，当时有上千万人死于瘟疫。

这场瘟疫从北方地区开始流行。当时朝政腐败，宦官、外戚争权夺利，朝廷实力衰弱，群雄割据并混战不休，百姓流离失所。赤壁之战中，曹军中瘟疫肆虐，非战斗减员也是曹操兵败的重要因素。在相互厮杀中，被俘虏的北方士兵将瘟疫传播到了南方。江东、荆州、益州等地相续开始了瘟疫流行。

曹操在《蒿里行》这首诗中写道：“……淮南弟称号，刻玺于北方。铠甲生虮（jǐ）虱，万姓以死亡。白骨露于野，千里无鸡鸣。生民百遗一，念之断人肠。”瘟疫流行，导致病亡无数，很多地方的村庄空无一人。

建安年间，代表中原文化最高水准的“建安七子”中，除了孔融被曹操所杀，陈琳、王粲、徐幹、阮瑀（yǔ）、应玚（yáng）、刘桢六位都死于瘟疫。

就是在这样一个时空背景下，曹操统一了北方，使东汉王朝在群雄纷争的年代又延续了近 30 年。在控制匈奴和西域方面，曹操瓦解匈奴势力，限制了匈奴扩张；针对西域，他袭承汉制，稳定了西域长史府。到曹丕当政，河西平叛顺利，胡羌归附。

后来，曹丕称帝，将禅位于他的汉献帝刘协废为山阳公。蜀汉、东吴甚至魏国百姓都以为刘协已被曹丕杀了，举国戴孝。当时连在封地临淄（今山东省淄博市临淄区）的曹植和金城（今甘肃省兰州市以西一带）太守苏则也在为刘协戴孝。曹丕把苏则召回，臭骂一通，告诉他刘协还活着。

苏则历任酒泉、安定、武都太守，经略边陲多年，“所在皆有威名”，受到曹操常识。后来苏则任金城太守。苏则在任内安抚百姓，用牛羊接济百姓，开仓放粮，教导百姓耕种，很快流民来附。曹魏黄初元年（公元 220 年），河西当地势力相互吞并，苏则发兵平定河西之乱，以军功进封都亭侯，食邑三百户，调京城任侍中。

在那次训斥之后，曹丕问苏则：“当年你破酒泉、张掖，打通河西，与西域相互通使，西域曾派使节到敦煌奉上一寸大的珠子，现在还能不能买到这类珠子？”苏则说：“如果陛下能够统一中国，恩德定会穿越大漠，远达西域。即使不想要什么珠子，珠子也会不求自至。现在如若四处寻求购买，那就没什么意义了。”听闻此言，曹丕沉默不语。

曹丕当然想一统中国，中国历史上的帝王更替都在讲一个正统，也就是合法性。于是，那块神传的石头被刻上了“大魏受汉传国之宝”。这一年，魏文帝曹丕 33 岁。

曹丕当太子时有一个好朋友叫繁钦，字休伯，豫州颍川郡（治所位于今河南省禹州市）人，当时是汝南、颍川二郡的名士。此人文笔华丽，擅长辩论，但没什么主见。在烽火连天的岁月，他与朋友赵俨、杜袭三人举家跑到荆州避难。繁钦贪附荣华，看不清时局，认为刘表可以投靠，而他的好朋友赵俨、杜袭一致认为刘表不是力挽狂澜的能主。两人骂了繁钦一通，以断交相威胁，繁钦才放弃了投靠刘表。于是，三人又从荆州来到长沙郡。后来，曹操把在破败的洛阳城吃糠咽菜的汉献帝迎到许昌“保护”起来，赵俨认为曹操才是大英雄，可以匡扶汉室，于是三人一起投奔曹操，由颍川老乡荀彧举荐做官。

繁钦任丞相府主簿，而赵俨、杜袭从县令做起，后来成为曹操的重要谋士。繁钦虽然写下了“凡我同盟，既文既武。郁郁桓桓，有规有矩”的诗句，但他生活不检点，且常给曹丕介绍美少女。曹操西征时，繁钦与曹丕一起留守谯郡。虽没上战场，但从繁钦的《征天山赋》中，我们可以看到当时汉家将军出征时的风采：“……素甲玄焰，皓旰（hàn）流光。左骈雄戟，右攒干将。……丹羽绛房。望之如火，焰夺朝阳。华旗翳云霓，聚刃曜日铓（máng）……威弧雨发。钲（zhēng）鼓雷鸣，猛火风烈。趺刃雾散，虏锋摧折。呼吸无闻，丑类剥灭。”在这篇赋中，红色的战旗在风中如烈焰一般，比过朝阳的绚丽；壮士的刀锋在阳光下熠熠生辉；射出的利箭如雨般密集。当战鼓擂响，冲锋的士兵如同风吹烈焰，勇猛无敌，跃马扬刀，冲锋陷阵，斩敌凯旋。

繁钦还在《三胡赋》中写下了当时西域胡人的外貌：“莎车之胡，黄目深精（睛），员耳狭颐。康居之胡，焦头折颏（è），高辅陷鼻，眼无黑眸，颊无余肉。罽（jì）宾之胡，面象炙猬，顶如持囊，隅目赤眦，洞頞卬（áng）鼻。……额似鼬皮，色象萎橘。”

在繁钦的笔下，西域的莎车人，有着黄色眼眸，眼窝深陷，耳朵圆圆地立着，两腮尖瘦。西域的龟兹一带有一个习俗，小孩子出生不久，要用板子夹头，所以成人后就会长成一个扁头。莎车与龟兹相邻，不知是否有这个习俗。康居国的人，黄头发，短额头，高颧骨，鼻梁凹陷，眼珠不是黑色，面无余肉，面部皮包骨般精瘦。罽宾人的脸色发红，头部光秃秃的，这可能是个僧人或者秃顶人的形象；且两眼看人如怒视状，眼角发红，鼻孔如洞，说明其眼大鼻高，不符合中原的丹凤眼、柳叶眉的审美标准。这些人面色焦黄，如干枯的橘子皮。洛阳当地的西域商人极多，这可能是繁钦对来自西域不同地域的人的直接印象。繁钦并没有对莎车以东的西域诸国的人的外貌进行描述，也许主要是因为来自莎车、康居、罽宾的商人数量多，占西域商人的主导，也证明当时的贸易并不是接力式的短途倒货，而是长距离的贩运。其中的康居人在隋唐时被称为粟特人。

繁钦笔下，当时西域葱岭东西的人均是黄皮肤人种。后来出土的木简中证实，其中还有黑皮肤的人种。当时，长途贸易并不是来去自由，阳关和玉门关对出入的商人有详细的记录，也就说明这些人必须有通关文牒，这是出入境的凭证。这些记录的内容应该包含：入境缘由、滞留天数、入关人数、姓名、年龄、外貌、印章等要素。

现收藏于大英图书馆、20 世纪初由英国考古学家斯坦因所获的简牍残片中，就有描述管理通关人员的残文，记载了西域诸国往来人员的登记信息，如：月氏国胡支柱，年卅九，中人，黑色，大目，有髭（zī）须。大概意思是说，大月氏国人，叫支柱，39 岁，中等个，黑皮肤，大眼睛，嘴唇上和两腮留有胡子。

沿着丝绸之路，三国与西域交易了什么物资？

三国与西域各国的商贸往来，由中原西去的技术主要有传向中亚、西亚和欧洲的养蚕、缫（sāo）丝、冶铁、造纸、凿井、灌溉等；货物主要有丝绸、纸张、陶瓷、生姜、中药、枸杞、甘松香、绿松石、香草、青金石、兽皮、棉布、绢纱、靛青染料等。由西域而来的主要有葡萄、核桃、石榴、蚕豆、黄瓜、芝麻、无花果等果实，还有狮子、犀牛、良马、骆驼等动物，以及提花亚麻布、玉石、珊瑚、香料、玻璃器皿、金银盘、葡萄酒等。由于胡风渐入，中原的音乐、舞蹈、绘画、雕刻吸收了西域文化之长，变得更加丰富多彩、美轮美奂。

通过蜀身毒道（古代从成都经云南入缅甸再通往印度的交通线，身毒即今印度），形成了以成都为起始点，贯穿大河巨山，经缅印，直至中亚、西亚地区的远程贸易活动，出关的主要货物有蜀布、邛（qióng）竹杖、丝绸、茶叶、瓷器、铁器、铜器，以及刀枪剑戟、弩机、带钩等各类的兵器和装饰品；经济类的商品还有粮食、瓜果、蔬菜、渔猎产品等。入关的主要有琉璃、猫眼、明珠、象牙、香料、水晶、玛瑙、琥珀、骆驼皮、乳香、没药、安息香、沉香、檀香、芦荟、胡椒等。

交流的过程中，影响最大的并不是经济作物和手工产品，而是非物质的思想。西来的佛教、东去的儒家典籍成为关键。于是由贸易形成了西域的儒家文化圈和中原的佛教信仰圈，影响至今。

黄初三年（公元222年），鄯善、龟兹、于阗分别派遣使臣来中原，到洛阳朝见魏文帝曹丕。西域大国来使，曹丕当然很高兴，下诏：“西部边疆诸国企望保持以往的君臣关系，氐人部落和羌部落首领臣服，命人记录，并用诗歌来夸赞他们的忠诚。”不久后，西域部分民众请求迁徙到中原生活，曹丕专门派出了使者去安抚慰劳。这之后，西域之路再次畅通，曹丕按汉制在西域设置戊己校尉以屯田。对于曹丕来说，西域既通、河西稳定，他就可以腾出手来对付刘备和孙权。

三国鼎立时，西域认的是洛阳。本着“认庙不认神”的态度，他们尊曹魏为宗主国。西域的使臣对穿越长江、翻越秦岭毫无兴趣，因为洛阳有他们需要的所有中原的物产，尤其是丝绸，而蜀地的物产则是通过蜀身毒道传向南亚的天竺国。西域使者根本不知道中国有多大，更不了解当时中原的局势。

但这并不代表在长江流域的东吴没有西域人。当时，孙权手下有一个博士[①]叫支谦，他的爷爷法度是大月氏人，汉灵帝时率同族数百人归汉，以支为姓，被安置在洛阳。东汉末年，这批来自大月氏的佛教信徒为躲兵乱，跨过长江到达吴地。

支谦的生卒不详，长得黑瘦细高，与中原人不同的是眼睛大、眼白多、黄眼珠。在洛阳，他自幼学习汉家经典。也许由于他周围有众多来自不同方向的种群，所以支谦通六种语言，到东吴后成为孙权的太子孙登的老师。大月氏人信仰佛教，支谦自幼在这种环境下成长，更喜好佛经，后来便隐居穹隆山当了和尚。与支谦一起到东吴的还有很多支姓大月氏人，其中有名的就有支谦的师傅支亮、师爷支谶（chèn），此三人并称“三支”，当时就有“天下博知，不出三支”之说。支谶是第一位将大乘佛法翻译成汉文的西域高僧。

---

① 博士，授学的官员。六国始设，秦汉因之。

我们今天可以从历史的脉络来推断这批大月氏人来中国的原因及目的。

公元一世纪后，贵霜帝国的大月氏人为了便于佛教的传播，做出重大的改变，开始用信仰调整信徒的生活方式。于是，一处处的佛塔和寺庙建了起来，成为固定的朝拜场所。有形的佛像，对于信徒“如何成佛”理念的指导更加现实具体，向寺庙敬香、捐助可以得到佛的保佑，请乐手、戏子以举办庙会是更快捷的一种途径。

当佛教思想跨越帕米尔向东方传播时，佛教也成为商业成功的关键因素，甚至大月氏的统治者鼓励子民经贸易促信仰，向东方挺进。

法度晚于支谶到达中国。法度是带着一个团队的商旅来到洛阳的，那里有座白马寺，法度这一族应当居住在白马寺附近，与高僧支谶是他乡故知。

我们也可以推测出法度这个商旅团队是从哪里进入中原的。大月氏人在被匈奴驱逐到中亚前，故地处于河西走廊西部。他们当年就用玉石同中原贸易，形成了远早于丝绸之路的玉石之路，相关信息在我的上一本书《西域四百年：汉匈争夺战》中已详述。

传统贸易的利润，大月氏人心知肚明。越过帕米尔之后，大月氏人南行至于阗。这里有安全的居住环境和奉佛居士无偿的奉献，更重要的是这里有大月氏人需要的商品——昆仑之玉。在于阗人眼中，玉籽就是河床里漂亮的水洗石。他们不知道，这东西一旦带入中原，就将成为无价之宝。华夏文明早就将“玉”人格化，认为玉代表了“温润泽仁”的君子之风。大月氏人用带来的商品与于阗人交换玉籽，一粒上等的玉籽就可以在中原换得一匹上等的丝绸，这是一本万利的生意。这个商队出于阗、过鄯善、越瀚海、进玉门、穿河西，沿黄河到达洛阳后，所带的玉籽已身价万倍，极易让大月氏人发家。于是，行商变坐商，东都洛阳的繁华使这些人在此定居。东汉末年，洛阳白马寺周边一定有一个交易玉石与丝绸的庞大集市。

按中原礼制，外来人如果定居，必须按“编户齐民”形式成为缴纳税赋的民户，也就是取得了“中国籍”。定居下来，他们就可以大量购买田产。东汉不限制商业活动，作为丝绸之路的东方起点，洛阳有大量的西域胡商。张衡的《东京赋》中记录，北面的丁零（古族名，汉代分布于今贝加尔湖以南地区）人、南方的越裳（古部落名，一说位于今越南中北部）人、西部的大秦（罗马帝国及其周边地区）人、东部的乐浪（群名，治今朝鲜平壤市南）人等，云集洛阳，多种语言混杂。这种环境让出生于洛阳的支谦通六种语言。也因富足的生活，他受到了良好教育。

刘备托孤之年，支谦等人继前辈之志开始翻译佛经，“三支”成为东汉末年至三国时期著名的佛经翻译家。由于学贯中西，支谦在前辈的基础上以老子的“无为”思想为哲学基础，翻译的佛经文辞优美，中原人极易接受，迈出了佛经翻译中国化的重要一步。佛学最初传入中原，依附了道家，被中原人混同为方术，但是进入中原定居的大月氏人中仍旧保持其正统的特点，“三支”的翻译更符合精准的佛学本义。百年之后的鸠摩罗什翻译《维摩诘经》时，大篇幅地引用了支谦原来的译本。

在中原地区群雄割据、战乱纷飞的年代，西域诸国在干什么呢?

03　西域的“战国时代”

西域的混战几乎与中原同步开始。

东汉熹平四年（公元 175 年），朝廷出台了“三互法”，对官员任职和轮职的要求更加苛刻。司马光在《资治通鉴》里写这一年的历史时，提出了警示。他说，王朝将要灭亡时，法令和规章一定多如牛毛。司马光认为，王朝治理的要领是把握根本方向，是多任用忠良贤能之士。王朝衰落时，选用的文武百官德不配位，自然会设置极多的限制。

当时，贪官暴虐、大水成灾、百姓流离、瘟疫蔓延，东汉在衰亡的道路上迈进了一大步。这一年，在西域，于阗王安国攻击扜（yū）弥国①，斩杀了扜弥王。

当时，屯田车师的戊己校尉、屯田鄯善的西域长史分别出军救援扜弥国，并送在洛阳当质子的扜弥王子定兴回国，拥立他为扜弥王。

---

①《汉书·西域传上》写道：“扜弥国，王治扜弥城……今名宁弥。”《后汉书·西域传》中，扜弥改称拘弥；晋称拘睒（shǎn）弥；唐名俱密，后又名宁弥。故址在今新疆维吾尔自治区于田县东北。为便于读者理解，本书将此地名统一称“扜弥”。

此时扜弥已从大国沦落为小国，人口不过几千人。

公元202年，于阗国派使臣来洛阳，送来一头驯养过的大象。于阗国并不产大象，离于阗最近的产大象的地方是罽宾，这个地方当时已是佛教的传播地，大象也许是驮着佛经来到了于阗。又过了18年，到曹丕称帝的公元220年，于阗王再次派使臣到洛阳。

从公元175年到公元220年的45年里，西域发生了很多变故，中原的史学家已不再关注，因为中原乱了，自顾不暇，无力对西域进行有效的管理。

设在西域的戊己校尉和屯田士兵在高昌一带安家，只能自保。河西也战乱不断，当地的居民为避战乱，开始向高昌迁徙。

西域诸国间弱肉强食，相互兼并，同中原一样割据纷争，形成了以天山山脉为屏障的割据——天山以北是乌孙等游牧部落，天山以东是车师，天山以南则是丝路北道的焉耆与龟兹，丝路南道的鄯善、于阗与疏勒。西域的地理环境决定了任何一个绿洲国都不可能完成一统的霸业，只能占有毗邻的城邦小国。到了东汉时期，原本50余国的西域形成了几个大的王国。

大漠东、西，鄯善兼并了若羌、且末、小宛、精绝等地，鄯善是西域诸国中与河西走廊靠得最近、与中原联系最为密切的西域王国。

于阗国统治了戎卢、扜弥、渠勒、皮山等地，成为东去鄯善一千五百里[①]，南去女国两千里，西去朱俱波千里，北去龟兹一千四百里的大国。国域面积方亘千里，连山相次。都城方八九里。境内有大城五座，小城数十座。

---

① 秦汉时期，一里等于415.8米。

鄯善和于阗是丝路南道上雄踞东西两端的最大的政治实体。

天山以南，焉耆占有了山国、尉犁、危须等地；龟兹吞并了姑墨、温宿、尉头、乌垒等地；疏勒并和了莎车、捐毒、休循等地。天山以东，车师后部蚕食了东且弥、西且弥、卑陆、蒲类、乌贪等地。天山以北，伊犁河流域仍为乌孙，此时的乌孙国势已弱，内部纷争不断。在阿尔泰山脉，还游牧着呼揭、坚昆、丁零，喀喇昆仑山一带还有羌部落势力。位于天山以东吐鲁番盆地的车师前部与鄯善国成掎角之势，因其为戊己校尉府和西域长史府的驻地，并未成为其他诸国的窥视所在。

一方政权的形成，文化是纽带。这个时期，大量贵霜帝国的大月氏人为避祸战乱而迁徙西域，佛教的群体信仰氛围由此聚合，之前的萨满教、祆教（琐罗亚斯德教）以及以巫术为主导的信仰还在负隅相搏。

西域诸国本无文字，以汉字为官方文字，佛教的传入带来了佉（qū）卢文。汉文、佉卢文成为西域官方的共用文字，于阗发行了汉佉二体钱。

西域各国政权稳定后，需要精神武器来统合民众，于是佛教开始在西域流行，最初形成了于阗、龟兹、鄯善等三个佛教传播中心。

佛教传入于阗，最初的说法是这样的。一个叫毗卢旃（zhān）的罽宾僧人随商人一同来到于阗，他在城南的杏树下禅坐修行。因为其外貌怪异，就有人将此事报告给了于阗王。于阗王亲自跑来问：“你是谁？从哪里来？在于阗想要做什么？”僧人毗卢旃回答：“我从佛国而来，佛祖命我来感化于阗的民众。如果于阗王能在此地建立一座寺院，便可以让于阗国永久昌盛。”于阗王不以为然，于是说：“你让佛祖现身，我才相信。”于是，毗卢旃念佛，佛遣弟子罗睺（hóu）罗在空中现真容。于阗王见了空中的佛，立即答应建造寺院，即赞摩寺。于阗王皈依佛门，成为信徒，从此佛法在于阗国盛行。这是北魏时期的佛教史志著作《洛阳伽蓝记》中的一段关于于阗佛教兴起的故事。

于阗佛教的兴盛真相也许是这样的：

佛教大约于公元前一世纪传入于阗地区，但是传入与盛行是两码事儿，所以当年班超进入于阗时，其国信巫术。考古发现的最早的佛教遗址证实，在公元二世纪以后，也就是东汉中期，于阗举国信佛。这条传播的道路叫罽宾道，由乌弋山离至罽宾至皮山至于阗。

于阗地处交通要道。它是“玉石之路”的起点，东西文化的融合地，罽宾、犍（jiān）陀罗、巴克特里亚的佛教信徒不断进入此地；它地处塔里木盆地南缘，与游牧民族侵扰的北缘之间有大沙漠相隔，南部有喀喇昆仑山，地理位置决定了其安全性，社会相对稳定；它与中原关系良好，中原先进的生产方式和工具及文化大规模传入于阗。于阗与罽宾相距不远，两地在政治、经济、文化上频频碰撞。当时，于阗准备讨伐罽宾时，罽宾也在积极备战，双方剑拔弩张。有僧人来到于阗，以佛法之理劝说于阗王，于阗王归信佛法，以仁慈为怀，与罽宾王和好，由罽宾请来高七尺的佛坐像安放在赞摩寺中，供国人朝拜。

史料中，于阗人的外貌是这样的：“自高昌以西，诸国人等深目高鼻，唯此一国，貌不甚胡，颇类华夏。”最早的于阗居民主要有塞人、汉人、羌人，于阗统治下的皮山国当时就是汉人所建。东汉时期的佉卢文木简中记载有秦人在精绝国等地定居生活。汉人不断地进入于阗定居，不断地被同化。在于阗国的佛法中已有了护法护国思想，有了八大护法神、八大菩萨、四大龙王以及其他守护神、天神。

龟兹盛行佛教可能稍晚于于阗。龟兹国本来盛行萨满教、祆教等，盛行佛教后，萨满教、祆教中的神灵被纳入佛的体系，弥勒的信仰还吸收了祆教中对光明之神、太阳神崇拜的圆形元素，所以我们在一些壁画中可以看到佛头后有一个代表光明的圈，在一些说法图和天象图中可以看到双肩伴有火焰的祆教图案。

佛教传入龟兹有两条路线，一是巴克特里亚的大月氏人从瓦罕走廊穿过葱岭，进入疏勒，向东行经龟兹、焉耆；另一条路则是从中亚经楚河、伊塞克湖、别迭里山口的天山谷地到达温宿、姑墨、龟兹、焉耆。也就是说，西域的佛教并不是直接从印度传入。

龟兹“寺甚多”，建筑华丽，跟王宫相同，此外还有三座尼姑寺，分别是阿丽蓝寺、阿丽跋蓝寺、输若干蓝寺，主要信众是葱岭以东远道而来的王室妇女①。龟兹已成为丝路北道的佛教中心，吸引了各国贵族妇女来修行②。龟兹国有城郭，其城三重，有带佛塔的寺庙千所，僧侣近万人③，他们可吃三净肉④及葱韭等。与焉耆一样，龟兹国人说吐火罗语，没有文字，两汉文明与佛教文明从东、西两个方向

---

①② 见载于南朝梁僧祐《出三藏记集·比丘尼戒本所出本末序》。

③ 见载于《往五天竺国传》。

④ 三净肉，是一个佛教术语，指信徒没有看见、听说或不因自己食用而被杀死的动物的肉。还有五净肉的说法，是上述三个加上自然死亡，以及被鸟兽杀死并食余的动物的肉。九净肉又加上了：不为己杀、风干（非经汤、火而熟）、不期而遇、放置过久的动物的肉。

进入，王公贵族最早接受汉语汉文，而僧侣接受了梵语梵文，“双语”成为龟兹的官方语言文字。

龟兹国位于塔里木盆地北缘，周边有半弧形高山环绕，北有天山，西有葱岭，南有大漠，塔里木河提供了丰沛的水源，形成了土地肥沃的绿洲群——疏勒绿洲、莎车绿洲、龟兹绿洲、焉耆绿洲。但是小乘佛教关注个人修行，僧侣一般不从事劳动，所以佛教传播需要大量人力、物力、财力的支撑。龟兹国常遭北方游牧民族的侵袭，但由于自身国力强，战争创伤极易恢复，所以对佛教的信仰影响不大。从西汉开始，这里大多数时间由汉王朝控制。当地由“白氏”王室统治，政权稳定近千年。

相较于阗和龟兹，佛教在鄯善则表现得更为世俗化。

鄯善国在塔里木盆地南缘中心，原本是罗布泊附近的小国，由于位处交通要道，历来是兵家必争之地；也是多种族汇集地，月氏人、羌人、塞人、汉人、印欧人融合成了当地人；官方语言有汉语和吐火罗语，佉卢文未随佛教传入时，官方文书使用汉字。

鄯善国有绿洲也有草场，亦农亦牧。佛教传入之前，当地民众信奉萨满教和祆教，崇拜太阳，还有自己独特的“贤善天神”——大概是水神，因鄯善国在沙漠边缘，缺水。佛教与萨满教有了很长时间的争夺战，史料中有佛教成为国教后严罚女巫的记录。

三国时的鄯善国，生活着一群并不那么守佛家规矩的和尚，他们奉行居家修行，可以娶妻生子。后来鄯善的城池被黄沙所覆盖。今天考古发现了大量汉文和佉卢文的木简，可以帮助我们了解那个远去的佛国真相。

木简记录的内容，有法师之间互娶对方女儿的联姻的故事；有僧人的已嫁人的女儿跟着陶工私奔龟兹的故事；有僧人喝酒吃肉，向商人借酒赊账的故事；还有寺里的主持在寺中大摆酒肉宴席等。此外，僧人还可以拥有奴仆，参与人口买卖，购置田产、牲畜。但与龟兹、于阗不同的是，鄯善的僧人要缴纳赋税，叫沙弥税。如果僧人不交税，鄯善国将因纳税人口数量少而无力供养这些“花和尚”们。

鄯善的国都楼兰城，有国民性的浴佛活动，主要是倡导向寺院供奉，这样才能解脱恶念，解脱生死轮回，使人眼目清明，手脚强健，心地善良。浴佛会上可以祈愿，祝祷丰衣足食，五谷丰登，王道昌盛，雨水增多，且得到在佛法下的永生。由于离中原近，汉人多，后来这里出土了《论语》，还出土了用汉文相互赠送礼品的礼单，上面出现了大王、王母、美夫人、春君等汉地的称谓。鄯善国的行政体系也如同中原，有司马、都尉、长史、主簿、录事、兵曹、书佐、门吏这类官职。汉文化主要体现在官方活动中，宗教方面，当地以犍陀罗文化为主导。

公元 220 年，曹丕称帝，基本上统一了北方后，派金城太守、护羌校尉苏则平定了河西诸郡的叛乱，打通了内地通往西域的道路，中原声威震撼西域。

鄯善、龟兹、于阗遣使朝贡曹魏，西域诸地也纷纷表示归附。于是，曹丕派敦煌长史张恭为西域戊己校尉，驻守高昌，屯田驻防；另设西域长史，驻防罗布泊西北的海头城（位于今新疆维吾尔自治区若羌县境内），监管西域各国。还设置了西域校尉和宜禾都尉，协助西域长史和戊己校尉分管屯田军务和民政。

公元 222 年，于阗王、龟兹王、鄯善王遣使朝贡时，均被委以守魏侍中、大都尉，授予印绶，给予优厚赠赐。

后来在海头城遗址，发现了大量曹魏嘉平、景元、咸熙年间的木简，记录了史料中没有记载的有关西域的内容。

04 告状的西域人

三国时期，尤其是魏明帝曹叡登基至司马氏代魏期间，史料所记录的西域来使事件并不多。

太和元年（公元 227 年），焉耆王遣子入侍。作为丝路北道的大国，焉耆主动送侍子入朝，足以说明中原王朝的威势在逐渐恢复。

曹丕任命承移为西域长史，设长史府于海头城，同时设戊己校尉于高昌，实行军屯制度来开发西域。

史料没有记载承移的经历，但是楼兰木简中有一封他写给长史府官员的信。在这封信中，他说自己刚接到任命，将于本月二十三日启程，从上邽（guī）出发到天水……当时，西域长史和戊己校尉管辖的区域至玉门关沿途设有 20 个驿站，并且设置了伊吾县，这是史料里中原王朝在西域设立的第一个县制。

焉耆王派侍子进中原的消息传到洛阳，曹魏负责接待交往的大鸿胪卿专门通告，命敦煌太守及各地驿站依照以往的惯例，迎接西域使者，沿途免费供应食宿等。太和三年（公元 229 年），大月氏王波调遣使奉献，魏明帝曹叡封波调为亲魏大月氏王。事实上，当时的西域各国如龟兹、于阗、康居、乌孙、疏勒、大月氏、鄯善、车师等，同汉朝时一样，年年遣使朝贡。

景初三年（公元 239 年），西域献来火浣布，魏明帝曹叡召集文武百官，命大将军曹爽、太尉司马懿当面做试验给百官看。

关于这个火浣布有一个传说：昆仑山有九重，周围又都是燃烧的大山。山中生活着一种比牛还大的老鼠，叫火光兽，千斤重，毛长两尺，细如蚕丝。这种大老鼠在火中浑身通红，但一离开火，在常温下就变得浑身雪白。用这种动物的毛织成的布名为火浣布。此布如果脏了，在火中一烧，变得通红时再一抖就干净了。火光兽当然不存在，根据外形推测，可能是昆仑山上的白牦牛。其实来自西域的火浣布是石棉纤维所纺织的布，就是我们今天用来覆盖燃烧物的防火布。

这一年，曹叡病重，太子曹芳才 7 岁。曹叡发布了一道诏令，史称“丁丑诏”，诏书中说：“太尉司马懿履行道义，为人正直，尽忠我朝三世，南擒孟达，西破蜀军，东灭公孙渊，功盖天下。太保、太傅的官职，是为贤德之人准备的。现任命太尉为太傅，持符节统率军队。”这道诏令改变了魏国的走向。大将军曹爽与太傅司马懿这两名辅政大臣的权争，让曹魏离灭亡更近了一步。

正始元年（公元 240 年），曹芳登基。这年春，西域的焉耆、危须诸国，柔然、鲜卑各王，皆遣使来朝进贡。史料中没有记录各方来使人数及所进贡的物品，但出土的木简和残破的故纸，可以弥补史料的缺憾。

从居延破城子甲渠侯官遗址出土的汉简和敦煌悬泉置[①]遗址出土的《传置道里簿》，清晰地记录了中原与西域间的驿站名称和驿站之

---

① 置，古代负责交通传递的站点，供行人休息及替换车马之用。

间的交通路线、距离。“……昭武去祁连置六十一里，祁连置去表是七十里，玉门去沙头九十九里，沙头去乾齐八十五里……”这是一条自西汉开始从长安至西域的“汉道”历史路线。当时的基本走向是，东面始于长安，经咸阳，沿泾河而上，过固原，走景泰，入河西，路途短但补给难；另一条道沿渭水西行，经陇西，过金城，入河西，路途距离适中，补给难度一般。之后，两道合并，沿河西走廊西行，经武威、张掖、酒泉到达咽喉之地敦煌。出玉门关或阳关，穿过白龙堆到达罗布泊地区的楼兰，这里是进入西域的首站。这条道，汉时分为京畿段、安定段、武威段、张掖段、酒泉段和敦煌段等六段路线，驿站之间平均相距约 76 里。

在那个时代，使者、商旅、僧侣往来不断，驿站的作用是勘察地形、护送往来西域与中原的各色人等。高额的贸易利润让一些西域商人不畏艰险，大量迁居河西，并形成势力范围。

公元 227 年，诸葛亮第一次北伐前夕，凉州一些割据政权的王，分别派遣月氏、康居等地的胡侯支富、康植等 20 余人带领自己的军队听候蜀汉的调遣。看来，此时蜀汉的外交成果斐然，走出了危机四伏的低谷。蜀汉大军出祁山，准备与这些胡兵会合北伐。这些来自西域的胡将胡兵成为蜀汉的得力助手，组成了骑兵部队。他们与蜀汉政权合作，当然是出于商业目的，想由此来获得蜀地的物产。

从断简残篇中，我们可以窥视当年西域使者进入中原的过程。

出土的木简《永光五年康居王使者自言献驼直不如实册》记载了这样一段故事，西域的康居国派遣的使者把沿途的官员告了，告状人是康居王的使者杨伯刀、副使扁阗，苏薤（xiè）王的使者姑墨、副使沙囷（qūn）及贵人为匿 5 人。他们上书朝廷：“我们几人跪在地上写下此文。我等从西域康居国来奉献骆驼，进入敦煌。这一路上都是我们自己买食物，并没有得到供给。我们到了酒泉郡，酒泉太守也不亲自接见，只让下属对我们所献礼品进行估价。姑墨所献白色公骆驼一匹、母骆驼两匹，官吏验货时认为毛色太黄；杨伯刀等人所献的骆驼都很肥壮，在使者不在场的情况下，官吏验货时认为骆驼太瘦，且沿途官员的估价不实。”

这些使者当然不是第一次进入中原，他们显然知道当时朝廷的接待和验货标准。这个事件虽然发生在西汉，魏承汉制，从中透露出一个重要信息，当时对于西域贡献的中原稀少的物种进入酒泉郡时，太守要与进贡者共同对所献物品进行评估，中原王朝要按物品的优劣进行不同的赏赐。使者如果对饮食接待和评估价不满，可以向朝廷告状，主管对外事务的大鸿胪负责受理此类事件。

公元前 39 年，负责外事的谏大夫发文给敦煌太守核实此事，要求必须上报调查结果，按规定的时间办理。七月庚申日，敦煌太守、长史等人联合下文给效谷县（位于今甘肃省瓜州县西），要求县上接到文件后，将康居王使者路过县境时县上提供的粮食数在七天之内上报太守府。两天后，效谷守长和敦煌左尉联合下文至悬泉驿站，要求在三天之内将接待情况上报县里。之后，敦煌太守再次下文给具体办事的机构，要求如实上报康居使者献骆驼的接待情况。这份文件从长安发到悬泉驿站，用时 48 天。

对于使者来说，他们不远万里，经过几个月的长途跋涉到达中原，对评定结果肯定十分在意。这件事调查结论的档案早已不知所终，但从康居国到达中原，肥骆驼也能累成瘦骆驼，白骆驼也能被风沙染成了黄骆驼，所以康居使者的告状内容未必属实。这个告状信引起了朝廷的高度重视，所以逐级下文进行核查，可见中原和西域对价值公平的交易方式的诉求。有了这一层保障，也说明“使者相望于道，商旅不绝于途”的可信度是高的。

05　胡马度阴山

西晋初年，为恢复生产，朝廷实行宽松的经济、人口策略，正应合了“官不扰民，民自富”的规律，西晋富了。晋武帝司马炎时代，史料中记录的西域事件共有 8 次。

公元 267 年，司马炎称帝第三年，“康居国王那鼻遣使上封事，并献善马”。封事是从汉宣帝时代起开始推行的一种皇帝亲启的文书，相当于密封的奏章，所以这位叫那鼻的康居王给司马炎写了什么重要内容，我们无从得知，最大的可能是贸易协定之类。

公元 270 年，大宛王遣使献“汗血马”，康居王那鼻遣使上封事并献“善马”，焉耆王遣使贡方物。

汗血马，是一种速度、耐力以及对主人的忠诚度极高的马种。当年汉武帝两次远征大宛，以数万人丧生的代价才抢来了汗血马的种马，而大宛此次主动给中原献马，可见中原当时的影响力。康居马则是一种草原马。这一年，康居王那鼻又给司马炎写了一封密信，可能是对 3 年前那封密信的总结与展望。焉耆进贡的方物具体是什么，已无从考证。现今焉耆的特产也不过茴香、白菜、辣皮子……1700 多年前，估计茴香是有的。

公元275年至276年，中原与西域各发生了一起大事件，对西晋与西域的格局产生了重要影响。

公元275年，西域的戊己校尉马循主动攻击了发动叛乱、盘踞在阿尔泰山一带的鲜卑部，并斩杀了其军事头领。第二年七月，河西鲜卑之一、位于敦煌以西至东天山草原的鲜卑阿罗多等部再次犯边，马循率兵出击，保证了东西交通的顺畅，也震慑了西域各国。

自曹魏年间重置西域长史和戊己校尉以来，盘踞在西北的鲜卑拓跋部常常在河西走廊发动叛乱，有多位刺史、将军在征战中命丧河西，这里是西域通往中原的关键位置，时断时通。当时的戊己校尉马循其实常成为悬于西域的一支孤军，且屯田的军队人数并不多。活动于阿尔泰山一带和东天山一带的阿罗多部常会窥视车师、鄯善、焉耆等地的绿洲，频频越过边界抢劫。

这位叫马循的汉家英雄在史料中只冒了个泡，就消失在故纸堆中，但他的战绩异常辉煌，连续两年斩鲜卑部落首领，斩4000余人，俘9000余人，其余人员归降。马循有多少人，伤亡多少，史料没有记载。硬碰硬的较量，损失惨重的不只是敌人，马循的人马损失应该也不会小，这些兵马来自西域屯垦军和部分西域王国的军队组成的联军，如同当年陈汤灭北匈奴之战，马循平叛之战应当是西晋在西域的立足之战。

公元275年年底，中原瘟疫大流行，洛阳一带染疫死者达数万。皇帝也得了瘟疫——司马炎中招了，卧床不起，一度转为重症。当时的瘟疫是伤寒，这是一种季节性疾病，症状是持续高烧、便血、胸闷、气短、腹泻、皮肤出疹。这一年司马炎39岁。到第二年春，司马炎病愈。众大臣祝贺献礼，死里逃生的司马炎一时看淡了身外之物，拒收礼品。他下诏说：“每想到因为瘟疫而亡的百姓，我就非常难过。我不能因为我一个人病愈而忘掉百姓的灾难。”当时，张仲景发明的“五石散”成了治疗伤寒的特效药，但这种药由石钟乳、紫石英、白石英、石硫黄、赤石脂等天然物质配制而成，老百姓们根本买不起。据说，吃了这种药要不停地走路，所以有了一个名词“行散”。

马循战西域的功业起到的作用，可从西域各国纷纷派侍子入洛阳的史实中得到佐证。

公元 280 年，车师前部遣子入侍。

公元 283 年，鄯善遣子入侍，司马炎授予鄯善王侍子“归义侯”的荣誉称号。

公元 284 年，大秦国遣使来献。关于这个大秦国，我们通常认为大致相当于当时的罗马帝国，但有的外国学者认为是埃及或叙利亚或波斯等地。大秦也许只是一个地域概念，并不是一个具体的王朝，当时被认为是西方的极地，大陆的边缘。使者万里迢迢带来的主要是象牙、犀角、玳瑁等礼物。当时，大秦的雕刻手法已非常成熟。这些礼物没有什么实用价值，只是贵族室内的装饰奢侈品而已，但这些使者带走的都是丝绸、纸张等实用的物资。

公元 285 年，大宛献汗血马。《晋书》记载：“武帝遣使杨颢拜其王蓝庾为大宛王。蓝庾卒，其子摩之立，遣使贡汗血马。”说的是，司马炎派遣大臣杨颢访问大宛国，打算封大宛国国王蓝庾为大宛王。等杨颢到了大宛，蓝庾死了，于是就另立蓝庾的儿子摩之为大宛王。随后，摩之遣使向西晋贡献汗血马。

同年，龟兹王白山与焉耆王龙安派侍子入朝。

《晋书·四夷传》中有一段关于焉耆侍子的记录：焉耆国人侍中原的这位世子叫龙会，母亲是猃胡首领的女儿。龟兹国以西，在西晋时有一个猃胡国或者一个叫猃胡的游牧部落，可能是北匈奴的残留势力。焉耆王后怀孕12个月后生下了龙会，而且是肋生。肋生可以印证当时的焉耆已信奉佛教，因为在佛教的传说中，释迦牟尼从摩耶夫人的肋下降生，出生后一手指天，一手指地，说“天上天下，惟我独尊”。这段记录隐喻龙会的出生很不一般，如同中原皇帝出生时均有异象一般。龙会在中原生活了很多年，后来回焉耆继承了王位，且有过一番大作为。焉耆王龙安临终前，对羽翼已丰的儿子龙会语重心长地说：“我曾经被龟兹王白山所辱，一直耿耿于怀。你当了焉耆王后，如果能为我报仇，就是我的好儿子。”龙会成为焉耆王后，攻占龟兹，任命儿子龙熙为焉耆王，而他本人则在龟兹称王。龙会这个人很有胆识，曾在西域称霸一时，葱岭以东的诸国均听命于他。但他恃强傲慢，过于自信，经常外出打猎，宿于野外，后来被龟兹人罗云所杀。

公元287年，康居国遣使来献。

《新唐书》中康居人的形象为嗜酒、好歌舞，生了孩子要用“蜜”喂养，把“胶”放在孩子手心，所以康居人长大后，说的话是甜言蜜语，对于财富的获取如同胶之粘物。康居人就是隋唐时期的粟特人，丝路上最重要的生意人。

在史料记载的这段时间的西域来使中，大宛国、康居国的颇多。我们也可以由此推断出当时西域已处在西域长史与戊己校尉的有效管理之下，且中原与西域的贸易之路畅通无阻。

尼雅遗址中曾出土过一些木简，一支木简上写道：“西域长史营写鸿胪书到，如书罗捕言会。十一月一日，如诏书律令。”这是西域长史收到的朝中大鸿胪的公文，要求捕捉西逃的罪犯。长史府再发文给各地屯田的部队，要求按律抓捕。从中可以看出，作为管辖西域各国事务的西域长史府，其组织机构相当严密完整，能很快通达中原王朝的命令。也可以看出，潜逃西域，已成为中原犯罪分子的选择之一。

另有一支木简记载：“及西域诸胡闻慈死，悉共会聚于戊己校尉及长吏治下发哀，或有以刀画面，以明血诚……”

“慈”是指当时的敦煌太守仓慈。在西域的胡人得知仓慈的死讯后，聚集在戊己校尉驻地，举行哀悼大会，且放声大哭。有的人用刀划破面部，以表明悲痛如同亡父。《三国志·魏书·仓慈传》记录，仓慈死后，敦煌的官吏与百姓悲痛如亲人亡故，并为他建祠画像。尼雅遗址出土的这支木简，足以证实这件事的真实性，也说明当时西域诸国对施恩于西域百姓的中原官员极为敬重。

这件事的背景是：当时西域使节来中原朝贡时，沿途的豪门大户多拦路阻道，不准其过往。西域商旅买卖、贩运商品的时候，多遭遇欺骗、侮辱、轻视。西域商旅极为怨恨。仓慈任敦煌太守时，对于凡是要去洛阳的人，就为他们出具通关文书；从敦煌郡返回西域的人，就帮他们公平交易，也常用官府的财物和他们进行平等交易，还派官吏和百姓在路上护送他们。因此老百姓和西域商民都感念仓慈的恩惠，在西域专门为仓慈建立祠堂，共同祭拜。

“胡马度阴山”对中原来说，一直是件麻烦事。

草原地带新的势力崛起，鲜卑人替代了匈奴成为草原霸主。

历史上的鲜卑人认定他们的先祖是黄帝，自己也是炎黄子孙。按鲜卑人的说法，当年黄帝有25个儿子，他们的后人有的封在华夏，有的封在荒服。按中原“五服论”，以天子所在的都城为圆心，画五个同心圆，每个圆之间相隔五百里，依次为甸服、侯服、绥服（一说为宾服）、要服、荒服。荒服是最远的那个圆，也就是距天子都城两千五百里的地方。鲜卑人的先祖封地就在东北面的荒服。这里有座大鲜卑山，后人就以鲜卑为号。他们靠射猎为生，民风淳朴，日常生活、行事以简易为标准，以彪悍为个性，没有文字，刻木为约，属于“东胡”的一部分。

北匈奴被汉军驱逐并远逃后，鲜卑人就迁徙到了匈奴故土。匈奴游牧部落以散居为主，没有随单于远离故土的匈奴人没了头领，就接受了鲜卑人的统领，也自称为鲜卑人。杂居后的鲜卑人与匈奴人通婚，形成一种风俗——同族同部落间男女不通婚。于是，鲜卑父匈奴母的后代形成了拓跋鲜卑，鲜卑母匈奴父的后代形成了铁弗鲜卑，还形成了汉母鲜卑父、汉父鲜卑母的其他部落。

东汉桓帝时代，鲜卑人中出现了一个首领，此人叫檀石槐。他统一了鲜卑各部，建立了王庭，辖地南与汉交界，北与丁零接壤，东与扶余（一作夫余，辖境大致为今吉林省大部及朝鲜北部一带）为邻，西与乌孙相抵，东西14000余里。当时的南匈奴已内附中原，进入塞内。王庭存在了20来年之后，檀石槐死了，他所建立的部落大联盟土崩瓦解。

后来，曹魏时期，鲜卑又出了一个统治者叫轲比能。轲比能本是一个小部落的头领，他的部落靠近边塞，袁绍占河北时就有很多人投奔了他。轲比能教会了这些人骑马打仗，这些人教会了轲比能中原的礼俗和文化。此后，轲比能学到中原军事文化中的击鼓进攻、鸣金收兵的组织方式。

曹操西征时，轲比能帮曹操平定过叛乱。但这个轲比能势力强大后，一心想恢复檀石槐时代的辉煌，就帮乌桓人与汉军作战，却被骁骑将军曹彰打败，退回塞外。后来，轲比能又主动向曹丕献马，被封为附义王。这之后，他从塞北驱逐汉人至代郡，也曾率兵赶着牛马到边塞通商。

三国混战时，鲜卑内部的三大部落也开始了混战。原本可以坐山观虎斗的曹魏乌丸校尉田豫担心最强势的轲比能一家坐大，形成后患，就帮着轲比能的对手、鲜卑东部的素利部和中部的步度根部攻击轲比能部。

战争结局是步度根部无力招架，率 3 万余户进入雁门郡，归附了曹魏。雁门太守牵招随即出兵攻击轲比能，将其击败。这之后，在鲜卑内部的争锋中，乌丸校尉田豫、并州刺史梁习多次帮素利部作战，大败轲比能。

轲比能原本就是曹魏的附义王，鲜卑内战，三部争雄，田豫多次出兵干预，这让轲比能心怀不满，于是他写了封告状信："我与素利有仇，派兵攻伐，校尉田豫屡屡出兵干涉；我与步度根有恨，相互抢占牧场，太守牵招又与我为敌。我是天子册封的官员，牛马尚知水草为美，何况我一心臣服，感恩朝廷，何必如此待我？"曹丕收到信后，也认为边将做得有点过分了，不该参与鲜卑的内部事务，于是派人安抚轲比能，他的势力才有所稳固。

《庄子·胠箧（qūqiè）》记载，一个叫展雄的江洋大盗对手下说："做强盗也要有规矩和准则。不进门就能判断目标地有什么财物，这是圣明；率先冲进去，这是勇敢；最后撤出，这是义气；能知道可否采取行动，这是智慧；事后公平分配，这是仁爱。以上五样不能具备，想成为大盗，是不可能的。”轲比能就属于“盗亦有道”的人物，他胸怀大志、彪悍勇敢、仗义疏财、深谋远虑、均分猎物、不贪不占，所以部下愿为他效力，他的威望极高。鲜卑首领并没有官俸，他们以各自领地的部落百姓的供奉为生。轲比能一直梦想着实现檀石槐时代的部落的辉煌——幅员辽阔，率众无数，一统鲜卑。

此后，轲比能消停了一段时光，多次入塞向曹魏进贡，但他的一些作为也让曹魏统治者大为恼火。

公元 231 年，蜀汉丞相诸葛亮第四次出祁山，北征曹魏，试图夺取陇右，派人联络鲜卑首领，计划南北夹击。轲比能率兵响应蜀军，屯兵石城，与诸葛亮遥相响应。魏明帝曹叡命司马懿率军进驻长安，大将张郃、费曜等人率兵抵抗蜀军，又派太守牵招对付轲比能。此战，诸葛亮发明了木牛流马，用于运粮，但魏军坚壁清野，以守为攻，打起了消耗战，蜀军粮尽，退回汉中。轲比能被太守牵招所阻，退回漠南。

公元 233 年，轲比能用计诱使步度根背叛曹魏，回归草原，魏军出兵击败鲜卑两部。轲比能借步度根部将再次投降曹魏为由杀了步度根，统一了中东部鲜卑。眼见轲比能的势力越来越大，沿边一带的军事压力陡增，当时的幽州刺史王雄，找了一个叫韩龙的刺客进入轲比能的行营，采用类似于两汉时傅介子等勇士针对西域叛王的“斩首行动”，将轲比能刺杀。这之后，鲜卑各部再次离散，强者远遁，弱者归附，曹魏边陲得以安宁。鲜卑部再次大分裂，东部有宇文部和慕容部，西部有拓跋部和乞伏部。

魏、蜀、吴三国混战时，鲜卑各部借机南下，陆续进入黄河流域，加入了中原逐鹿的争战中。当时，魏将邓艾为扩充兵员，将数万鲜卑人迁入河西与汉人杂居。到了西晋时期，朝廷在河西又设置了秦州，同时数万内附的鲜卑人生活在雍州、凉州、梁州，其势力不断增大。边地的官吏歧视、压榨鲜卑人，致使鲜卑人游离于边塞，不断侵扰西晋的边境。

这时候，拓跋部有一位叫树机能的首领，率部游牧于安定郡一带，并不断发动叛乱。晋武帝司马炎在位时，曾多次派兵征讨树机能部，结果是公元 270 年，讨伐树机能的秦州刺史胡烈战死，树机能反而率部进攻金城，又斩杀了凉州刺史牵弘；公元 277 年时，平虏护军文鸯率三州之军攻击树机能，20 万诸胡降附，但这并没有给树机能造成重创，当时河西、陇右一带的鲜卑人数量极大；公元 278 年，凉州刺史杨欣在与树机能部的武威大战中被杀，之后树机能攻陷凉州，扼住了河西走廊的咽喉，切断了中原与西域的通道。

公元 280 年，鲜卑轲成泥部又攻占了西平郡（治所位于今青海省西宁市）。

河西走廊这块土地上的人员成分复杂。自汉武帝时代起，这里安置过内附的匈奴人、羌人、氐人、西域胡人，加上边塞的汉族屯民、流民与当地人，他们数百年来在这里杂居、融合。

河西中断，西晋驻西域的屯垦军孤悬塞外，晋武帝司马炎急需一位能担大任的将军。朝中的官宦们已形成世家大族，习惯于相互倾轧、安于享乐，无人关心西线战事。此时，一位叫马隆的下等武官请求出征。无人可用的司马炎当即拍板，给马隆连升多级，任命他为武威太守。

马隆的条件是他要亲选3500人，这些人要能单臂开弓、勇猛过人。条件一出，朝中有官员认为马隆只是区区小官，资历浅，不足信，认为西晋有军队，不应募兵，甚至他们给马隆配置的武器都破烂不堪。马隆当即将此事闹到朝堂之上，于是，司马炎下诏打开武器库，供马隆选择上好武器，并允许马隆自行挑选士兵、马匹，且预支给他3年的军费。

马隆带着他所选的军队出征了，并依八阵图做了一种偏箱车，这是一种攻守两用、装有防护板的战车，既可与鹿砦、拒马等障碍物组成车营，以防敌军突袭，又可在护板的掩护下，从护板的箭窗中发射弓弩，可以且战且进。得到消息的树机能布下了口袋阵。这位熟读兵书和战史的马隆运用了当年李陵对付匈奴的战法，马隆以“战车阵”形成堡垒，他的勇士们利用弓箭的优势大破敌军。平原作战，鲜卑军败。于是，树机能又在狭窄的通道伏击。马隆则事先制作了木壳，用来罩着战车。所有战车一字排开，向前攻击，这可能是最早的装甲车的雏形。树机能的箭伤不到马隆的兵，再败。于是，马隆一路向西，直到平定武威。

马隆出征几个月均无音信，朝中官员以为马隆已全军覆灭。之后，捷报传来，马隆不仅收复了失地，打通了河西，还把鲜卑首领树机能斩了，彻底解决了河西的困扰。

为什么鲜卑人大举南下，仅仅是为了掠夺吗？

鲜卑人的聚集地叫鲜卑利亚，今天我们称之为西伯利亚。在北半球，农耕区和游牧区的分界线是400毫米等降水量线，同时也是半湿润和半干旱区的分界线、森林植被与草原植被的分界线。这条自然形成的分界线刚好与长城重合，起于大兴安岭西坡，穿过松花江流域，沿西辽河上游、燕山山脉斜穿黄河河套，经黄河、长江上游和西北诸河流域，直抵雅鲁藏布江河谷。降水量没有达到400毫米的地区，要么是一片草原，要么寸草不生。年降水量在400毫米以上的地方则是郁郁葱葱的农耕区。

以种植业为主的农耕民族，只要有一块土地，便可以世代居住于这块土地上。在有限的生命中，如果没有天灾或战乱，他们一般不会背井离乡。游牧民族则相反，一旦草场发生牲畜啃食面积缩小或荒芜以及雪灾等情况，整个部落就必须在首领的带领下，赶着牛羊一同迁徙，寻找下一处适于生存的草场。这就造成游牧者对土地的渴望明显大于农耕者。加之没有固定资产，游牧者身体里流淌着好战的血，使其性格强悍、具有野性。

从东汉末年至西晋，北中国进入了一个小冰河时期，气温下降、土地干旱、草场荒芜、粮食减产，随之而来的便是动荡和战乱，北方的游牧民族纷纷南下进入中原谋生，这便形成了“胡马度阴山”的大迁徙。

马隆在陇右地区驻守了10多年，降伏了鲜卑、氐、羌众部，稳定一方，威名远扬，被封为高县侯、东羌校尉。陇右一带既耕也牧，物产丰富，于是就有人盯上了马隆的位置。

一个叫严舒的人与权臣杨骏结成了儿女亲家。杨骏是晋武帝司马炎第二任皇后的父亲，严舒想通过杨骏谋取马隆的位置，于是杨骏就诽谤马隆年老昏庸，不称职，不堪大用。于是，杨骏借着司马炎病重之机撤了马隆的职，让严舒接任西平太守。严舒做官是为了搜刮民财，在他的意识中没有一方平安与稳定的概念。到任不久，他就强征暴敛，当地的氐、羌等部落又开始聚集谋反，百姓恐慌，于是朝廷不得不起用马隆任西平太守，马隆最后在任上去世。

“秦时明月汉时关，万里长征人未还。但使龙城飞将在，不教胡马度阴山。”马隆在任时期，西域与中原的通道畅通无阻。

06 “八戒”西去，耆域东来

从公元 287 年至 316 年的近 30 年中，西域的信息在西晋正史中消失了，往来进贡的记录没有了。这并不代表西域失控，而很可能是西域得以稳定，无大事发生，很可能是整个中原都在混战，但西线无战事。

当时，西域的事务由凉州刺史、敦煌太守、西域长史、戊己校尉负责。戊己校尉马循在西域两次讨伐鲜卑，对西域构成威胁的鲜卑部落已归降，西域稳定。当时西域长史制的官员体系按中原郡级结构设置，驻守西域的军队大规模屯田耕作，修建水利设施，实施中原的编户齐民。在社会治理方面，西域也都是按照中原的制度来执行。

西域与中原的贸易，给当时的洛阳带来了空前的繁荣。与东吴、蜀汉有贸易往来的南夷诸国也到洛阳进行朝贡贸易，这让洛阳成了陆地和海上贸易的交会点。

《高僧传》（又称《梁高僧传》，是南朝梁僧慧皎撰写的佛教人物传记）记录了这个时间段内高僧的活动。西晋时期，洛阳的佛教文化发展迅速，有白马寺、东牛寺、菩萨寺、大市寺等寺院数十所，有佛图澄、耆域、犍陀勒、安慧则等西域高僧传道译经。

中原第一位舍身求法的高僧是西晋时的朱士行。此人是颍川人，法号八戒。因姓朱，所以也叫朱八戒。据后世一些学者推测，《西游记》中的猪八戒就是借用了此人的尊号。八戒法师少年出家，勤奋好学，后来在洛阳为信徒主讲《道行般若经》。但是这个译本文字粗浅，断章取义，逻辑性不强，前后搭接松散，所以八戒法师常对弟子说："此佛经是大乘佛法的精髓，但是没翻译通透。"之后他决定西行求法，找到原本。

58岁那年，八戒法师与弟子法饶西行，过河西、出玉门、度流沙、穿戈壁，由鄯善到达于阗，在那里得到了全本《大品般若经》。当时于阗是小乘佛法占上风，小乘教派僧人们认为大乘的佛法为梵文写成，并非真经，如果让这个中原僧人带走，将乱了佛法的精妙，使中国不知道佛法的真谛。他们还将此事上报了于阗王，并告诉于阗王，如果婆罗门的梵书进入中国，于阗王会受到佛祖的惩罚。于是，于阗王派人监视八戒师徒的行踪，禁止他们携带经文出境东归。

八戒法师没有放弃送回佛经的信念，就这样在于阗生活了20年。后来，于阗王去世，于阗国发生了动乱。八戒法师乘乱让徒弟法饶携经东归，自己则为了掩人耳目，加之年岁已高而无力东归，留在于阗。之后，80岁的八戒法师在于阗圆寂，这一年是公元282年。南朝人释僧祐所编著《出三藏记集》载：众徒弟们将他火化，火熄之后，众人大惊——法师的遗体如故。于是众徒弟们跪地超度，并念道："若真得道法，当毁坏。"言毕，八戒法师的遗骨即刻散碎。徒弟们收殓遗骨，筑起一座佛塔。

法饶带回的佛经，存放在河北陈留的水南寺。公元291年，于阗来的僧人无叉罗到达水南寺，开始将其译成汉文，12年后译成《放光般若经》。“般若”即是佛法中认知一切事物和万物本源的智慧。

《高僧传》还记载了多位这个时间段来自西域的僧人，其中有一位叫耆域，天竺人。他走蜀身毒道的路线到达扶南（中国史料中的一个古老王国，辖境大致相当于今柬埔寨全境和老挝南部、越南南部及泰国东南部一带），又经海路至交趾郡（辖境相当于今越南北部）。据说此人在襄阳时要坐船过长江，但是船老大看他破衣烂衫，竟然拒载。可是当船到达江对岸时，这位神秘的大师已站在岸边。耆域在晋惠帝末年到达洛阳，给人算命，可知其前世今生。他还是一名神医，当时衡阳太守滕永文在洛阳，临时住在满水寺。他得病多年不得愈，症状是两脚变形，不良于行。耆域看到了，说：“你这病好治。”然后耆域接泉水一碗，折杨柳一枝，用杨柳蘸水，面向太守滕永文念咒，往复三次，然后用双手掐住滕太守的两个膝盖说：“站起来。”滕太守的脚就好了，行走如常。

洛阳城衙尚方署中，一位病人奄奄一息，家人正准备后事，有人把耆域请来。耆域把一个瓦钵放在病人的腹部，用白布覆盖，然后闭目念经。忽然，室内恶臭扑鼻，这时，那病人睁开眼说：“我活过来了！”耆域让人把白布揭开，众人发现瓦钵中盛满了淤泥状的污秽物，臭不可闻。

洛阳发生兵乱时，耆域准备回天竺。临行前，众僧侣及他帮助过的人纷纷为他设宴送行。他为众人留下告诫：“守口摄身意，慎莫犯众恶。修行一切善，如是得度世。”这句话的意思是说，要管住自己的嘴，不胡吃，不胡说，多行善事，方可立地成佛。这之后，耆域回了西域，不知所终。

关于耆域的神奇故事，《高僧传》《神僧传》等著作中有很多记录。

这些故事足以说明，正史没有记载的西域人物的往来故事，在民间并没有中断。

《晋书·食货志》记录了一些西域王国的情况：焉耆国人贪财好利，性格奸猾；大宛人深目多须，善做生意，讨价还价，争分毫之利，把交易到的中国金银做成器皿，不铸钱币，同时该国适合种水稻、小麦，产葡萄酒，出产汗血马；大秦国出金玉宝物、明珠、大贝，有夜光璧、火浣布、犀角；康居国气候温和，产葡萄、牛羊、骏马……

《晋书·四夷传》中还详细记录了以洛阳为中心去西域各国的距离。

当时洛阳太学的求学者“东越于海，西及流沙，并时集至，万有余人”。在所记录下来的 400 余名授课人员及优秀求学者的名单中，就有 4 位来自西域的学生。随着西域贸易的繁荣，西域诸国国王也将学习中原文化作为国家教育之必需。培养西域各国的贵族子弟，让他们学习中原文化，成为西晋王朝经营西域的策略之一。

07　无奈的乱世家书

从公元 291 年开始，“八王之乱”几乎贯穿了西晋王朝的后半程。

我们可以用“城门失火，殃及池鱼”来形容“八王之乱”时期几个西域人物的悲惨遭遇。他们是来自遥远的撒马尔罕①的粟特商人，被困河西，有家难回。或许他们知道自己再也回不到故乡，于是纷纷开始写信。在信中，他们告知了家乡的亲人中原发生了什么。不过他们的家信还没有出玉门关，便被长城烽火台的军士扣押，可能是因为关于中原的信息不允许传向西域。守关的军士甚至没有拆开并查阅他们写了什么，就把信扔进了垃圾堆，之后信件被掩埋在了黄沙之中。千年之后，其中一些信件偶然被“文物大盗”斯坦因发现，存放在了大英博物馆。这些信写于公元 313 年夏，那时候正逢“永嘉之乱”后期。

有一位写信人叫米薇，她写了两封信，一封写给母亲，一封写给丈夫那奈丹特。从这两封信中，我们可以还原出一段故事。

---

① 撒马尔罕，中亚最古老的城市之一，丝绸之路上重要的枢纽城市，有 2500 年的历史。公元前 4 世纪为粟特都城。

撒马尔罕的美丽姑娘米薇认识了商贩那奈丹特。这位小伙也许并不英俊，也许并不富有，总之米薇的家族不同意这门婚事。我们可以推测，在那个时代，一个识文断字的女子的家境一定不错。但是两个年轻人不顾家人的反对私奔了，他们跟着商队一路向东，进入了玉门关，到达了敦煌，并在那里的粟特人社区定居下来。他们生了一个女儿，取名莎恩。在母亲的教导下，莎恩学会了粟特文并慢慢地长大了。今天，我们已无从得知这一家人在敦煌生活了多久。米薇写信的时候，丈夫那奈丹特已离开他们去进货，也许是去了鄯善或高昌——他不可能回撒马尔罕，因为米薇的家族如果知道那奈丹特抛弃了母女独自回来，定会杀死他。在艰苦的岁月里，米薇找到了她们家族在敦煌的商业伙伴法克汗德，请求他资助并帮忙寻找那奈丹特，但重利轻情的法克汗德拒绝了贫困的母女俩。

离开妻女 3 年了，那奈丹特去了哪里？也许在回归的途中，他遇到了强盗，尸埋大漠。

米薇写给母亲的信中充斥着满满的忏悔，她告诉母亲，她后悔当初年轻不听话，以致落到如今的地步。在这封信中，她没有提到那奈丹特，只告诉母亲她现在生活得很惨，没有食物，缺少衣物，需要钱，而她借钱时四处碰壁，靠寺院的僧侣施舍才能存活，希望家族能给予她资助。

这封信中的文字平和、礼貌，但她写给丈夫的信中充满了愤怒和伤心。她说，她恨自己当年没有听父母兄长的劝告而嫁给了一个无赖，下辈子就是嫁猪嫁狗也不会多看那奈丹特一眼，而她一定是因为做了错误的决策才受到诸神的惩罚。在这封信中，女儿莎恩也写下了幼稚的文字。她告诉父亲，她和母亲已身无分文，向在敦煌的父亲的亲戚借钱时被拒绝，她们最初能得到寺院僧人提供的食物，后来被迫成了奴隶。她们找到官府，官府又将她们母女的生存问题推给了她们的亲戚。她家在敦煌的生意遇到了问题，以父亲的实力是完全可以解决这些问题的。

千年前的哭诉，充满了无助与无奈。

还有一封发自金城的信，写信人叫那奈·万达卡，是一位粟特商业集团驻金城的总负责人，他的信是写给撒马尔罕的上司及其他的合作伙伴的。写这封信时，万达卡很平静，思路清晰。这封信中提到了很多人名，有职员、有亲人。原信件有破损，我们今天可以根据信中的逻辑关系进行梳理。

这封信的开头用华丽的辞藻周全而礼貌地问候了卡那可克家族的首领瓦扎可克和缔合瓦。

这个商业团队进入中原多年了，信中说[①]："团队中有一位叫高特木的职员在金城定居，之后返回撒马尔罕，但是这一走再没音讯。由于连年的饥荒，中原发生了内乱，听说皇帝从洛阳逃走，城市被毁、皇宫被焚，洛阳已不是昔日的繁华之都，邺城也不再平静；从长安到邺城，原本听命于皇帝的匈奴军队叛变，不知道其他中原军队是否会将匈奴人赶出长安、赶出中原。在战乱的区域内有来自撒马尔罕的百余名粟特人，其中在洛阳的有 40 人。目前派去酒泉、姑臧（今甘肃省武威市一带）的商业代表还平安无事。

"居住在金城、敦煌一带的粟特人，目前的状况是只能维持生

① 这封信所讲述的时代背景大致为前赵攻灭西晋时期。前赵为匈奴人所建立，故信中多处提及匈奴。

活。在这里，我们没有亲人、朋友，而且随时面临着死亡的威胁。如果不是情况如此糟糕，我们不会写信告诉家乡的亲人和朋友自己在中原的遭遇。这里的情况，用‘不幸’二字已不足以表达，我们已经没有任何利益可得。8 年前，我曾派萨扎哈然克、法尼尔两位职员分别带商队去了长安和洛阳，最近一次得到他们的信息是 3 年前。当时，他们还活着。战乱发生后，我再也没有得到任何关于这支粟特商队的消息。4 年前，我派阿提可胡带商队离开姑臧去了洛阳，瓦可胡沙一同前往。他们到达后传来的消息说，洛阳的天竺人和粟特人很多死于饥荒和瘟疫。我曾派那思岩去敦煌，他没有征得我的同意而私自离开那里，返回撒马尔罕。之前，我给过他一笔巨额报偿，后来听说他死于途中。”

信的后半部分几乎是在交代后事。那奈・万达卡在信中说：

“瓦扎可克领主，我对您的权威怀有最高的崇敬。在撒马尔罕，我的侄子潘萨可克保管着我的金币，他把这些钱存了起来，没有用来经商。现在请您来保管这笔钱，没有我的许可，任何人不得动用。

“缔合瓦领主，你应当提醒瓦扎可克，请从潘萨可克那里收回这笔钱，然后请您两位同时对这笔钱进行盘点。如果由瓦扎可克先生去掌管这些钱，您可将利息加在本金里，将这笔钱转到瓦扎可克先生那里。如果他不愿意或者您认为交给瓦扎可克先生不合适的话，那么您可以将这笔钱交给您认为合适的人，要让这笔钱产生收益。我的妻子塔库特离开人世那时，请相信神和我的父亲的灵魂在保佑您。我的孩子塔克黑塞成了孤儿，请供养他长大，直到他能独立生活。当我的孩子长大成人的时候，请为他娶一位妻子，把这笔钱交给他。不要让他离开您。如果您需要现金，可以从这笔钱中提出一部分应急。

“随信寄去 32 个麝香包。当您收到这些东西时，请将它分成五份，三份留给我的孩子，一份给我的侄子潘萨可克，您留一份。”

信中没有忘记提到商业信息：从敦煌到金城，亚麻布的销路非常好，几乎每个人都换掉了原来的布衣和毛织物。

这些信中的人物的结局无从得知。共 8 封信放在同一个邮包中，扎得很严实，之前从未被打开。信中所谈到的战乱内容与中原史料相对应。这些信让后人知道：灾难与仇恨，如同辉煌与荣耀，一样流传千古。

08 凉州张氏

公元316年，西域的人物、地名再一次出现在中原的史料中，但这一次出现的并不是方物、侍子、朝贡这类字眼，而是一个小人物的名字。此人叫隗（wěi）瑾，西域高昌人，时任凉州刺史属下的贼曹佐，主管水、火、盗、擒、讼、判等。

中原北部有赤狄人，以隗为姓，是炎帝的后裔。这位隗瑾成为高昌人，说明当时在高昌，汉人不少，儒学文化已相当普及。当年贰师将军李广利征大宛，曾将一部分老弱病残留在尚未分裂出前后部的车师国，这些士兵在平地屯垦，在高地筑城，并将此地命名为高昌。

隗瑾只是历史中的小人物，只在张寔（shí）的故事中冒了一个泡。

中原内乱时，河西一带相对稳定，时任凉州刺史张寔下令：下属的官员、百姓能指出他执政的错误就给予重奖。来自西域的高昌人隗瑾就提了一个建议，他说："刺史您行政事无巨细，经常一拍脑门就下达指令，其他官员收到指令后才知晓发生了何事。就是出错了，也无人担责。下面的人只求自保，听命而行。除了赞美，您可能听不到真实的声音，就是奖赏千金，又有何意义？我个人认为，您应当收敛一下张扬的个性，各类政事先征求大家的意见，让他们主动说出自己的见解，择优采用，这样也就不必花费重金来进行赏赐，反而能激发下属的责任感。”张寔觉得这才是真心劝告，于是重用隗瑾。

凉州张氏是西汉常山王张耳的后裔。在一些史料中，张寔是前凉的第二位君主。实际上，张寔与父亲张轨、儿子张骏、孙子张重华并没有称帝，张寔的最高职务是西中郎将，曾任护羌校尉、凉州刺史，爵位是西平公。在他离世 34 年后的公元 354 年，他的不肖之孙张祚称帝，废弃晋帝的年号，加封前四位先祖的庙号，建立割据政权，史称“前凉”。张寔在墓中成为凉昭王。张祚荒淫无度，称帝第二年就被手下斩首，暴尸于街。

张氏是儒学世家，西晋永嘉年间，张寔在洛阳当郎中，坚决不受“骁骑将军”的职务，与弟弟、时任从事中郎的张茂请求回凉州照顾患病中的父亲、凉州刺史张轨。兄弟俩也由此躲过了“永嘉之乱”。不久后，父亲去世，张寔接任父职。

战争、瘟疫、饥寒三大灾难同时在中原地区出现时，河西之地相对平稳。

公元 316 年，汉赵政权的匈奴人刘曜进逼长安，张寔派兵救援，但西晋的大势已去。晋愍（mǐn）帝准备投降的前一天，给张寔写了一封信。在这封信中，皇帝说：“洛阳已经失守，长安即将沦陷，百姓频频遭难，朝廷无力拯救。羯贼僭称帝号，肆意残杀藩王，朕深感仇恨耻辱。目前城外的军队大败，粮尽人困，攻城的箭已射到了宫殿之中。朕马上会成为俘虏，不知生死如何，现升君为大都督、凉州牧、侍中、司空，望君秉承旨意，见机行事。君父子世代忠良，功勋卓著于河西，四海敬仰，是国家的依靠。朕已诏告远在江南的琅邪王司马睿，让他代理帝位，望君能辅助琅邪王，共赴国难。”

这封信被秘密送出，张寔接信后大哭。之后张寔多次派兵攻击刘曜。出自河西的将军韩璞在战场最艰难，粮草、弓箭耗尽时，杀死战马，犒劳士卒，然后击鼓冲锋。

面对这种烂摊子，南阳王司马保还图谋称帝，兵败后想进入河西，好在没到河西他就死了。不然凉州就又乱了。

东晋在江南落户后，晋元帝司马睿采用“大兴”的年号，但张寔依旧沿用西晋最后一位君主晋愍帝司马邺的年号“建兴”，虽然此时司马邺已被害两年。

有一个擅长巫术的长安人刘弘逃难到凉州，住在天梯山的洞里很多年。此人夜间在山洞里点燃无数蜡烛，利用镜子的反射将光射向洞外，无月的天梯山上出现一束神秘的光。神棍刘弘以此迷惑民众，招来了一大群信众。这些信众中有张寔手下的两名将军，一个叫阎涉，一个叫赵卬。他们与刘弘是老乡。

刘弘的目的无非两个，一是骗钱，二是夺权。大兴三年（公元320年）的一天，刘弘对阎涉等人说：“老天赐予我一枚玉玺，命我当凉州王。”阎涉、赵卬等人深信不疑，立即表示愿为教主献身。之后他们带人潜入张寔的寝室，刺杀了张寔。而这个刘弘的结局是被抓捕他的牙门将史初先割了舌头，然后在姑臧城的街市上车裂，其门徒阎涉、赵卬等数百人被斩。

张寔的弟弟张茂接替了张寔的职位。张茂在位时，以东晋为正统。但张茂算是骑墙派，前赵的刘曜大举用兵凉州时，张茂出兵抵抗的同时，也向刘曜称藩上贡，以保全凉州。之后他被刘曜封为西域大都护、凉王。这说明当时西域比较稳定，无战乱之忧。

刘曜是刘渊的养子，属于儒化的匈奴人。称赵帝后，他为刘渊、刘聪父子追封“帝号”，那些升官无望的寒士多有投奔。刘曜起用汉人官员，在长安设立太学，推行儒家教育，请饱学之士任教。他本人擅写文，工书法，熟读兵书，而且是神箭手，常常自比为萧何、乐毅。年轻时，他到洛阳游学，不知犯了什么事，被官府通缉，于是出逃高句丽，后来他还在管涔（cén）山当过隐士。

张茂与刘曜有同一个爱好，都喜欢大兴土木。张茂给活人盖房，刘曜给死人建陵。

前凉与西域的故事是在张茂死后、张寔的儿子张骏任凉州牧时开始的。

由于中原的战乱，与西域联系最多的是位于河西走廊的凉州割据政权。凉州的掌权者张茂于公元 325 年去世，终年 48 岁。他临终前，拉着侄子张骏的手，流着泪说：“我们张氏先祖世代忠诚于国家和君王。如今华夏大乱，皇上南渡建康。我等生逢乱世，秉承先祖的余德代管凉州，对上不能辜负晋室，对下当保境安民。我马上要死了，但是我的官职不是朝廷任命而是众人推举的，没什么可炫耀的。我死后，入殓时不能穿官服，以白帽麻布覆身便可，以表达我对朝廷的愧疚之情。你今后应当尽人臣之责，稳定一方，不能有所懈怠。”

张茂治理凉州 5 年。当时，占据长安的前赵皇帝刘曜很大气地遣使追赠张茂为太宰。与哥哥一样，多年后，张茂被追封为凉成王。

与张茂同年去世的还有晋明帝司马绍，时年 26 岁。他是东晋第一任皇帝司马睿的长子。有一次大将军王导、侍中温峤（jiào）觐见，司马绍问了温峤一个问题：“司马氏先祖是如何一统天下的？”温峤没有回答。这时，王导说：“温峤年轻，还不熟悉这段往事。”然后王导讲述了司马懿发动高平陵之变、司马昭手下杀曹髦、司马炎逼迫曹奂禅位、司马衷之愚、贾南风之恶、八王之乱、五胡争雄、怀帝和愍帝被杀、王朝南渡等故事。晋明帝听后，掩面趴在坐床上，说："如果像大将军所言，晋朝天下又怎能长久呢？"

张骏是张寔的儿子，继凉州牧之职时 18 岁。张骏首次在西域设置郡县制。

位于河西走廊的张氏政权一直沿用已故的晋愍帝司马邺的年号"建兴"，这并非张氏不承认东晋的存在。从河西到长江以南的东晋国都建康的道路不通——刘曜的"赵"位于关中，石勒的"赵"位于河北，李雄的"成汉"位于巴蜀，草原地带为鲜卑人的"代"所据。也就是说，在兵荒马乱、兵戈不息的年代，河西走廊的张骏虽然以晋凉州牧自居，但已与晋朝廷失去联系多年，根本不知道远在建康的东晋王朝的年号"今夕是何年"。鉴于叔叔张茂的临终遗言，张骏一直试图打通与东晋王朝的沟通之路，至少他还需要东晋皇帝给他的一纸任命，以示"正统"。而当时的刘曜、石勒、李雄都不是等闲之辈。山高路远，张骏暂时无法与东晋建立联络。

中原两"赵"争锋，石勒的势力控制了中原。既然向东的路不通，那么向西的路不能放弃，张骏开始关注西域事务。当时驻守西域的戊己校尉叫赵贞，因为中原内乱，无心西顾。赵贞的孤军悬于塞外，也只能保西域通路的平安。张骏继位，位高权重的赵贞并不认可这位年幼的凉州掌权者。于是，张骏命西域长史李柏出兵讨伐赵贞。

1909 年，有关李柏准备讨伐赵贞的一封信，在西域长史驻地楼兰城遗址被日本探险队发现。这封信是时任西域长史的李柏写给焉耆王龙熙的手稿。那时候李柏刚从凉州的姑臧城返回西域的海头城，受张骏之命准备讨伐赵贞。与李柏同时分头出塞的还有一位严参事。李柏从玉门关西出，到都护井，绕过三陇沙北头，从沙西井转西北，经居卢仓，过龙堆至楼兰。严参事则是沿祁连山进入草原，翻越天山进入焉耆。当时草原地带在鲜卑人的控制之下，那位严参事带着礼物进入草原的目的，是为了与鲜卑人交好，让其不干涉讨伐赵贞之事。

李柏给焉耆王龙熙的信的大致内容是说：很久没有问候您，十分想念，不知一切可好？我这次受派遣，慰劳西域诸国。我于本月初二到达了海头城，这里的天气炎热。不知道焉耆王您目前可好，想必国中一切安好？收信请回复。焉耆前往凉州的使者与严参事走草原道，想必他们已到达焉耆国。现派遣符大前往焉耆通报情况，信中就不细说了。

这封信中，李柏的官衔是西域长史、关内侯，落款时间是当年的五月初七。

从楼兰进攻高昌的路线是沿罗布泊前行，然后向北翻越库鲁克塔格山进入车师故地，直接攻击高昌。这条道是汉代的墨山国之道。墨山国早已被焉耆吞并，沿途会经过焉耆国属地，所以李柏要事先与焉耆王沟通行军路线。李柏劳师远征，与赵贞交锋发生了什么故事，史料没有记录。双方的交战地点可能是在高昌城下，也可能是在行军途中。总之，李柏兵败，逃回了楼兰。他写给焉耆王的信的草稿并没有被销毁，而是塞进了土块墙的缝隙之中。至此，楼兰与高昌的关系中断。

赵贞驻守高昌年久，与焉耆相邻，焉耆王龙熙应当与赵贞关系密切。所以，李柏的行动，焉耆王如果没有帮赵贞，也必然将此机密告知了赵贞，这才会有之后发生的前凉伐焉耆的事。

李柏兵败，导致凉州与高昌的联系亦中断。当时，凉州的官员们认为赵贞的叛离，是被李柏逼的，他们请求张骏杀了李柏，试图与赵贞和好。而张骏认为战乱之时，正是用人之际，赦免了李柏的死罪。

公元327年，张骏兵出阳关，对割据高昌的前西晋戊己校尉赵贞兴师问罪，赵贞被擒获。张骏在戊己校尉府所在地高昌城设立高昌郡，建立了一整套与内地相同的地方管理组织，设太守，下属五县，包括高昌、田地等县，县下设乡，乡下设里。

车师前部在吐鲁番盆地的西半部，势力已如同中原的诸侯王，其防务也在高昌郡太守的职责之内。车师西南的"银山道"、西面的"白水涧道"和西北的"蠕蠕道"由高昌郡太守与车师前部王共同派兵驻守。到了公元329年，西域的大宛、康居等国向张骏通使纳贡，献汗血马、火浣布、犎（fēng，一种颈肉隆起的牛）、孔雀、大象以及奇珍异宝200多种，这是中原之乱后西域第一次向中原政权通贡。

东晋王朝也一直试图打通与凉州的联系。咸和八年（公元333年），晋成帝司马衍的使臣扮作商人，绕道西行抵达姑臧，带来了诏书。此时，张骏治理凉州已10年之久，而张骏派出的前往江南的使臣还在谋求通达之路。

张骏详细询问了这些年东晋王朝在建康发生的故事。

"王与马，共天下"的格局，"王敦之乱，王导专权"的朝政，以及之后几年发生的"苏峻、祖约之乱"让张骏对东晋王朝的信心受到了不小的打击。王朝依旧混乱，偏安西北尚能保境安民，而建康的东晋王朝中，外患未除、内乱不止、权臣当政、百姓流离。东晋游离于灭亡的边缘，所以张骏决定依旧使用西晋年号。

可以说，高昌郡的设置，结束了历代中原王朝采用军事手段统辖西域的历史，开启了以行政手段管理西域的先河。从某种意义上说，这为后续经营西域准备了更好的条件。之后，抚平高昌的当年，张骏重划疆域和行政建制，将原先仅有的凉州一州改为凉州、河州、沙州，将敦煌、晋昌、高昌三郡和西域都护、戊己校尉、玉门大护军三营隶属沙州刺史管辖。

公元335年，张骏派遣沙州刺史杨宣率兵进军西域，于是有了一段传说：杨宣派出的先锋部队在西域校尉张植的率领下，于当年六月越流沙。由于天气炎热，大军缺水，士兵口渴难行。于是，张植剪发袒胸，设坛求雨，恸哭感天，片刻间云起西北，大雨成溪。张植将自己的战马杀死祭天，然后继续前行，进入西域腹地，所向披靡。此行的目的是伐焉耆、龟兹。焉耆王龙熙率军抵抗于焉耆国的贲仑城，被张植攻克，焉耆军向尉犁方向撤退，张植率大军追击。张植准备屯兵铁门关。离该地还有十多里时，龙熙率人埋伏在通往铁门关的遮留谷中。张植率军到达，观察地形，然后说："当年汉高祖原本要夜宿一个叫柏人的地方，他认为这个地名不吉利，于是连夜离开，躲过一难；汉光武帝的名将岑彭驻军在一个叫彭亡的地方，没有回避，结果遇刺。今天这个地方叫遮留谷，难道会有伏兵困我等不成？"经过侦察，张植果然发现了焉耆国的伏兵。他率军将伏兵击败，进驻尉犁。焉耆国王眼见张植神勇，于是率手下4万人脱去上衣，放下武器投降。之后的龟兹之战，估计龟兹不堪一击，所以史料中只留下一个"伐"字。

伐焉耆、龟兹之战让西域诸国国王大惊，于是鄯善、于阗等国投降，开始到凉州的姑臧朝贡。鄯善王元孟还将女儿嫁与张骏和亲，张骏专门为鄯善美人建造了一座宾遐观，供她居住。

09 续说“高”“凉”

在《容斋随笔》卷十四《士大夫论利害》中，南宋文学家洪迈说：士大夫分析利害，本当先陈述之所以有利的实情。可是在有利之中同时有小害存在，也当区分情况，让君主正确决断，这才符合对君主不隐不欺的道理。……班勇请求重新设置西域校尉，参与讨论的大臣问道：“班将军能保证匈奴不在边疆为害吗？”班勇答：“你要是能保证内地有州牧的地方不会出现盗贼，那我就能保证设置西域校尉后，匈奴就不会犯边，否则我甘受腰斩之刑。如今跟西域交往，匈奴的势力就必定减弱，匈奴造成的灾祸就小多了。如果西域被匈奴掌控了，那么内地的损失费用就不止十亿，设置西域校尉确实有利。”班勇分析事情，可以说把利害要点全都讲透了，足以供后人效法。

班勇重视西域，同样地，远在凉州的张氏集团也意识到西域的重要性——那里地广人稀，物产丰富，小国林立且不堪一击；和平时，那里是人间天堂，战乱时，那里是最好的避难所；更重要的是它有联通东西的贸易通道。

前凉虽然为十六国之一，但是其本身乃是汉人执政的割据政权。在河西走廊和西域少数民族杂居之地建立起政权，极为不易。张氏的割据，只是一种乱世里的无奈之举。西晋末年，当大部分士族南下时，也有少部分士族北上，凉州成为士族的北上聚集地。凉州同时收容关中流民，统治者以士族名流为得力谋士，征召九郡子弟，敦崇儒学，设置教育管理部门。同时统治者推行劝课农桑、轻徭薄赋的措施。一时之间，前凉大治，强盛一时，而且保存了优秀文化，对后世影响深远。

经营西域则是前凉对历史最大的贡献。

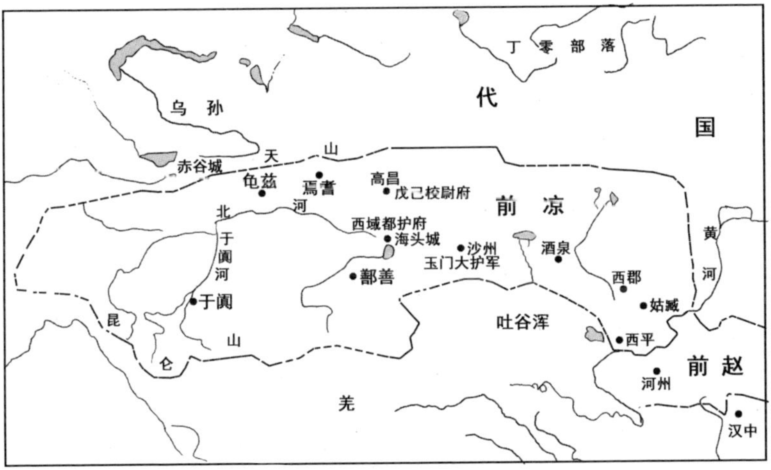

公元324年，部分割据政权分布示意图　李东绘制

张骏的军队击败戊己校尉赵贞之后，在高昌设郡。古代的郡相当于今天的市级单位。高昌郡辖五县，共五城。西域地广人稀，且人口自然增减变化不大。300 年后，唐朝大将侯君集灭高昌，当时高昌国的户籍人口也不过 37000 人。

田地县治所在地就是柳中城，为戊己校尉治所，故亦称校尉城。太守治高昌，戊己校尉治柳中。

戊己校尉的军府制与高昌郡县制的区别，就是原本亦军亦民的屯垦，分家成为军、民分治的管理模式。

公元前 102 年，李广利二征大宛时在车师留下一支老弱病残的队伍就地屯田，这些兵在这里建起了抵抗匈奴的基地。第一代老兵们在“五争车师”中血染绿洲。公元前 48 年，鉴于车师故地土地肥沃，可扼守西域的门户，汉朝设置戊己校尉，命其在车师故地领兵屯田，同时设置了交河壁和高昌壁。之后“三绝三通”的汉匈争霸中，不断有大汉士兵西出阳关，屯垦戍边，高昌壁成了戊己校尉的军府。这之后，西域都护陈睦以高昌壁为垒迎战焉耆、龟兹联军并阵亡。班勇任西域长史时期，屯驻于高昌壁以东四十里的柳中城，高昌壁成为柳中附城，更名为高昌垒，成为凉州刺史辖区，一直持续到魏晋时期。后来，高昌垒在原有的基础上进行了扩建、加固，以适应屯兵护耕。

到了公元 327 年，叫了数百年的高昌壁、高昌垒的军事地名彻底消失。同时，高昌成为新设立的郡府所在地，成为西域第一个郡县制的区块。

这个地方为什么叫高昌呢?

《魏书·高昌传》的记载是“地势高敞，人庶昌盛”。但真实的高昌城并不在高地上，而是在现今火焰山南麓木头沟河三角洲上的一块绿地中，地势平坦，无险可守。由此也呼应了“高昌壁”与“高昌垒”的后缀“壁”与“垒”的含义——它们是指在兵营四周竖起的墙体，是一种单纯的防御、警戒工事。

“八王之乱”时期，中原的世家大族为躲避战乱，一部分向西迁入河西地区，一些河西大族则向西到达高昌壁戊己校尉所在地。这里是丝路上重要的贸易地，成了汉文化在西域的辐射源，是最早通用汉语、汉文，通行中原法律、度量衡的西域地块。这里的屯戍区与定居人口不断扩大，形成索、张、马、隗、阚等世家大族。张骏所设高昌郡，成为西域的政治中心，并完成自“壁垒”向“城市”的过渡。

高昌郡的建立有一个契机。凉州的将军韩璞、辛岩所率领的军队在临洮之战中被前赵的刘曜军打败，丧失了河南地（大致为今甘肃省黄河以南地区）。但不久后，刘曜被后赵的石勒所杀，长安大乱。张骏派西域长史李柏乘机出兵西域。有了第一次兵败差点被杀头的经历，李柏二击赵贞时极为谨慎，顺利地俘获了赵贞。东线战场上，韩璞也顺利收复了河南地。为了稳住石勒，时任凉州牧的张骏派遣长史马诜（shēn）带着西域地图，与带着西域礼物的高昌、于阗、鄯善、大宛的使节一同前往庆贺石勒称天王。这之后，张骏对凉州府进行了改组，他自任大都督、大将军，辖三州之地，设置祭酒、郎中、大夫、舍人、谒者等官衔。实际上，凉州府已成为地方割据政权的雏形。群僚们顺势劝张骏称凉王，但张骏立刻大怒道：“这不是人臣所做的事！”

深谋远虑的张骏认为天下大乱，时机未到，不可引火烧身。但他也默许过往商旅与百姓称他为凉王。

张氏政权主政凉州时，历任高昌郡太守的名字却没有出现在史料中。也许就是那位曾给张寔提建议的高昌大族代表人物隗谨家族里的人物历任高昌郡太守。

放眼西域版图，高昌之地为什么如此重要?

西域干燥，降水少，其南北可以明确划分为农耕地带与草原地带。在浩瀚无垠的沙海中以天山为界，南耕北牧。天山以南，绿洲片片；天山以北，碧草绵绵。天山成为划分两种不同生活方式的分界线。在这一点上，天山具有其他山系不可比拟的价值，沿着山脉形成的自然河道的纵向山路，成为联系两种不同生活方式的纽带。高昌地处东天山，其地理位置之重要显得无与伦比。高昌如同桥头堡，是当时中原通向中亚的必经之地，连接南北，横贯东西，贸易与文化交流极为活跃。

天山之南北形成了两条交通大动脉，一条称天山北路，一条称天山南路。有史以来，它们就是东西交流的走廊，也是集中了形形色色生活方式的亚欧大陆的焦点。而高昌正好位于其中的十字路口，东西南北各种势力犬牙交错，成为西域活动的焦点。

张骏在位时，与高昌同样重要的鄯善国一带已面临着沙化，出阳关走白龙堆道至鄯善的道路逐渐被取代，出玉门关后穿越水草丰美的高昌的新道成为由河西进入西域的重要通道。

官员任用方面，高昌未建郡前，隗瑾以高昌本地望族的身份成为凉州刺史府的贼曹佐（掌管捕盗、诉讼等），证明当时依照中原的察举、征辟选官制已在高昌施行。简单地说，察举是一种由下而上推荐官吏的制度，而征辟则是由上向下征召布衣名士，然后任命其为官员的制度。

有一个文化现象是，中原翻译的大乘佛法开始回流高昌。当时佛教在中原并未普及，佛经的流传主要限于寺院和僧人。高昌周边已有了一定数量的寺院和僧侣。

有一个集权现象是，东汉设置的戊、己两校尉已合为一人，权力更集中。由于中原内乱已久，官职变为久任、世袭。历任戊己校尉多是敦煌人氏及其后代。

有一个独特现象是，高昌平水官的责任变大。平水官主要负责水利事务，因高昌属于缺水地区，故该官职职位不高但很重要。高昌处于盆地中，降水蒸发量极大，地表不易积水，明渠无法储水，春耕和秋后需要用水时，水资源成了问题。源于汉代关中的井渠技术，有效地移植到了高昌，形成坎儿井，为大规模的屯垦创造了条件。这是一个缺水的地域，军垦与农耕用水成为矛盾的统一体。那时候，葡萄在高昌成为主要经济作物，葡萄干、葡萄酒成为朝贡的方物。

我们再来了解一下高昌郡府的官制。

太守是一郡之首。史料中记载的第一位高昌太守是杨翰，但这也是高昌郡成立 50 年后的事，之前的太守均未留下名字。由于地域原因，高昌太守与中原传统的郡太守的用人制度有所不同，同戊己校尉一样，出现了久任、世袭且本土化的趋势。也就是说官员的流动几乎停滞，出生于高昌的本地汉人成为官场的主流。

高昌郡相较于中原的郡，在人口、经济实力上略有差别。相较于军府制，郡县制存在一个相对庞大的官僚体系。当年高昌郡似乎存在精兵简政的趋势，太守的副手是校曹主簿，而在中原一般是由长史、都尉构成。

太守的属吏，如果按中原官制，会分为纲纪、门下、列曹、监察四个系统。纲纪总揽郡内的治理，相当于政府的办公厅主管；门下掌管政务实施；列曹分管具体事务，相当于各业务部门；监察对官员实行监督、考察及检举。

高昌郡下设的校曹主簿，负责日常军政、财政；主簿，负责公文传达；功曹史，负责推荐官员；典军主簿，掌管郡府军需；督邮，代太守督查各县；五官掾（yuàn），主管纠恶扬善，察官行藏。

太守、校曹主簿、主簿、功曹史、典军主簿可集体参与郡府的决策。郡府中的官吏，正副职相加也不过30人，分管着高昌郡的税赋、司法、财政、仓储、治安、兵役、教育等事务。

官与吏有区别，那个年代，官至少是一方大员。在官僚体系中，最小的官是县令或县长，不过他们的权力可不小，上对朝廷，下对黎民，生杀予夺，决于片言。他们若为所欲为，可祸害一方；若励精图治，则可造福一方。以万户为标准，以上为令，之下为长。高昌郡的人口基数使得诸县只可能有“县长”，不可能有“县令”。

县官的属下为吏，吏首为曹头。当年，高昌郡下属五县，官吏的编制为县官1人，其下皆为吏。主簿、五官、功曹是县里的纲纪，其下有户、法、金、仓、贼、兵等六曹，分别对应郡府的相关部门。

仿照中原，高昌郡的五个县下设乡。当时是500户为一乡，乡官有三人——啬（sè）夫，管乡事；游缴，掌巡察；三老，主教化。一乡设十亭，一亭管十里，里有里正，里正由德高望重的长者担任。

乡及其下属其实已不是吏，有职田、无俸禄，由大户人家的子弟充当，接待上级官吏是其主要职责之一。

中原的郡县治理方式自此也开始影响除高昌外的西域其他地区。

张骏世袭凉州牧时是18岁，在他20岁那年，小妾刘氏生长子张祚，马氏生次子张重华，妻严氏无子，这一年是公元327年。到了公元335年，张骏的凉州政权彻底稳固，管辖的地域已包括今天的甘肃、内蒙古西部、宁夏西部、青海及新疆大部。当一个割据政权强盛时，自然有人趋炎附势。于是，有人在河道里发现了一枚玉玺，上面刻着“执万国，建无极”的字样。这种所谓祥瑞的小把戏，王莽时期就有人玩过。张骏并没有被迷惑，依旧尊东晋王朝为正统，不敢称王。

这时候，百官联名奏请张骏立世子。储君对封建王朝极为重要，早立储君，便于政权的稳定，不至于诸王子长大后形成各自的势力范围。但张骏认为，虽然他是张氏在凉州的第四代掌门人，但只是东晋的凉州牧，还不敢张扬世袭的事。当时，中坚将军宋辑对张骏说："礼制中之所以注重储君，是因为要重视宗庙。周成王、汉昭帝都是在襁褓中被立为太子，国家才得以稳固。继承者不能缺失，储君应当早确定。建兴年间，您就被立为世子，我凉州才有今日。何况现在大业逐渐隆盛，世子之位怎能空缺呢？大家认为凉州之地有累卵之危，而您却认为稳如泰山。请认清现实吧。"

张骏思虑很久，听取了劝谏，立次子张重华为世子。张重华与长子张祚同年出生，他被立为世子，知子莫如父是一方面，也许更重要的原因是在张骏的妻妾中，张骏更喜爱马氏，所以爱屋及乌。

长子张祚为人狡诈，精于奉承内外；次子张重华宽善端重，性格沉毅少言。公元346年，张骏去世后，张重华正式继位，自领太尉、护羌校尉、凉州牧，这一年他19岁。当时，北方实力最强的是后赵的石虎。此人是五胡时期最为残暴的君主之一。得知张骏病故，前凉处于政权交替的最为混乱的时期，石虎出兵凉州，准备一统中国北部。

后赵的主帅是麻秋，就是道教中所传的麻姑的父亲。此前他曾随石虎攻战长安、洛阳、邺城、许昌、谯城五都，攻城略地，无往不捷，也算是战功卓著的老将。后赵的军队接连克武街、金城，剑指凉州府姑臧。此时，凉州的精兵由征南将军裴恒率领，屯兵广武，修建壁垒，坚壁清野，准备打持久战和消耗战。但他们被困在广武，不能回援姑臧。

凉州到了用人之际，在众官僚唉声叹气之时，司马张耽推荐了他的手下谢艾，说如果此人得到重用，必能扭转乾坤。

谢艾，敦煌人，时年45岁，司马府小吏，时任主簿。他是个儒生，喜欢谈兵论武，因非世家大族出身，未得重用。张重华召见了这位比他年长一倍多的老吏。谢艾在谈话中对答如流，且提出的条件极低，说只需7000兵就可打垮麻秋。于是张重华任命谢艾为中坚将军，凑了5000步骑兵，由谢艾带着出征了。

夜里，军队宿在野地里，有猫头鹰不停地叫。古人敬畏自然，而猫头鹰向来是比较神秘的物种，士兵们都听到了叫声，也都知道这是不吉的征兆。但天亮了，没人敢提此事。当时，凉州一带流行一种叫六博棋的游戏，获胜的标准是得到有猫头鹰图案的棋子。于是，谢艾传下军令，说猫头鹰在我方军营叫，这是胜利的征兆。这其实是一种心理暗示或心理作用，也是战前动员，以鼓舞士气。于是，谢艾的5000人组成的急行军潜入了广武之北的振武城，乘夜色突袭后赵军军营。后赵军属于调自各方的联军，人员组成混杂，相互之间语言沟通不畅，以致军令不通。困守广武城中的裴恒得知援军已到，也击鼓出城。在凉军的两面冲击下，麻秋全军溃败，他在卫兵的保护下逃走。得知麻秋兵败，占据武街的后赵军也四散奔逃，凉州之围得解。

战后，谢艾被封为福禄县伯。但是，谢艾的胜利给他带来的不是祝贺，反而使他成了官场的众矢之的。寒门出身的小吏进入官僚体系中，世家大族出身的官宦们不遗余力地对其构陷、栽赃。因为谢艾兵胜，相当于打了掌兵的权臣赵长的脸。加之后赵军退兵，一些平日里吹嘘拍马的官员不顾金城尚未收复，极力鼓吹让张重华举办继位的祭祀大典。而谢艾认为大敌当前，不应该劳民伤财，不应该干这类虚头巴脑的事，这又挡了百官的敛财之路。于是，在众官的弹劾下，谢艾被贬为酒泉太守，远离了权力中心。

首征凉州失败的第二年四月，得知劲敌谢艾被贬，石虎派麻秋再度西征，打击目标是前凉的战略要地枹（fú）罕（今甘肃省临夏市一带）。

麻秋的8万部队首战大夏胜出，太守宋晏带军队及百姓两万余户献城投降。大夏城的位置在金城西南，其西北方就是枹罕城。枹罕北倚群山，西靠大夏河，东南面对着甘南平原，是重要的战略支撑点。这里一旦失守，凉州与关中的交通就会被切断。枹罕保卫战打得艰苦卓绝，凉州的军队不断增援，其间还发生了晋昌太守郎坦叛敌事件。宁戎校尉张璩（qú）号召湟水间的氐羌部落共同抗敌，于是后赵再次增兵，甚至派出了御林军参战。

这时候，张重华想起谢艾，命谢艾为军师将军，率步骑兵3万逼近临河，麻秋率3万兵迎战。

此次，谢艾兵分两路，一路正面迎敌，一路由别将张瑁率兵抄麻秋的后路。

谢艾的部队与麻秋对阵时，谢艾坐在低级官员的小马车上，穿着儒生的长袍，戴着儒生的白帽。麻秋远远看见，怒了，大骂道："谢艾一介书生，如此轻视我！"于是，麻秋命3000龙骧兵重装攻击凉军。而此时的谢艾让人取下椅子，麻秋怕有伏兵，不敢再前进。而此时，张瑁的军队突然从麻秋的侧后面攻击。凉军再次前后夹击，大败麻秋，杀后赵将军多人，斩俘13000余人，其他军士四散逃亡，麻秋单人单马逃回大夏。此战，谢艾因功升太府左长史，已相当于众大臣中的二号人物。

一个月后，麻秋聚集 12 万大军卷土重来，攻占了晋兴、广武、武街，越洪池岭，抵达曲柳，进逼姑臧。大敌当前，张重华决定亲征抵御，被谢艾等人劝阻。于是，张重华任命谢艾为使持节[①]、都督征讨诸军事、行卫将军，任命索遐为军正将军，率领步骑兵两万前往抵御后赵军。

公元 347 年，石虎增兵两万，与麻秋合兵一处发动突袭，枹罕失守。后赵军渡过黄河，长驱直入，屯军长最（位于今甘肃省天祝藏族自治县），谢艾屯军神鸟（位于今甘肃省武威市凉州区西部一带）。八月，谢艾挺进曲柳，麻秋得知主帅是谢艾，全军不战自溃，逃回金城。黄河以北的后赵军也纷纷放弃攻占的城池，狂奔着逃回黄河以南，凉州所辖黄河以北之地得以保全。回师姑臧的谢艾顺便讨伐了投降后赵的氐羌部落，获得牛羊十余万头。

得知凉州战报的石虎连连哀叹："我以偏师定九州，今以九州之力困于枹罕！对手有能人，凉州之地不可图呀！"于是他放弃了征服凉州的计划。被谢艾吓破胆的麻秋，虽然一直重兵盘踞在河南之地，但再也没有打过前凉在黄河以北地区的主意。

时人是这样评价谢艾的："主簿谢艾，兼资文武，明识兵略，若授以斧钺，委以专征，必能折冲御侮，歼殄凶类。"

这之后，张重华认为河北之地已安定，开始饮酒玩乐，重赏身边的宠臣。功高盖主的谢艾屡次上谏，结果是再次被贬为酒泉太守。《西

---

① 使持节，汉代官吏奉使外出时或由皇帝授予节杖，以提高其威权。魏晋南北朝时期，地方军政要员加此称号，赋予其诛杀中级以下官吏之权。

河旧事》记载："福禄城，因谢艾所筑，城下有金泉，味如酒，故曰酒泉。"今天的酒泉钟鼓楼就是谢艾任太守时修筑的东城门。含冤被贬的谢艾依旧忠心耿耿，勤政爱民。

公元 353 年，张重华病重，立 10 岁的儿子张曜灵为世子。弥留之际，他痛悔不已——身边尽是妒贤嫉能、阿谀奉承之辈，如何能保张氏政权？在回光返照之际，张重华亲笔写下征谢艾为卫将军、监中外诸军事，令其辅佐政事的手令。可惜为时已晚，姑臧城已陷于阴谋之中，他的手令被哥哥张祚和赵长等人扣下。

不久，张重华去世，世子张曜灵继位，赵长等人伪造遗令，以张祚为都督中外诸军事、抚远大将军，辅佐新皇帝。

此后一个月，在得到庶母（父亲的妾）、情人马太后也就是张重华亲生母亲的首肯后，张祚废掉张曜灵。两年之后，张祚派人暗杀了张曜灵，将他埋于沙丘之中。张祚自立为大都督、大将军、凉州牧、凉公。赵长等人在往来文书档案中发现了谢艾写给张重华的谏书，在这封谏书中，谢艾写道："长宁侯张祚及赵长等人终将作乱，应当尽快将这些人驱逐……"

篡位的张祚及其亲信赵长等人第一个要诛杀的就是谢艾。这年底，西北重镇酒泉，天降大雪，囚车上的谢艾，着儒服，戴白帽。酒泉的官员、百姓在风雪中送行，功冠凉州、名震中原的一代儒将傲然挺立，对亲信留下保境安民、无生妄动的遗愿，然后坦然自若地踏上了不归路。前凉最耀眼的将星，陨落于祁连山下……

《国语》中有一句话："从善如登，从恶如崩。"张氏政权，历经五世经营，全盛时期尽有陇右、碛（qì）西之地，辖三州，监护西域诸国。到了张祚时代，开始自不量力。

公元354年，张祚在赵长等人的谋划下称帝，设立皇家庙号，设置百官，享“八佾（yì）之舞”。这是一种由八行八列共64人组成的宫廷乐舞，按礼制，只有天子才能享用。为了欺民，张祚下达了一道掩人耳目的诏书，放弃沿用了几十年的西晋年号，改年号为“和平元年”，追崇曾祖父张轨为武王，祖父张寔为昭王，从祖张茂为成王，父亲张骏为文王，弟弟张重华为明王。

但是，张祚的德行不可能给百姓带来和平。他登基的当天夜里，天上有光像车盖，压着姑臧城，且雷霆震动。第二天，大风将树木连根拔起，怪异之事不断。鉴于此，郎中丁琪劝谏说：“张氏先辈世代坚持忠义，尊晋为正朔。百姓之所以西望，四海之所以注目，是因为先前诸公的道义与忠贞。也正因此，我大凉才能以一州之力抗御胡虏，且年年征战而百姓毫无怨言。现在陛下承继大业，何德何能，却改朝换代，我认为不可取。华夷归附大凉，义兵千里响应，尊晋为主。现在陛下称帝，百姓就要争高竞强，一隅之地怎么可能抵挡中原之师的攻击？德薄而位尊，会招致祸乱。请陛下考虑周全。”

听闻此言，张祚大怒，命人将丁琪斩于宫城门外。这之后的张祚为所欲为，奸淫弟弟张重华的母亲、妻妾，连自己未出阁的同父异母的妹妹及侄女都不放过。因此，当时姑臧城的百姓都吟诵《诗经·鄘（yōng）风·墙有茨》，该诗讲宫廷奸淫乱伦，讲只能意会而不可言传的、有伤大雅的丑事。

凉州之地，有很多来自西域的内迁胡人，其中最为彪悍的是骊靬（qián）戎，最早起来反抗的也是骊靬戎。“骊靬”是汉代对古罗马的称谓。

骊靬戎的来历至今存有争议。最为传奇的推测是公元前53年，一支6000多人的古罗马军队，在卡莱战役中被安息军队打败后突围，不知所终。公元前36年，西域都护甘延寿、副校尉陈汤，带领4万多名西域联军讨伐北匈奴郅支单于，在郅支城的土城之外发现了“重木城”①，迎战的是一支奇特的军队，他们摆着古罗马特有的鱼鳞阵，在西域联军的攻击下大败。西域联军降俘千余人，战俘中有不少骊靬人。据说这些人就是古罗马突围的军团，被郅支单于所雇佣。西汉朝廷将这批罗马战俘安置在了河西走廊的骊靬城。

还有一种说法是，公元前116年，张骞派出的副使抵达安息、奄蔡、骊靬、条支、身毒等国。此后数年，回归的副使带回大量西域的商人。他们来到中国，并在河西走廊聚集、定居。

到了张祚主政凉州时，这些骊靬人在河西的骊靬城已生活了400多年，形成了一个独特的种群，成为河西居民的一部分。因其居住地周边的沼泽地叫卢水（位于今青海省西宁市），骊靬人又被称为“卢水胡”。张祚倒行逆施的时候，这些认为自己属于中原正统——晋的属民最先起兵反抗。张祚派出的前往镇压的军队被其打败。

同一年，凉州地区五月降霜，冻死庄稼果实。张祚的政权面临着内忧外患。东晋太尉桓温率军入关，张祚怕镇守陇西的将军反叛，竟然派人去刺杀边将。消息泄露，刺杀失败，边将投奔前秦苻健。用人而疑人，不败是不可能的。之后，张祚准备以敦煌为据点，退守西域。

公元355年，张祚称帝的第二年，凉州更乱了。张祚开始担心镇守枹罕的同族兄弟张瓘（guàn）坐大，竟然派出军队袭击张瓘，开始

① 重木城，即在原有城墙之外建立的木质城垣。

了同室操戈。

《晋书》卷八十六记载，张祚在派兵攻打张瓘时，有个叫王鸾的张掖人会神术，跑去见张祚，说："军队出去后就回不来了，凉国将有不吉之事。"张祚听到大怒，认为王鸾扰乱军心，将其斩首祭旗。王鸾临刑前大喊："我死后不出20天，凉军必败。"当夜有神降临玄武殿，自称是玄冥，跟人交谈。玄冥是传说中的瘟神。这可把张祚吓坏了，他日夜祈祷。

结果，刚好到第20天的时候，张祚派出的军队被击败。愤怒的张瓘乘胜率军进击姑臧，讨伐张祚。此时的姑臧城内混乱不堪，骁骑将军宋混等人聚众响应张瓘。张祚的心腹赵长也觉得张祚不会有好下场，逃到后宫，请求张重华的母亲马氏下诏易主，结果被追入后宫的士兵杀死。姑臧城内的百姓也开始起事。此时，张祚身边那些花言巧语者已如鸟兽散。骁骑将军宋混与张瓘合兵后，率军入殿。按剑坐在大殿上的张祚命令左右死战护驾，但是他的卫士们无人听命，看着宋混带人砍下张祚的头。张祚的首级被挂在城头上，尸体被扔在路边，任人踢踏。张祚的两个儿子也一并被杀。

张瓘与宋混联手干掉张祚后，立仅7岁的张玄靓为凉王，封自己为凉州牧，行大将军事，开始了军政专权。

张瓘本人心胸狭隘，猜忌苛虐，赏罚任性，纲纪不立，民心不附。公元359年，辅国将军宋混与弟弟宋澄起兵征讨张瓘，杀其同党。之后，宋混又成了骠骑大将军，辅佐张玄靓。在宋混的请求下，张玄靓去掉凉王称号，恢复凉州牧，向东晋称臣。

杀了张瓘后，宋混开始夜夜做噩梦。有一天，宋混夜宿书房，产生幻觉，看见张瓘从屋梁顺着柱子爬下来，突然藏入柱中，柱子周围被一圈火罩着。惊魂未定的宋混命人烧掉柱子并清理灰烬，但里面什么也没有。宋混至此一病不起，情况越来越严重，病入膏肓。临终前，宋混对马太后和张玄靓说："我弟弟宋澄的能力比我强，但是我怕他自我约束不够，请严格管教。"之后，宋混又对弟弟宋澄和子弟们交代："宋氏家族世代受国家大恩，当以死相报，不能擅自专权自傲。"然后他又交代朝中大臣，要他们忠贞于国。

公元361年，宋混病逝，凉州百姓皆为之痛哭流涕。宋澄成为领军将军，接力辅佐张玄靓。宋澄资历浅，并不像哥哥宋混那样精明能干。大权在握时，他变得张狂不已，目中无人。

当时，世家大族崇尚"玄"学。这种"玄"学，指的是立言与行事两个方面，立言玄妙，行事雅远，而且抛开具体事物，讨论超言绝象。所以，那时候记录的宋澄的故事就很"玄"乎。

《魏书》卷九十九记载，时逢天旱，宋澄带领众大臣到带石山祈雨。正准备登山时，左右随从提醒道："听人说，登此山者家破人亡。"宋澄不以为然，骂道："哪有这种事？"于是宋澄策马登山。结果，马侧滑摔倒，宋澄伤了脚。这之后，御史办公场所的柱子自燃折断。就有人说了，"柱"这个字，左木右主，宋姓含木，木焦宋破，这是宋氏有大灾的前兆，应该小心为好。刚好，宋澄所乘的马，一夜间，马尾巴的毛全掉了。就有人说，"尾"字，上"尸"下"毛"，现在"毛"没了，就剩下"尸"字了，这是宋氏灭绝的征兆呀！

宋澄听到这话时不以为然地说："富贵凶吉自在于天，世人怎么可能知道？"

后来发生了一系列怪事——宋澄点灯时，灯油突然变成了血色。又有一个两岁的小孩子突然开口，声音如老者，喊道："宋澄当砍头。"

之后，城东门的水中起火。再之后，民间有歌谣唱道："灭宋者田土子。"这些怪异的现象，并不是上天的预示，但足以说明宋澄已不得人心，但他依旧我行我素。怪事出现几个月后，右司马张邕等人嫉恨宋澄专权，起兵杀宋澄及宋氏全族。而"邕"在当时就是一个有名的野地，与"田土子"响应，"玄"乎的预言成真。

之后，张玄靓任命张邕为中护军，叔父张天锡为中领军，两人共同辅佐朝政。张邕上任后，网罗朋党，滥施刑罚，荒淫无道。于是，张天锡等人又计划着铲除张邕。公元 361 年，张天锡和同党逼杀张邕。张氏同党、家族又被灭门。两年后，14 岁的张玄靓被张天锡杀死。张天锡自立，开始了"荒于声色，不恤政事"的荒淫生活。

公元 376 年，前秦大军伐凉州，开始了统一北方的战争。张天锡投降前秦。历时 76 年、五世九主的前凉政权灭亡。河西走廊有了一个新的地名——平凉，意为平定凉国。

10 画中的西域

4 世纪末期，中原地区战乱四起，连年不断，政权动荡混乱，经济实力衰退，而西域却形成了“斗绝一隅，不乱日久”的格局，稼穑殷盛、花果繁茂，成为世外桃源。西域民众生活安定，经济繁荣。河西的一些世家大族，一路向西，进入西域寻找安乐之所。

在高昌，形成了地主阶层，大家过着安逸的生活。

由于魏晋时期西域的历史记忆是碎片式的，我们只能从文物来推断那个时期高昌贵族世家的生活状况，比如下面这三幅出土自新疆维吾尔自治区吐鲁番市阿斯塔那古墓群的经典画作。

第一幅叫《墓主人生活图》，是高昌地区的古墓中出土的，迄今为止发现的最早的纸本画。这是一幅拼图画，六张拼起后成为一张，长 1.05 米，宽 0.46 米。从画中，我们可以解读魏晋时期高昌人的生活。

当时的玄学，以老子、庄子的思想解读《易经》所成。如果了解了这些文化，再解读出土的这类“地主庄园图”，就可以更好地解读那个时代。

《墓主人生活图》

这张拼图，如果从横向分，上部左边为黑夜，画着太阴，圆图中有蟾蜍，代表月亮；右边画有太阳，太阳中有金乌——一只三脚乌鸦。图中上部有一左一右对称的北斗星，斗柄分别指向东和西。北斗七星其状如勺，其中组成勺柄的三颗星被称为斗柄，古人即根据其指向来确定时间和季节。先秦典籍《鹖（hé）冠子·环流》说“斗柄东指，天下皆春”“斗柄西指，天下皆秋”，因此这对北斗星喻示着“春秋”轮回。月光下，有一龟背状黑色隆起的土冢图案和黑色的屋盖。阳光下，有田亩和生产工具。纵向上下中分，代表了阴阳两界。上为人间，下为阴间。

在阴间，主人的生活如同生前一样。男主人戴着黑色的冕冠，穿着大袖飘飘的红色长袍，右手握圆形蒲扇，左手在袖筒之中。他单眼皮、圆鼻、薄唇、长须，坐在矮榻上。在主人的右侧依次绘有曲盖、节、麾、幢，这是魏晋时期一方大员的礼仪象征。这位主人也许就是曾驻守高昌的郡太守或戊己校尉。男主人身边的妇人着红色长衫，对襟、束腰，有黑色的裙幔。头梳高髻，上插步摇。她圆脸、细眉、长眼、圆鼻、红唇，敬畏地注视着男主人。

下部左侧是马夫备马。马匹肥壮，有鞍无镫。马前后有图案，前有马饰，后有轮式图案。马夫着短衣和赤腿胡服。下部右侧是婢女备餐。厨房内摆着石臼、磨盘、炊具、双耳酒坛、三脚圆鼎形烤炉等用具。婢女着黑色镶红长衫，露右臂，脸上也长着青春痘。

画正中有一株从地下生长到地上的葡萄树，树上落着凤凰。在高昌，葡萄藤就是梧桐树。

这幅画画风简洁，细节不漏，如同小儿涂鸦，但这也许是当时的一种绘画风格，与嘉峪关出土的同时期的画像砖很相似。这种风格，也呈现于另一幅壁画——《庄园生活图》中。

《庄园生活图》

这幅画描绘的是一个女性的单人墓，也许男主人内迁任官，没能与夫人同葬。墓画从左至右分别有三个内容：一是家丁纵马执矛护卫生产，二是家庭生活，三是庄园田地。画长2.5米，宽约0.6米，图文并茂。土地上绘有三棵桑树，三生万，代表数量多。地上还写了个“树”字，树下方绘有葡萄藤，写着“蒲陶”二字。葡萄、桑树边画了一片田，写了“田”字。这大概是要说明这个家族有田、有桑树、有葡萄，生活条件优越。画的正中是一男两女，一妻一妾。三人身前放着墨色条几，条几后三人双手合十，表情虔诚。他们的头顶，画了两个长胡须的老头面部像，一个旁边写着“月像”，一个旁边写着“日像”。男主人头戴进贤冠，着长袍；妻妾梳着高发髻，上身着衫，下身着三色条纹裙。中间女子长着高鼻、深目大眼，有胡人特征，似乎可以说明，胡汉通婚在高昌已常见。

画的右侧绘有一匹马和一架牛车，马腹下写着“马”字，牛车上写有“车牛”二字。条几的左上方是星宿图，注有“北斗”“三台”字样。墓画的左半部分记录的是家丁和仆人的生产情景，家丁持矛张望，矛上有红缨，马安好了鞍与镫。马的前上方似乎是庄园大门，画有弓和箭囊。画面中部有狗、骆驼和山羊，这是主人养的牲畜。在家畜的左侧是一幅汲水图，有一人正在坎儿井边用陶罐提水，下方有一个人用脚踏工具杵谷子。再向下是一个人在磨面，有一只公鸡啄食散落的谷子。磨面人后侧，有人在榨葡萄汁，还画有滤网和储存、蒸馏器皿及酿造葡萄酒的工具。

这幅画可以反映出当时的庄园主的生产、生活及经济作物情况——牛马是出行工具，羊代表了畜牧，骆驼是贸易工具，桑树是养蚕的基本作物，葡萄是食用和酿酒的原料，田里可种棉与麦。

《鹖冠子·环流》说“斗柄南指，天下皆夏”，画面中斗柄指向南，代表当时是夏天，画中的仆人几乎赤膊工作。绘制这幅画时，是谷子收割、葡萄成熟的季节。

如果说上面两幅图过于粗犷，高昌地区也有精细的纸本画，不过让斯坦因劫走了，其中就有一幅地主生活图——《死后的飨宴》。这幅画可能是受佛教洞窟艺术的影响，画质精细。如果前两幅有抽象的意味，斯坦因盗走的这幅画则是写实的艺术。

这幅画中，明显可以分辨出当时的士族阶层与下层百姓的服饰区别。画中共9人，男主人和两位宾客穿着宽大外衣，大袖飘飘，为中原服饰。男主人坐在六边形的胡床（亦称交床、交椅、绳床，为一种可折叠之轻便坐具）上，有夫人陪伴。夫人的穿着色彩鲜艳，对襟，束腰，衣袖宽大。男主人的背后有弓和箭囊，顶部有彩色的围幔。

《死后的飨宴》

跪着献酒的婢女、跳动的舞女、击鼓的女伶和吹箫的男优的服饰比较简单。还有一个人似乎在握笔绘画或记录。这些人着中衣长裤，衣袖窄小，式样为开襟束腰或圆领裙裤，符合那个时代的服饰特点。

画中有田园，果实累累，庄稼茂盛。牛车有遮阳棚。画面上有鼎、壶、盆和零星农具。好像还有一个香炉，燃着三炷香。这幅画展现了主人在人间的日常生活，画面灵动，内容写实。

从这些画中可以看出，中原“灵魂不灭”“事死如事生”的丧葬礼俗对西域的影响和华夏的历史记忆。属于中原文化中的“丧礼”规制，体现了当时的宇宙观和生命观，将多重古代神话和永生愿景浑然融合。由于当时盛行的玄学与道、释两教相结合，形成士族官员的空谈之风，他们崇尚虚无，藐视礼法，放浪形骸。

11　吕光征西域

十六国时期，第二个与西域发生碰撞的国家是前秦。

苻坚，公元 338 年生于邺城，氐人，前秦第三位君主。他 8 岁开始研读经史典籍，19 岁登位，自立为大秦天王，着手革除暴政，主张“黎元应抚，夷狄应和”；他重用汉官，抑制豪强，强化皇权，鼓励农耕，兴修水利，提倡儒学，兴办教育，自称是中华政治传统和文化传统的继承者。

前秦衍生于后赵。苻坚的爷爷苻洪精于汉学，在前赵刘曜手下当过官，依附过前凉的张骏，担任过后赵的车骑大将军，曾劝石虎以怀柔治国，让石虎很反感。后赵内乱时，他投降东晋，为征北大将军，自称“三秦王”，后来被旧僚麻秋毒死。儿子苻健于公元 351 年称王，与东晋断交自立，国号为“秦”，史称前秦，定都长安。

十六国时期，有一种常态化的作战方式——那些将军们，打得过就穷追猛打，打不过就弃械投降。接着他们在新主子下面做官，一旦势力强大，就又开始割据自立。十六国的出现与消失就是一个诸国不断衍生、再造、毁灭、推新的过程。苻健的儿子苻生继位后又成了石虎一样的暴君，于是苻生的堂弟苻坚杀而代之，成为前秦第三代君主。苻坚的中原化改造，有效地消除了种族隔阂，促进了文明延续与种族融合，并为后秦、北朝的汉化改革打下基础。

公元370年以后，苻坚陆续消灭前燕、前仇池国、前凉、代国，取东晋梁、益二州，结束了长期动乱分裂的局面，统一了北方。苻坚命吕光远征西域，收降焉耆，兵克龟兹，则是其政绩中恢弘的一笔。

吕光，字世明，略阳郡临渭（今甘肃省秦安县东南）人，氐族。他为人沉稳持重，富有谋略，宽厚有度，勇力过人。以举贤良入仕，当过县令，深受百姓爱戴，曾任“鹰扬将军”，屡立战功，深得赏识。

远征西域，吕光最大的劲敌是龟兹。

《汉书·西域传》记载：“龟兹国，王治延城，去长安七千四百八十里。户六千九百七十，口八万一千三百一十七，胜兵二万一千七十六人。”

《晋书·西戎传》记载：“龟兹国，西去洛阳八千二百八十里，俗有城郭，其城三重，中有佛塔庙千所……王宫壮丽，焕若神居。”

《梁书·诸夷传》记载：“（龟兹国国都龟兹城）城有三重，外城与长安城等。室屋壮丽，饰以琅玕（lánggān）金玉。”

汉宣帝时代，龟兹王绛宾与夫人弟史（解忧公主长女）在长安居住，学习中原鼓乐，并从长安带回大量能工巧匠和乐工。回到龟兹后，龟兹王进行汉化改革，“治宫室，作檄道周卫，出入传呼，撞钟鼓，如汉家仪”，参照长安城的格局重修龟兹城（今新疆维吾尔自治区库车市皮朗古城）与王宫。当年的龟兹城已有西域最为宏大的宫室建筑群。龟兹古乐中，汉乐成为基础。到了公元91年，西域都护班超扶持白氏家族首领白霸登上龟兹王位。此后数百年间，白氏家族一直是王室继承者，统治龟兹。

站在龟兹城的城墙上，吕光觉得恍如隔世，长安城几经战火，建了毁，毁了建，而龟兹城虽经岁月，并没毁于人祸战乱。

这座方形古城的遗址至今尚存，位于国道314线库车段两侧，周长6600米。西面临河，东、北、南三面墙垣遗迹尚存，夯土结构，宽8—16米，残高4—8米，垣外附马面建筑。至今城居为绿树掩映，可见多处中原皇家台式建筑的基础台地，城周为民宅所绕，居中一处有高达10米的台式基座。该基座所在位置，据说就是当年龟兹国王的御苑高台，国王曾在这里豢养过大象。这里发现的大批五铢钱可以证明这里曾是交易的中心地，市井繁荣。据此，基本可以推测这里自西汉起就成为龟兹国的国都，其曾用名为延城。

公元378年，前秦凉州刺史梁熙派使臣进入西域，向诸国宣扬大秦的威德。使者还肩负一项重要任务——寻找鸠摩罗什。

这之后，大宛国献来了汗血马。苻坚对汗血马并没有什么兴趣，但他对鸠摩罗什很感兴趣。前一年年底，负责观天象的太史奏报：夜观天象，西北方有一颗星显亮，应该有大德大智的人入辅中原。这之前，苻坚就听说过名震西域、声传中原的鸠摩罗什。苻坚突然醒悟，问众臣："我曾听说西域之地有名士叫鸠摩罗什，应该是他吧？"

到了公元382年，西域的车师前部王弥窴（tián）、鄯善王休密驮来到长安。苻坚赐给来者朝服，在西堂接见了来自西域的贵客。当时，这两位西域的国王见长安宫宇壮丽，仪卫严肃，非常敬畏。在交谈中，两位王请求年年上贡。但苻坚拒绝了，理由是西域路远，西域各国今后可以三年上贡一次，九年来长安一次，他希望将此制度长久执行下去。于是，车师前部王弥窴说："西域的大宛等国现在虽然通贡，但他们的诚意不足，请天朝依照汉朝时的方式在西域设置都护府。如果中原的王师出关，我愿意当向导，协助一统西域。”

当时，前秦军刚平定了山东，士气高昂，兵马强壮，苻坚就想借此机会将西域纳入版图，以为后盾，对付东晋。于是，他任用吕光为使持节，都督征西域的军事行动。吕光率兵 7 万（含铁骑 5000）远征。

成书于元朝至正年间的藏文史籍《红史》，有吕光西征的相关记录：车师前部王带着一位国师来到长安，这位国师是来自天竺的佛家学者。苻坚召见弥窴时，此人在场，他对苻坚说：“在西域的龟兹国中，有佛祖 12 岁等身像、佛祖舍利以及名叫鸠摩罗什的学者。因其国狭小，这三个宝物对众生利益不广，请陛下发兵来取，带入中原，将对众生大有益处。”于是，秦国王派兵前往。

当时，苻坚曾征询大臣的意见，车骑大将军苻融反对。苻融是苻坚的弟弟，累有大功，位高权重。苻融认为，西域荒远，得其民不可使，得其地不可食，当年汉武帝征西，劳民伤财。如今劳师远征，会重蹈过失，请考虑周全。但苻坚主意已定，没有采纳苻融的意见。

骁骑将军吕光出兵西域前，苻坚曾对他说：“听说龟兹国的鸠摩罗什知佛法、通阴阳，为后学所崇敬，我非常想得到他。如果攻克龟兹后得到此人，请立刻用驿马送回中原。”

公元 383 年，吕光率军西出玉门关，蹚流沙、过戈壁时，7 万大军行进 300 多里无水源，将士们一筹莫展。吕光对将士们说：“当年，李广利征大宛，进入流沙，刺地为泉，上天也必有助于我军。”不久，天降大雨，水深三尺。

大军到达高昌，得知苻坚将与东晋开战，吕光也许预感到不祥，驻军不前。部将杜进说：“西征的命令已下，就应当快速出击，才好尽快回师中原。”于是，吕光继续前进。

兵至焉耆，国王泥流率属国民众投降。

用兵西域，此行最大的抵抗将来自龟兹。《红史》记载，吕光的大军尚未到达龟兹时，鸠摩罗什对龟兹王白纯说："现在龟兹国运衰落，且将遇到劲敌。军队应该从东方而来，要恭敬地对待，不要抵抗。"但白纯并未接受鸠摩罗什的谏言，他开始做迎战的部署：一是将城外的农民全部迁到城中，加强防御力量；二是命令附属侯王各自坚守自己的城池；三是寻找援军。当时，狯胡部与龟兹王室有姻亲关系。接受重贿后，狯胡人连夜出兵援助龟兹。白纯还联系周边温宿与尉头等国的军队驰援龟兹。

吕光大军进驻龟兹城南，五里设置一处营帐，挖深沟，筑高垒，广布疑兵。7 万前秦军布满城外，双方兵力势均力敌。但龟兹的援军不断赶到，局面对前秦军不利。

狯胡军队擅长骑射和戈矛。他们身披锁子甲，而且可以做到用绳索套人如套马一样简单。在中原战场身经百战的吕光认为，坚守易被各个击破，狭路相逢勇者胜，勇者相逢智者胜，必须一战定胜负。于是，他下令各营集中，训练钩锁阵以对抗敌军的强弓劲弩，骑兵则迂回策应。钩锁阵是一种围而攻之的战术方法。当时，中原作战的骑兵已大量使用马鞍、马镫等马具，可以在马背上站立杀敌，机动性和灵活性大增，但在西域，战马没有马镫，只靠骑术而不靠技术，自然靠不住。

《晋书》卷一百二十二记载，战前，吕光左臂的血管突起，形成了两个极似"巨霸"的字。夜晚，营垒外出现了一头巨兽，头有角，目光如电。天亮时，有云雾遮蔽，巨兽又看不见了。巨兽卧的地方，南北长五里，东西宽三十多步，地上有鳞印。吕光说这是黑龙，部将杜进对他说："龙是东方神兽。按卦象，此巨兽当是飞龙在天，利见大人，吉相。天行健，君子当自强不息。将军之道为天意，将成大事。"

攻龟兹的前夜，吕光做了个梦。他梦见一道金光从城中飞出，向东而去。第二天早上，吕光将此梦讲给众将士听，然后说："佛神已不再护佑龟兹，敌军必败。"

原本众将士认为龟兹援军已到，且他们擅长矛戈、骑术，身着锁子甲，箭不易射穿，建议按兵不动，连营固守。但吕光认为，敌人不断增多，远征军人少，营寨之间太远，兵力分散，易被对手各个击破。于是他下令集中营寨，用钩锁之法正面迎敌，骑兵游击策应。

公元384年夏，两军对阵于龟兹西城下。吕光按预定战法大破西域联军，斩万余，顺势攻下龟兹城。龟兹王白纯连夜出逃，其余各部王侯30余人向吕光投降。

前秦军进入龟兹城，见城内宫殿华丽，分内、中、外三城，与长安城极像。吕光极为兴奋，下令摆盛宴犒劳将士，命参军、京兆人段业写《龟兹宫赋》[1]赋诗言志，讥讽龟兹。此赋大意是说，龟兹人奢华，重养生，好饮酒，家家藏有葡萄酒，多者达千斛，窖藏十年不坏，龟兹人不断有人醉卧酒窖中。

西域各国得知吕光的威名，争先纳贡。吕光立白纯的弟弟白震为王以安抚龟兹。吕光稳定西域，恩威远扬，那些以往没有归顺的傲慢的西域国王，也不远万里前来归附，献上汉代皇帝所赐予的符节，吕光给他们全部更换为前秦符节。

---

① 记录于《晋书》，原文已佚，《晋书》中只提及篇名。

平定西域的捷报通过驿马迅速传到长安。苻坚极为高兴，任命吕光为使持节、散骑常侍、都督玉门以西诸军事、安西将军、西域校尉。但是，此时的苻坚已兵败淝水，自身难保，任命书被截留于凉州。

《红史》记载，将军吕光率兵将佛祖等身像、佛祖舍利带回中原。途中，吕光想，佛祖舍利也不知真假，鸠摩罗什也不知有什么用。因此，一路上他对鸠摩罗什也不讲礼数，呼来喝去。其间，一随行的母马长嘶一声，吕光的战马也随之长嘶一声。同行的鸠摩罗什突然大笑，吕光奇怪地问："因何发笑？"鸠摩罗什说："此母马有一马驹因食草饮水而走散，母马怕其在众军队列中迷路，所以向马驹呼唤：'我在这里，快快过来，不要迷路。'"

吕光对鸠摩罗什的话疑惑不信。片刻之后，果然见路边有一马驹正在吃草。又见母马长嘶一声，那小马驹也长嘶一声，立即奔跑过来。于是，吕光传令军士让开道路，马驹跑到跟前。吕光由此敬信鸠摩罗什。

又有一日，军队准备在山脚下扎营夜宿，鸠摩罗什阻止说："不能在这里过夜。今夜将发洪水，在此扎营非常危险。"于是军队移至十多里外的高地驻扎。当夜果然暴发洪水，山脚下被洪水淹没，成为一片汪洋。自此，吕光对佛祖等身像、佛祖舍利、鸠摩罗什更加产生了虔敬的信仰。

吕光回归的大军在途中听说前秦天王已死，后嗣断绝，于是率领自己的军队，占据 4 郡及 24 座州城。

《高僧传》记载，西征大军破龟兹城，得到了鸠摩罗什。但吕光性格傲慢，不知道其能力如何，像对待普通人那样戏弄他，让他娶龟

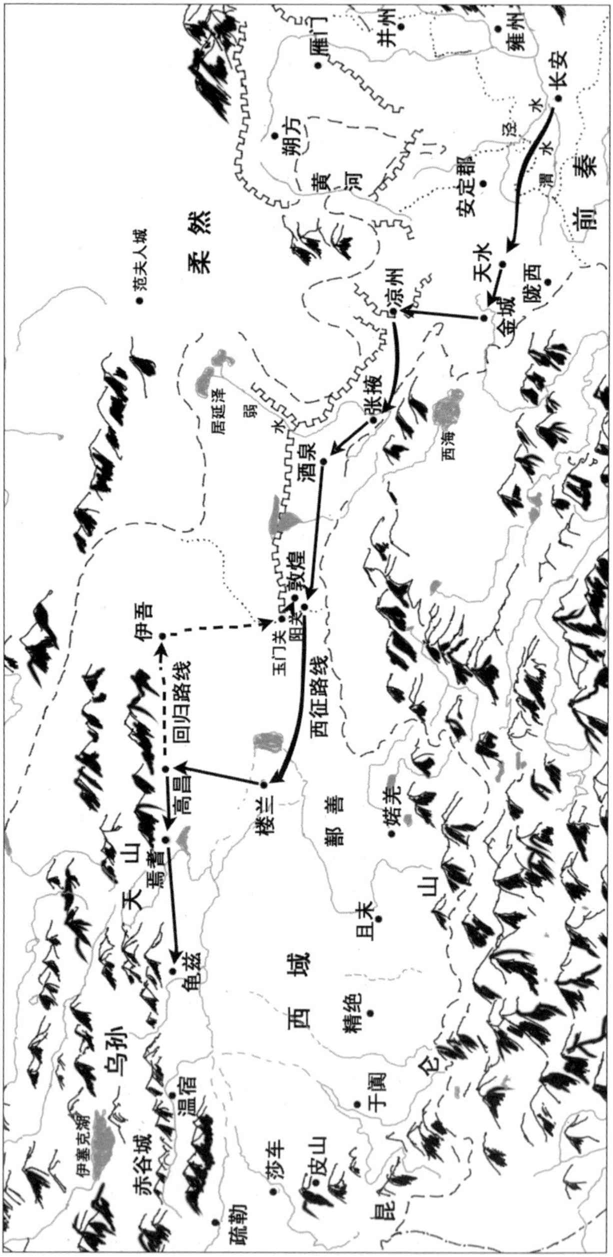

吕光征西域及回归路线示意图　李东绘制

兹王白纯的女儿为妻。鸠摩罗什不接受，吕光说：“你父亲不也是娶了龟兹王的妹妹才有了你吗，你为什么要如此推辞？”于是，吕光设宴逼鸠摩罗什饮酒，然后将鸠摩罗什及其表妹关在一间密室，发生了难言之事。归途中，吕光让鸠摩罗什骑牛或烈性马，想让其无法控制而坠牛落马，闹出笑话，但鸠摩罗什一直忍辱负重。这算是和尚遇到兵，有理说不清。但鸠摩罗什神色如常，这让吕光很惭愧，毕竟出征前苻坚有交代，得将鸠摩罗什平安带回。

在《高僧传》中，与《红史》的记录不同的是，吕光大军行进途中，驻扎在山下，将士已安扎营寨。鸠摩罗什面见吕光说，不能在此扎营，应当驻军高地。吕光没有采纳，结果当夜暴雨，山洪突起，水深数丈，死者数千。吕光这才对鸠摩罗什另眼相看。

吕光平定龟兹，一统西域，本想一展宏图，但鸠摩罗什劝吕光回归东土。吕光征询众将军的意见，大家也支持返回中原。于是，吕光班师，用骆驼驮着西域的珍宝，带着两万多匹骏马东归。

前秦灭前凉时，高昌郡自然归附了前秦。后来，前秦军在淝水之战中战败，长安城危机四伏，谁主沉浮还没有定论。高昌太守杨翰就写密信给凉州刺史梁熙，让他派兵坚守高桐和伊吾关口，阻止吕光东归夺取凉州以及回援苻坚。

得到密报，吕光曾一度犹豫，不敢冒进。此时，将军杜进建议应当乘中原内乱、凉州官僚观望之机迅速夺取凉州，站稳脚跟再另作打算。吕光觉得可行，下令兵发高昌。西征大军里人才济济，战将如云，高昌不堪一击。于是，高昌、晋昌、敦煌、武威等地相继投降，吕光大败凉州刺史梁熙的军队，杀梁熙，进入姑臧城。

在吕光东归时，鄯善国还有一个被流放的官员也想趁乱回归起事，此人叫苻阳。西域屯田一直有犯屯[①]存在，苻阳可能是记录在史料中的第一个被流放西域的高官。此人是前秦的宗室，苻坚的侄子，官至大司农，爵封东海公。吕光西征的前一年，苻阳谋反——一个无兵权的人找了两个哥们，也不知想通过什么手段谋反，结果被告发。叔叔苻坚念及亲情，并没有杀他，而是将他流放到高昌郡。可能高昌太守杨翰看不上这个人，苻阳又被赶到鄯善国。中原内乱时，苻阳得知消息，就挟持了鄯善的国相，要求鄯善王放他东归，结果被鄯善王杀掉了。

公元 385 年，从西域回归的吕光自称凉州刺史。

之后，吕光征战四方，后凉疆域不断扩大，鼎盛之时，西至葱岭，东临黄河，囊括了狭义西域的大部分土地，吕光成为威震西北的霸主。

① 犯屯，是指将犯人发配至边地屯田。

12 三“凉”争霸

公元383年，淝水之战失利后，前秦之主苻坚对政权的控制力下降，前秦的各部族纷纷拥兵自重。鲜卑人慕容垂建立了后燕，羌人姚苌建立了后秦。苻坚领兵平叛，反被姚苌绞杀。河西地区也随之建立割据政权，先是西域归来的吕光建立了后凉，后来曾被前秦统一的北方区域先后形成北方十国。这些国中，与西域相关的是河西以“凉”命名的政权——后凉、北凉、西凉。

西征回归的吕光所建立的后凉政权也面临着分裂的危险，这源于吕光对声威的看重。凡事不可走极端，吕光与苻坚各走了两个极端。苻坚太过宽纵，吕光则不分是非，对下属大开杀戒。

吕光的主簿叫尉祐，此人奸猾谄佞、阴险薄情，但吕光非常信任他。在其谗言下，吕光杀了当时河西的十多位名士，造成人心背离。吕光不但不以为过，反而封尉祐为宁远将军、金城太守。之后，尉祐拥兵自立于兴城（一说位于今青海省民和回族土族自治县南）。

最初，前凉张骏的孙子张大豫传檄起兵，号称抚军将军、凉州牧，前凉的遗臣故旧、建康（治今甘肃省高台县西南）太守李隰、祁连都尉严纯等人响应，占据杨坞（今甘肃省武威市西一带）。之后，自以为兵强马壮的张大豫不听劝告，进攻姑臧，结果战败，被斩杀于姑臧城。

苻坚被杀次年，吕光建立后凉政权，给自己封了很多名号：使持节、侍中、中外大都督、督陇右河西诸军事、大将军、领护匈奴中郎将、凉州牧、酒泉公等，建年号为太安，这一年是公元386年。这一年，吕光的部下、张掖太守彭晃及西平太守康宁反叛，之前跟着张大豫的前秦长水校尉王穆也开始与他们联手攻吕光。

不得不说，吕光是将才，他很快就平定凉州大小势力，统一了河西。但得天下与治天下原本是两码事，得天下需要运筹帷幄，决胜千里，治天下则需要经世济民，孜孜以求。不断的叛乱可以证明，吕光在武力征服的过程中，并未得到人心。

通过一件事便可看出吕光的短板。在远征西域与平定凉州之乱中，部将杜进的功劳最大，所以战后吕光任命其为辅国将军、武威太守。后来，吕光的外甥石聪从关中来投奔他，吕光很高兴，就随口问了一句："这关中的人是怎么评价我的丰功伟绩的呀？"吕光的外甥回答说："关中一代人只知道杜进杜大将军，没人听说过您呀！"原本儿戏之语，但听者有心，不久，吕光便找碴杀了杜进。

不过通过另一件事，却可以看出吕光的长处。

杀了杜进之后，吕光宴请众官，他喝多了后大谈治民之道。参军段业就说："严刑重宪，这不是明主的做法。"吕光说："商鞅之法严峻，使秦兼并诸侯；吴起之法无情，使楚得以称霸，这是为什么？"段业回答："明主是受天之命，君临四海，行尧舜之道，还怕有差错，为什么要以法家自取灭亡的思想治民呢，这不是凉州百姓所期望的明主呀！"吕光听后立即清醒，觉得有理，下令自责，减轻刑罚，开始推行宽容简便的政务。

《晋书》卷一百二十二记载，公元 389 年，吕光的辖区金泽县(今甘肃省张掖市南）出现了麒麟，且有百兽跟从，吕光很高兴，于是改元麟嘉，自称三河王，设置百官，建立太庙，追封先祖。“三河”是指金城河、赐支河、湟水流域，也称为三河郡。

当时控制陇西的还有一股强大的割据势力——西秦，首领乞伏乾归自称大将军、大单于、金城王，隔湟水与吕光的后凉对峙。吕光两次派兵攻打都大败而归，第三次时吕光亲率大军征讨，攻其不备，越过湟水，大胜，取得枹罕。到了公元 394 年，吕光任命他的儿子吕覆为西域大都护，都督玉门以西诸军事，安排士族子弟随同吕覆前往西域高昌郡镇边。第二年，后凉伐西秦，逼乞伏乾归称藩，逼其承认西秦是大凉国的附属。

公元 396 年，吕光即天王位，立长子吕绍为太子，开始了灭西秦之战。

公元396年，后凉所辖区域（虚线所包围部分）示意图　李东绘制

在后凉与西秦的大决战中，另外三股势力崛起。

其一：西晋时期，河西的拓跋鲜卑叛乱，当时的首领叫树机能。此次叛乱被武威太守马隆平定，河西的拓跋部降西晋，被划定在广武（治今甘肃省永登县东南）一带游牧，以部落的方式存在。此后，此部不争战事，广纳士族，部落逐渐强大。“蛰伏”百余年后，这部拓跋鲜卑越入“惊蛰”期，此时的首领叫拓跋乌孤。吕光即天王位后，不接受他所封授的征南大将军职位的拓跋乌孤自称为大都督、大将军、大单于、西平王，建立了南凉政权。乘后凉吕光势力衰弱之际，拓跋乌孤占据了洪池岭南五郡（广武、西平、乐都、浇河、湟河），改称武威王，经营湟河地区，多方有识之士投奔他，使其实力一度大增。但拓跋乌孤好酒，立国3年后，有一次他喝多了，从马背上掉下来摔死了。他的弟弟拓跋利鹿孤即武威王位，迁都西平。

其二：吕光征西域时，部将杜进有一个下属叫段业，此人是儒生，文笔好，但认死理，远征西域时他担任著作郎，征西大军所有文书都出自他手。从西域归来后，他因杜进的举荐被重用，担任参军。段业与杜进关系很好，吕光杀杜进时，段业心中充满仇恨，蛰伏起来。吕光称天王时，段业被委任为建康太守。当时吕光已60来岁，眼花心盲，辨别不了忠奸善恶，听信谗言，冤杀了尚书沮渠罗仇和三河太守沮渠麹粥父子。沮渠氏原本是匈奴左沮渠王的后裔，后来匈奴改汉姓，这支部落就仿照中原人以祖上官职为姓的方法以沮渠为姓，最初游牧于卢水一带，后来半牧半耕。吕光征西域回归时，沮渠氏是最先支持吕光的军事势力。沮渠氏的两位首领被杀，这在沮渠部落引起了风暴，万余人为父子俩发丧时，沮渠罗仇的侄子沮渠蒙逊当众哭诉吕光的昏庸与滥杀，请部众起兵反吕光。于是，沮渠蒙逊的堂兄沮渠男成带兵响应。后凉酒泉太守围剿沮渠氏时兵败被杀，暴动的沮渠部一度攻城略地。但此时两兄弟还年轻，没有依靠，围攻建康时便派人联络说服了时任建康太守的段业。于是，原本蛰伏的段业也爆发了，他自称大都督、龙骧大将军、凉州牧、建康公，封沮渠男成为辅国将军，沮渠蒙逊为镇西将军，建立了北凉政权。

其三：吕光的部下散骑常侍郭黁（nún）精通天文数术，深得民众的信赖。他夜观天象，抽签占卦后认为吕光年老，太子懦弱，太原公吕纂凶暴，于是预言祸事不久将起。为了避免灾难伤及家人，郭黁便与仆射王祥相约反吕。两人相约，由郭黁率自己的门客、子弟、信众，夜里先焚烧吕光宫城的北门。王祥作为内应，攻入宫内杀吕光父子及其家人。但是，原本高度机密的事件被王祥的手下人举报了，王祥被杀，郭黁只得带自己的人暴动。当时，后凉的百姓认为郭黁反吕氏家族是圣人举事，必能成功，便群起响应，一度打败了讨伐的后凉军队。但在多方围攻下，郭黁兵败，投奔了西秦。

公元 400 年，后凉之主吕光病故，时年 62 岁。我们来回顾一下吕光的一生。

吕光于公元 338 年出生于略阳的氐酋世家，正值中原纷争之时。传说吕光出生时的夜里有异光出现，所以给他取名为吕光。他的父亲是前秦的太尉。吕光的征战生涯几无败绩，是常胜将军。他当过县令，后被当时的前秦宰相王猛看中，升任鹰扬将军，开始征战，伐并州、平叛乱、灭前燕、镇巴中、征西域、统河西、击西秦，战功卓著。在战场上，吕光沉稳持重，富有谋略，勇力过人。

孙子的为将“五危”：必死可杀，必生可虏，忿速可侮，廉洁可辱，爱民可烦等，吕光均可规避；但为将的“五德”：智、信、仁、勇、严，吕光缺“仁”；为君“五德”：仁、义、理、智、信，吕光缺“仁”和“义”。吕光晚年，手下部将频繁反叛，自立门户。此前张氏前凉政权统辖的76年和前秦治理的43年中，凉州地区社会安定、经济发展、文化繁荣，来往商旅不绝于道。吕氏后凉政权统治凉州的17年里，繁荣景象则不复存在。

吕光统领河西的十来年时间里，战乱不断。吕光从西域带回的高僧鸠摩罗什，似乎在吕光时代销声匿迹了，鸠摩罗什在协助吕光保境安民上未发挥任何作用，唯一的作用就是陪吕氏子弟“博弈”一番。“博”当时指六博棋，“弈”指围棋。鸠摩罗什在陪这些“大爷”们下棋时，曾暗示危机，只是这些人没听懂。

吕光是“不乐读书，唯好鹰马”的武夫，他看不出鸠摩罗什有什么大用。但鸠摩罗什是一位审时度势、有远见的高僧。能称为高僧的和尚，绝不单精通佛法，必有更高明的思辨之道，鸠摩罗什通五明和阴阳历算。

“五明”是指五种学问：声明，指语言、文学；工巧明，指艺术、历算；医方明，指药石、针灸、禁咒；因明，指思辨、规则；内明，指阐释佛经。《晋书》卷九十五记载，鸠摩罗什在西域讲学时，四方来拜，王公大臣以鸠摩罗什踩着自己的身体上讲台为荣。而在凉州，吕光只是给鸠摩罗什修了一个讲经的场所兼住所。

用人之长，永远是吏治中的关键，吕光不懂！

临终前，吕光告诫子弟：“现在外敌当前，你们兄弟之间不能相互猜疑，以防引起祸端，重蹈晋、赵亡国的覆辙。如果兄弟和睦，家业可传万世；如果自相残杀，则灾祸马上就会到来。”但死人管不了活人的事，吕光还没有下葬，吕纂、吕弘便逼太子吕绍自杀，接着吕纂又杀死了吕弘。不过两年，吕纂堂弟吕超、吕隆又合谋杀死吕纂。

吕隆即位后又对豪门望族、名士大开杀戒，以立威名。时逢大灾，姑臧城上演了人吃人的惨剧。州郡各自举事，反叛吕氏，随之而来的征战、讨伐，让凉州地面上一片片刀光剑影，百姓流离失所，凉州上空弥漫着浓烈的血腥味。

吕光病逝这一年，吕氏子弟内斗正欢，河西走廊群雄争霸，另一股割据势力迅速崛起，这股势力的首领便是敦煌太守李暠（gǎo）。

李暠出身于世代豪门大族，祖上先后在西晋及前凉做高官，但李暠是个遗腹子。后来他的母亲改嫁当时的前凉龙骧将军宋僚。前凉皇帝更替时，宋氏家族的宋澄拥立幼主张玄靓，后被张邕所杀，继父宋僚时任武兴（今甘肃省武威市永昌镇）太守，因家族株连被杀。这一年，李暠 10 岁，母亲又怀上了继父宋僚的遗腹子，孩子生下后，取名叫宋繇。同母异父，两个苦命的孩子后来均成就了一番事业。

因自小父母双亡，兄弟俩形成了宽厚谦和、沉静好学的性格。两人均通读经学，擅长文辞，能文善武。李暠时任效谷县令，弟弟宋繇在段业手下做中散常侍。李暠因为性格温和坚毅，敦煌太守病故后，他被敦煌官员推举为太守。段业建立北凉政权时，封李暠为安西将军兼护西胡校尉。

李暠有一个好朋友叫索嗣，时任段业的右卫将军。他知道李暠的才能与为人，就对段业说："李暠德高望重，才能出众，让他做敦煌太守，今后必成后患。"段业本就是个妒贤嫉能的人，早就想除掉李暠，便任命索嗣为敦煌太守，即刻接替李暠。索嗣带领 500 骑兵前往任职。距敦煌城 20 里时，他派人通知李暠迎接。得知索嗣已到，李暠找来两个心腹商量对策，此二人向李暠分析利弊。

效谷县令张邈："吕氏政权已衰退，段业昏庸懦弱，正是英雄有所作为的好机会，为什么要把这个机会让给小人？"

弟弟宋繇："大哥，你已被民众推举为太守，那是因为你是爱民如子的好官。今天把权力交给索嗣，让百姓失望，岂不被后人笑话？"

效谷县令张邈："索嗣是个什么东西？自以为是敦煌士族，当地百姓就会归附他，他绝不会想到我们会趁机除掉他。"

弟弟宋繇："大哥英姿卓杰，有雄霸之风，即便凉王张氏的地盘也容不下你。目前凶吉不可知，何必屈从于人？"

李暠沉默良久，然后说："我本无高远的志向，在此地为官，没想到士人、百姓如此厚待于我。找你们商量是否出迎，就是想听听你们的意见。"

三人商量后，决定分三步走：

第一步，先派宋繇前去拜见索嗣，探个虚实，用恭顺、谦逊、诚恳的好话将其稳住。

宋繇回来后对李暠说："索嗣傲慢无礼，只带了500余人，容易击败。"

第二步，张邈、宋繇等带兵突袭索嗣。

索嗣大败，逃回张掖。这件事，让李暠对段业彻底失去了幻想。他彻底认清了曾经生死相交，但在背后排挤他的索嗣的丑恶嘴脸。

第三步，李暠上疏段业，历数索嗣及其家族在敦煌的恶行，请求处死索嗣。

索嗣的无能本来就让段业很恼火，刚好辅国将军沮渠男成也恨索嗣，就添了一把柴，劝段业除掉索嗣。段业是个文官，书呆子而已，并无雄才大略和战略眼光，甚至连坐山观虎的计谋都不具备。于是，段业杀了索嗣，遣使向李暠致歉，并分出敦煌郡的凉兴、乌泽和晋昌郡的宜禾三县，设置凉兴郡，升李暠为持节、都督凉兴郡以西诸军事、镇西将军兼护西夷校尉。李暠所辖的晋昌郡已将西域的门户伊吾纳入其中，与高昌遥遥相望。

公元400年，晋昌太守唐瑶反段业，向敦煌、酒泉、晋昌、凉兴、建康、祁连六郡传发檄文，推举李暠为冠军大将军、沙州刺史、凉公兼敦煌太守。这当然是宋繇等人运作的结果。至此，西凉政权建立。这一年，李暠49岁。

敦煌脱离北凉的管辖，意味着李暠垄断了西域进入内陆的贸易之路。不仅如此，李暠还开始在玉门关、阳关屯田，扩大耕地面积，积聚粮草，作为东征的物资储备。之后，李暠采取了远交近攻的策略：先是向后秦纳贡，得到高昌侯的爵位和安西将军的封号；派使者前往东晋都城，谒见东晋皇帝；与南凉通使友好；但与相邻的北凉纷争不断。这期间，李暠率两万骑兵，在西域的边缘扬威，鄯善和车师前部王马上派使者进贡。得知李暠不在岗，北凉的沮渠蒙逊立即出兵西凉，攻击建康郡府（今甘肃省高台县骆驼城遗址），掳掠3000户后撤军。得到战报的李暠率军追击，抢回了民户，打败了沮渠蒙逊，然后重新对西凉的郡县、人口进行了调整。

河西这块土地上有些地名与中原和江南重复，比如东晋都城叫建康，河西也设立了建康郡，东晋有会稽郡，李暠也设置了会稽郡（治所位于今甘肃省瓜州县）。也许从正统的角度来说，李暠认为东晋是母国。由于第一次遣使未果，之后，李暠又秘密派僧人法泉前往东晋上表，但那时的东晋已在风雨飘摇之中，无心西顾。

西凉在李暠的治理下很快恢复了元气，成为河西的文化中心。

北凉在李暠建立西凉不久后便已易主。

段业是在吕光病故前自称凉王的。如果把他与接任者沮渠蒙逊相比，段业缺少必备的军事才能，且听不得不同意见，遇事犹豫不决，急功近利。以下几个战例可以很清楚地说明段业的短板和沮渠蒙逊的谋略。

郭麐率众起事时，吕光征召正在围攻建康城的吕纂回兵镇压郭麐。吕纂的部下有顾虑，认为如果大军回撤姑臧，叛贼段业一定会尾随攻击，应趁夜色悄悄撤军。但是，吕纂对段业的评价是：此人无雄才大略，只会借城池自保，不如派人告诉段业："郭麐发动了叛乱，现大军将回姑臧，如果你有胆量，现在我们便先决一死战。"得到消息的段业犹豫不决，怕有伏兵，只能看着吕纂率兵扬长而去。

北凉攻击后凉重镇西郡（治所位于今甘肃省永昌县）时，众将对此战是胜是负没有把握。沮渠蒙逊说："西郡占据要塞，必须夺取。"之后，沮渠蒙逊引河水淹城，城墙垮塌，西郡太守吕纯被俘。消息传开，后凉的晋昌太守、敦煌太守投降北凉，此两地归北凉所有。当时，李暠还在效谷当县令。沮渠蒙逊因此战扬名，被封临池侯。

随着北凉的实力增强，后凉吕弘放弃张掖并东撤，段业占领张掖。因为之前有吕纂东撤未追造成的遗憾，这次段业决定追击吕弘。沮渠蒙逊劝他，说穷寇莫追，这是兵家大忌。但段业说，不能放走吕弘，机不可失，时不再来。于是，段业亲率大军追击，结果被吕弘打败。如果不是沮渠蒙逊出兵援助，段业就必死无疑了。

段业修筑西安城（位于今甘肃省张掖市东南）后，任命臧莫孩当太守。沮渠蒙逊对段业说："臧莫孩虽然勇猛，但缺少智谋，不懂得张弛有度、进退有时。让他在这里驻守，我们就不是修城，而是给他修坟。”段业认为沮渠蒙逊在胡说。不久，吕纂来犯，臧莫孩果然大败。

几次实战的成败，段业看清了沮渠蒙逊的军事才能，开始提防他，调沮渠蒙逊为尚书左丞，解除了他的兵权。

刚好，吕光派吕绍、吕纂再次攻击北凉都城张掖。段业便向南凉求助，南凉发兵驰援。段业大张旗鼓地准备迎战，沮渠蒙逊马上劝道：“南凉军队中的杨轨，原是吕光手下的将军，后来叛乱依附南凉，此人野心不小，并非寄人篱下之主，可能会乘此机会对北凉下手，而吕绍、吕纂此次势在必得。最佳应对方案是储备粮草，坚壁清野，守城不出，打消耗战。”此战结果正如沮渠蒙逊所料，后凉、南凉军占不到便宜，各自撤去。

后来，归附段业的酒泉太守王德又反了，这给了沮渠蒙逊一次率兵征讨的机会。得知沮渠蒙逊的大军到来，王德纵火焚烧酒泉城，落荒而逃，被沮渠蒙逊追得妻儿都丢了。

段业对沮渠蒙逊的勇武和谋略越来越担心，开始疏远他。对于段业的性格与处事方式，沮渠蒙逊自然了如指掌。段业的属下、门下侍郎马权很有谋略，替代沮渠蒙逊接任张掖太守，开始仗势欺人。

从下面几件事可以看出沮渠蒙逊的雷霆手段。

按沮渠蒙逊的计划：

第一步，先干掉马权。于是，他不停地在段业面前夸马权是可得天下之人。话传到马权耳朵里，马权更是骄横起来。沮渠蒙逊又对段业说：“天下不值得担忧，马权值得担忧。”这话让段业回味很久，结果是他下定决心，杀了马权。

第二步，找到堂兄沮渠男成，对他说："段业并不是治世能人。他不分善恶，听信谗言，喜欢谄媚。我建议废除段业，奉哥哥为王，如何？"沮渠男成并没有答应，而且力挺段业，这对沮渠蒙逊来说则多了一分危险。沮渠蒙逊心里不安，便请求当西安太守，去守边防。段业也因为沮渠蒙逊能力太强，怕放他在身边太危险，就答应了他的请求。

第三步，寻找起兵的理由，"恶人先告状"便是一计。

沮渠蒙逊约沮渠男成一同前往兰门山（今内蒙古自治区阿拉善右旗与甘肃省高台县交界处的合黎山）祭祖，然后派人密报段业说沮渠男成要谋反，想要先去兰门山祭祀。结果，约定的时间到了，沮渠男成去找段业请假。段业立刻把沮渠男成抓了起来。沮渠男成为自己辩解，对段业说："沮渠蒙逊要谋反，他早就告诉我了，因为是同族兄弟，所以我没有告发。现在，他设计谋害我。如果我死了，沮渠蒙逊马上就会起事。请陛下先放出风声，说我已死，看看沮渠蒙逊的反应，如果他谋反，我去讨伐他，一举两得。"段业竟然不信，逼蒙冤的沮渠男成自杀。

确定沮渠男成已死，沮渠蒙逊召集族人，哭着对大家说："段业无能，听信谗言，杀害忠良，我们岂能袖手旁观，使百姓遭受灾难？"被蒙蔽的族人也大为愤怒。激愤之下，他们跟着沮渠蒙逊起事了。"讨段军"到达氐池（今甘肃省民乐县）时，人数已过万。驻军首领臧莫孩率部归附，沿途的羌人起兵响应。沮渠蒙逊驻兵张掖城外的堡垒，而此时的段业已无人可用。他放出之前关押的右将军田昂，请他出征。马上就有人对段业说："田昂外表谦恭，内心狠毒，不可信任。何况你将他关了这么久，还差点杀掉他，他早已心怀仇恨。"

到了这种关键时刻，段业依旧糊涂，听不得半点意见。结果，田昂率军一出城就归附了沮渠蒙逊。

公元 401 年，沮渠蒙逊的大军兵临城下，城内田昂的家人打开城门，迎沮渠蒙逊进城。进城的沮渠蒙逊直奔段业的府邸，大声呼寻："段业在哪里？"段业的卫兵带路抓了段业。

面对沮渠蒙逊，自比尧舜的段业跪地哭了，然后央求道："当年，我从长安随吕光远征西域，此后再无机会回归东土，孤身一人在凉州十多年，为了光宗耀祖，自不量力，被众人推上王位。请看在曾经共患难的分上，放我回长安和妻子儿女一起安度晚年吧，我再也不做官了。"

当断不断，反受其乱，放虎归山的事，沮渠蒙逊当然不会答应，于是将段业斩杀。此后沮渠蒙逊成为北凉之主，与西凉李暠开始了拉锯战。

凉州的动乱，给了后秦的姚兴一个机会。吕光去世不到两年，后秦大军东来。公元 401 年，吕隆投降后秦，后凉国灭。

西征后凉的军队还有一项重要任务——找到鸠摩罗什，迎至长安。后秦之主姚兴不单是一位明君，而且精通典籍，崇尚儒学，对佛经的研究也有独到之见。

能统帅雄兵的将军，未必是治世能主。割据凉州的吕光晚年执政失当，听信谗言，杀害忠良，致使人心思变，叛乱四起。由于不停地征战，他并没有重视鸠摩罗什的价值。

出身西域龟兹贵族的高僧鸠摩罗什 7 岁随母出家，初学小乘佛法，后到罽宾、疏勒求学。在莎车国，鸠摩罗什拜须利耶苏摩为师，学习大乘经典。须利耶苏摩是莎车国的王子，以精于大乘佛法闻名。

此后，鸠摩罗什改宗大乘佛教。他精通大小乘佛经，年轻时便名震西域。

在凉州16年，鸠摩罗什潜心研究汉文经典，为翻译佛经做准备。

时光悄然而逝，当年俊美的鸠摩罗什退去皮囊的浮华，早已成为目光深远的得道高僧。在经过寂寞而漫长的等待后，公元401年，姚心将其迎入后秦，鸠摩罗什终于到达梦里东土的中心——长安，并在那里组织规模宏大的译场。他是汉传佛教四大翻译家之一，其译文行文优美、字句流畅。

到达长安的鸠摩罗什被以国师礼遇，姚兴常常跟鸠摩罗什谈论佛经与译经，请鸠摩罗什主持翻译佛经。

在长安译经传教12年后，公元413年，70岁的鸠摩罗什在草堂寺圆寂，火化时，舌头结为舍利。

13 东来西去的佛弟子

西域高僧鸠摩罗什准备进入长安传播佛法时，在长安的中原高僧们却正准备组团步入西域，寻求佛法真谛。随之，法显——一个代表着坚韧不拔的名字就此留在了史册上。

法显出行那年 65 岁，回归时 79 岁。80 岁时，在东晋的国都建康翻译了大量佛经戒律后，这位高僧开始写回忆录，追忆西行的时光。这部回忆录就是著名的游记《法显传》，亦称《佛国记》《历游天竺记传》。

3 岁那年，由于体弱多病，法显被送进了平阳郡（郡治在今山西省临汾市尧都区）宝峰寺当小沙弥。20 岁那年，法显受比丘戒，成为和尚。后来，他去了中原佛学的中心——长安。

在长安，已过了花甲之年的法显越来越困惑——生逢乱世，尝尽人间悲苦，阅遍生死离别，而普度众生的佛并没有让人脱离苦海，佛的真谛是什么？为什么佛教戒律没有传入东土？维护佛法的戒律在哪里？于是，他决定西赴天竺，寻求戒律。

公元 399 年春，法显、慧景、慧应、慧嵬（wéi）、道整 5 人从长安出发西行。那时候的河西走廊由多股势力把控，凡掌有兵权的一方太守都想自立为王。好在中原至西域一线都在推行佛教，沿途有人供养。

法显一行 5 人徒步翻过陇山，进入金城。这个地方此时属西秦地界，此时西秦的统治者为乞伏乾归，鲜卑人。他们到达时已至夏季，按佛教的习俗，5 人在金城夏坐。夏坐是一种戒规，也就是在夏季的 3 个月中，出家人不得外出，在寺内静修，接受供养。夏坐后，他们继续前行到达西平郡，这里是南凉地界。再翻祁连山至张掖，恰逢战乱，敦煌太守李暠与北凉段业争地盘，西行的路被截断。段业把法显一行 5 人留下供养。在张掖的寺中，法显遇到另一波准备西行求法的年轻僧人，他与其中的智严、宝云、慧达等人相识，且志同道合，于是决定一起西行取经。那一年，后来成为高僧的智严 49 岁，宝云仅 25 岁。

战乱稍停，一行人到达敦煌，准备出关。当时，太守李暠自立，建立西凉，由太守变为皇帝，敦煌成为西凉的地界。在敦煌的一个月中，一行人受到了很好的接待。恰好此时，李暠要派使者去鄯善，法显等人先行跟随使者走向西域，约好在鄯善等宝云等人。

从敦煌出发进入西域的第一道难关是穿越白龙堆的沙漠地带。这一地带，上无飞鸟，下无走兽，极目四望，无路可寻，只有前人的枯骨可以作为路标。《法显传》记载，路上常有恶鬼、热风，遇到就得丧命。步行 17 天后，他们抵达鄯善。

在法显的回忆录中，鄯善的地势高低不平，土地贫瘠。当地人的穿着服饰与中原基本相同，不同的是中原以布、绸为衣，而鄯善人的短衣是用毛所织成。鄯善有 4000 多名僧人，尊小乘学说。僧人学习佉卢文和天竺语，以便于阅读佛经。

我们来简单了解一下佛教中的小乘与大乘的区别。小乘佛教讲渐悟，讲个人修行，认为人的悟性不同，修行的结果也大不一样。大乘佛教进入中原后，与中原文化结合，讲顿悟，讲诚信、供养，讲“放下屠刀，立地成佛”，是否出家并不重要，这样既满足了心灵的需求，又不影响社会劳动，所以在官方的大力推行下得以发展。

在鄯善住了一个月，法显等到了宝云等人，之后一行人继续前行。徒步 15 天后，他们到达焉耆，这里也尊小乘佛法，僧人有 4000 多人。焉耆人似乎并不好客，而且排斥大乘佛法，焉耆的小乘佛寺并不欢迎这些来自东土的僧人，不让他们在寺中居住，也不给他们提供饭食。在焉耆休整了两个月，取经团队中的智严等三位年轻气盛的和尚受不了焉耆人的无礼和吝啬，东返高昌郡以筹集盘缠——那里是大乘佛法的地盘。

当年吕光西征返回时，留下了部分人在西域，其中就有前秦苻坚的宗族。焉耆有一个叫苻公孙的人，他来自中原，信奉大乘佛法，家里有专供僧人食宿的行堂。这个苻公孙得知东土一行僧人的无助后，供养、资助了法显一行。法显一行人继续前行，面临着两个方向——一是西行至龟兹，二是向西南穿越沙漠进入于阗。最终大家决定去于阗，因为在焉耆的时候，他们得知于阗是佛国，信奉大乘佛法，而龟兹则尊奉小乘佛法。

由焉耆进入于阗，要穿越被称为死亡之海的塔克拉玛干大沙漠。在法显的回忆录中，这一次的穿越，似乎并没有穿越白龙堆时危险，只是途中没有居民，行走艰难。史料没有记载焉耆至于阗的路线，不过可以大致推测出来——先从焉耆到达沙雅，过塔里木河平原，沿塔里木河分支南行。顺着这条路线，虽是沙漠地带，但沿途多有河道，有饮用水。史料记载中，法显等人成为最先从东北向西南穿越塔克拉玛干沙漠的人。这一路走了35天，艰难的程度可想而知。现今，当年的河道早已隐没在了沙丘之下。

那时候的于阗什么样？法显在回忆录中用了大量的笔墨描写于阗。

我们可以从《于阗国授记》（收录于藏文大藏经）记载的于阗的建国过程，先行了解一下这个西域古国在佛家眼中的形成过程。

于阗原在一片水泽之中，佛祖对北方天神说："这片湖泊今后会变成桑田。莲花生长之处，众菩萨会出现，将成为众僧之国。你去，将湖泊中的水引到别处，使这块水泽之地变成桑田。"于是，北方天神以锡杖尖在地上戳了一个洞，湖泊中的水慢慢地渗入地下。佛祖涅槃百年之后，于阗成为桑田良地。

后来，一位来自西方的国王带着卫队和侍从到达于阗，王妃在此地生下一个儿子。国王便让相面者预测一下这个孩子的前程。相面人说："这孩子长大后，可能危及您的权势。"国王听后很生气，将这个孩子抛弃。北方天神和功德天女得知后，让地上隆出一乳房，孩子得以生存，取名"地乳"。后来，北方天神将孩子抱走，送给秦地的某一帝王为养子。地乳深得帝王的喜爱，慢慢长大。一次宴会上，地乳与其他王子发生口角，有比地乳大的哥哥说："小弟，你并不是父王的孩子，是捡来的。"

地乳哭着去找父王说："我不是您的孩子，请让我去寻找出生时的国土。"

父王说："你确实是我的孩子，是你的哥哥们胡说。"

地乳去意已定，一再请求离开。这位秦地的帝王想，孩子是北方天神所赐，终归是要走的，自己虽不愿意地乳离开，但儿大不由爹。

于是，帝王同意了地乳的请求，派遣军队和侍从护送地乳回他出生的地方，到达了于阗。刚好，西方国王的一位大臣因犯错被驱逐，带着自己的军队和侍从也到达了于阗，与地乳在西玉河相遇。两支军队剑拔弩张。

这时，北方天神、功德天女、坚牢地神化为人身，从中调解。于是，众人商定由地乳与这位大臣共同掌权，于阗国就此成立，地乳成为第一代于阗国国王。

这段记录说明了三个问题。一是于阗国是东西方移民交融而产生的。二是多部佛教经典中都有这段记录，内容相似，可以肯定于阗建国的时间点刚好是战国时期秦王嬴政发动统一中原的战争时。当时有大量中原人因战乱避祸而涌入西域，到达于阗、皮山一带。三是中原汉地文化和从西而来的佛教文化对于阗的影响极大，于阗国发行的汉文和佉卢文同体钱就说明了这个问题。

于阗国盛传龙王的故事，比如若不祭祀龙王，龙王会发怒，将良田变成湖泊，这是典型的中原龙文化的体现。佛教进入于阗后，北方天神、功德天女、坚牢地神等这些萨满教与祆教中的神变成了佛教的护法神。

班超坐镇于阗时，官方盛行的是萨满教、祆教，佛教尚未普及。法显一行进入于阗时，于阗已成为真正的佛国。

法显回忆道：于阗国富饶安康，人口众多，佛乐盛行，僧侣数万，主要信奉大乘佛法。百姓居住分散，但是家家门前都建有小塔，最小的塔也有 2 丈[①] 左右高，这是专为游僧提供饮食住宿的地方。

---

① 南北朝时期的 1 丈约相当于 3.09 米。

看到东土来的僧人，国王亲自接待，并把法显等人安排在一个叫瞿摩帝寺的大乘寺院中，寺中有 3000 多名僧人。僧人进食时，整齐严肃，依次而坐，寂静无声，连钵器的碰撞声都听不到。需要添饭时，用手指指经幡便可。像瞿摩帝寺这种规模的大寺院，于阗有 14 座，小寺更是林立。

法显等人到达于阗，从时间上推算已是出发后的第二年春季。因为四月初八，于阗有盛大的行像活动，法显等人想看完行像后再西行。行像是指将佛像载在车上巡行的盛大仪式。同行的道整、慧景、慧达三人先行出发去了疏勒。

公元 400 年，四月初一，于阗城开始洒水清道，装饰修整，各城门上挂起帷幕。这是一次盛会，瞿摩帝寺的僧人最为国王敬重，所以他们的行像队伍安排在第一天。

国王和王后、宫女住在城内，大型寺院几乎都在城外。瞿摩帝寺的僧人在离于阗城三四里的地方，用四轮的车拉载佛像朝城内行进。像高 3 丈，用 7 种宝物装饰，悬挂布缯（zēng）幡盖。佛像立在车中，菩萨立两侧。佛像行至距城门百步时，国王摘下王冠，换上新衣。众人赤脚，手持莲花，跟着国王出城迎接。叩头行礼后，国王及众人烧香并入城。这时候，城门楼上的王后和宫女们向空中散花。每个寺院的行像不一样，一个寺院行像一天，盛会从四月初一持续至十四结束。

十六国时期，1 丈是 2.45 米，3 丈为 7.35 米，可见佛像比现今一般的两层楼还要高，由此亦可推算出当时的于阗城门的最低高度。当然，也许佛像只立于城外，不进城门，只是僧人进城。

法显的回忆录中还记录了于阗城西七八里一个叫王新寺的地方。

这个寺院历经三世国王，历时 80 年建成。寺内塔高 25 丈，上雕花纹，金银覆面，塔后建有佛堂，梁柱、窗户、门扇都用金箔装饰。僧房十分庄重华丽，其精美程度无法用言语来形容。葱岭以东的六个国，国王的所有上等宝物多用来供奉佛，很少用于人。岭东六国是指当时丝路南道的鄯善、且末、精绝、扜弥、于阗、莎车。当年的西域，佛光普照。

法显此行的目标是去天竺求法。盛大的佛事活动后，法显等人继续西行。法显在张掖遇到的那个僧人团中，有一位叫僧绍的，随着西域僧人去了罽宾。法显等人则向子合国（悉居半）行进。子合国在汉代时属西域都护府，王庭位于呼犍谷（位于今新疆维吾尔自治区叶城县西南）。这一走又是 25 天。子合国是个小国，汉代时记录有 350 户 4000 人，兵 1000 人。东汉之后，此地成了疏勒国的属地。法显到达时，有 1000 多名僧人在那里修习大乘佛法。

法显一行休整 15 天后，向南进入了葱岭，到达乌秅（chá）国。《汉书》中的乌秅国，“去长安九千九百五十里”，有 490 户 2733 人，兵 740 人，与子合国、蒲犁国交界。这时候已是夏季，法显等人在乌秅国开始夏坐。之后他们进入蒲犁，当时该国叫竭叉国。在这里，法显与道整等人会合，刚好遇到大型法事活动。这种法事活动很特殊，国王和群臣按级别供养僧人，少则一个月，多则三个月，主要是给四方来的僧人赠送棉布、珍宝以及生活用品。活动结束后，他们再从僧人手中把物品赎买回来。由于高原地带气候寒冷，除了小麦之外，这里几乎生长不了其他作物。这里有佛祖使用过的唾壶，材质是石料，还供有佛牙，建有佛牙塔，有 1000 多名僧人，为小乘信徒。

越过蒲犁之后，再去的地方与葱岭以东就大不一样了。岭东各国，由于受中原影响，穿着、服饰大体一样，只是面料不同。越过葱岭后，各国不仅着装与岭东差异大，而且所生长的草木果实也都大不相同。

这之后的10年里，法显一行进入了天竺。众人到达北天竺的佛教圣地弗楼沙国（位于今巴基斯坦白沙瓦一带）后，有人为了求经，有人为了拜师，有人为了寻迹，便各奔东西，只有道整、慧景两人愿意随法显继续求法。

在天竺，年迈的法显曾掉过三次泪。

第一次，公元403年，离开那竭国（位于今阿富汗贾拉拉巴德市）向西南翻越小雪山时，大病初愈的慧景倒下了，临终前他对法显说："你们快走吧，别管我了，我们不能一起死在这里。"法显与道整流着泪，望着倒在雪山中的慧景，然后继续前行。

第二次，公元404年，在佛祖的出生地迦毗罗卫城（位于今尼泊尔与印度北方交界区域一带）。法显本以为在此能找到完整的佛教戒律，但此时的迦毗罗卫城已荒芜，佛祖的荣光早已不存，佛法在佛祖的家乡业已凋零。这是法显在西行途中第二次落泪，为了心中的信仰。

第三次，公元409年，在华氏城（位于今印度比哈尔邦巴特那城附近）已得到佛律真传的法显准备回国，同行的道整十分仰慕华氏城的沙门法则和众僧威仪，决定留下，不回东土。于是法显带着得到的经书独自离开，搭商船到达狮子国（今斯里兰卡）。有一天，在狮子国的无畏山寺，法显看到商人用一把中国的白绢团扇供佛，触物伤情，潸然泪下。这一次落泪，是对遥远家乡的思念。

归国之路异常艰险。公元411年，法显携带大量抄写的经书戒律，乘坐前往中国的商船东归。航行不久，遇暴风雨，船破水入，船只漂流到一处小岛，补好后继续前行，又漂流了 100 多天到了爪哇岛。5 个月后，法显换乘另一条到广州的商船回归。这是一条载有 200 多人的大船，不料行程中又遇暴风，船失去了方向，随风漂流。船上的婆罗门商人认为，灾难是由中国和尚带来的，必须将中国和尚投进大海当作祭神的供品才能免灾。关键时刻，一位一路施舍法显的商人保护了法显。他怒斥婆罗门商人说："中国的帝王和百姓信奉佛法，如果你们杀害了中国和尚，到达中国后，我会告发你们，那里的帝王不会放过你们，除非你们把我一起杀了。"

原本到广州的船随着季风漂到了青州崂山（位于今山东省青岛市），这里已是东晋的地盘。两年前，东晋太尉刘裕灭南燕，留长史羊穆之为青州刺史，筑东阳城。当时的青州长广郡太守李嶷（yí）得知有和尚带着经书渡海归来，立即带人到海边，迎接佛经佛像。这一年是公元 412 年，法显已近 80 岁。公元 413 年，法显经彭城、镇江到达东晋国都建康，并开始译经。这一年，在长安译经的西域高僧鸠摩罗什圆寂。

在建康的道场寺，法显遇见了一同西出求经的宝云、智严，这便是殊途同归。《法显传》中只写到回国，未提及其在国内译经的事。在法显的记忆中，当年年轻的智严等三人从焉耆返回高昌筹资并失联，不知智严等人后来去了哪里。

事实上，当时智严筹到盘缠后，继续西行到达了罽宾国。在该国，他用 3 年时间就完成了其他人需 10 年才能完成的功业，这让罽宾的法师大为惊讶。自此，他们不再小瞧"秦地"的僧人。在罽宾，智严遇到了北天竺迦毗罗卫国的禅师佛陀跋陀罗，刚好这位西域高僧也想去东土传法。3 年后，在智严的竭力邀请下，佛陀跋陀罗随智严来到了长安，这一年是公元 405 年。在此之前，宝云已经经由弗楼沙国回到长安。他由智严引荐跟着佛陀跋陀罗学习。

佛陀跋陀罗与鸠摩罗什同尊大乘佛法，却分属两个门派，佛陀跋陀罗一派为大乘有宗，而鸠摩罗什一派为大乘空宗。鸠摩罗什一派的学说有后秦帝王姚兴的支持。于是，佛陀跋陀罗等人在长安大寺受到排挤、驱逐。佛陀跋陀罗便与智严、宝云等弟子东出潼关，分头南下。佛陀跋陀罗应邀去了庐山讲经，宝云去了建康，而智严则在一座山寺中隐居修行。

公元 413 年，法显到达建康的道场寺，宝云刚好就在这个寺中译经。两年后，佛陀跋陀罗到达道场寺，加入了法显的译经行列。

公元 417 年，东晋太尉刘裕率军北伐，攻克长安，灭后秦，班师凯旋。刘裕途径函谷关以东的一座山寺，便带人烧香敬佛，在寺中看到三位僧人坐在绳床上打坐修行。他们一群人吵吵嚷嚷地进入，僧人丝毫不动，当时的始兴公王恢打了一个响指，三人睁眼瞟了一眼，又闭目入定。不搭理前呼后拥的达官贵人，这让始兴公王恢很敬佩，于是，他问了山寺周边居住的老人，得知这三位是举世难寻的高僧。王恢将此事上告刘裕，建议请三位高僧去国都建康。但三人不肯，王恢多次进寺邀请，其中两位高僧推举佛法造诣最高的智严去建康。

王恢在建康城东专门为智严建了一所寺院——枳（zhǐ）园寺。在建康，智严与法显、宝云、佛陀跋陀罗再次相逢，开始了译经生涯。这一年是公元 418 年。后来，智严认为自己道行不够，再次西行天竺，返回途中，圆寂于罽宾，时年 78 岁。

法显等人在建康译经时，刚好是东晋与南朝宋交替之时，佛家并非生存于世外桃源，战乱与王朝的更替，百姓的生死别离同样牵动着这些得道高僧的慈悲心怀，而他们能做的就是把佛的真谛及戒律尽快译完，普度众生。

在中国北方混战时期，丝绸的主产地中国南方与西域是否有相关贸易？代表中原正统、“衣冠南渡”的东晋达官贵人、文人雅士在江南又发生了什么故事呢？

14 海上丝路放光彩

在东晋的百年历史中，史料没有记载过一笔其与西域交往的记录。由于先后出现的割据政权的阻隔，西域似乎与南方的东晋毫无关系。但真相并非如此，当时开通的往西的贸易之路至少有三条：一条西北行的陆路由西域进入中亚、西亚至欧洲；第二条西南行的陆路由云南进入中亚、南亚次大陆至西亚、欧洲；第三条由海路南行至南亚次大陆。

中国与中亚、西亚、南亚、欧洲之间贸易频繁，从未中断，所以从陆地而出、海路而归的法显才能在狮子国看见中国制造的白绢团扇。

王羲之任右军将军时，曾在街上看到一个老太太在卖团扇，没人要。他让属下取来笔墨，在每把扇子上题了五个字。老太太看他是官人，敢怒不敢言。写完后，王羲之说："你就说这是王右军题的字，每把就可以卖几百钱了。"后来，果真人人都抢着买题了字的扇子。老太太找王羲之再写一次时，王羲之拒绝了，物以稀为贵。

这种白绢团扇出自南方的江浙一带。如此小的生活用品出现在南亚次大陆，那么大宗商品自然也不会少。

因地缘政治的权力转移，贸易的中心也在不断转移。经济的不均衡增长推动财富从北方向东晋流通。世家大族必须为经济拓展更广阔的发展空间，早期的贸易之路正是基于此而探索和开辟。

晋都建康已是当时世界上最大的城市之一，人口百万，成为手工业品和农产品的集散地，城内外有各类市场，水上运输发达。除此之外，成都、江陵、京口、襄阳、寿阳、番禺、泉州等地也成为商贸城市。

手工业方面，冶铁、养蚕缫丝技术显著进步，铁和丝绸的产量增加。造船业兴旺，可以制造排水量达 2000 吨的大船。制瓷、造纸、漆器等方面的技术也都具有很高的水平。农业方面，由于北方流民的大量涌入，垦田面积增大，北方的牛耕、使用粪肥等劳作方式在南方得以推广，麦、菽（shū）这类北方作物开始在南方种植，北方旱开涝闭的筑堰围湖类的水利技术也在南方得以应用，这一切让江南真正成了富裕的鱼米之乡。东晋末年的人口大增，达到 1700 多万。

在东晋，来自东亚、东南亚、南亚和西亚的海外使节、商旅众多。阿拉伯人的《古行记》记载，中国的商船从公元 3 世纪中叶始向西，从广州至槟榔屿，4 世纪至锡兰，5 世纪至亚丁，终至波斯及美索不达米亚并独占商权。东晋时期，东海、南海诸岛尽为中国所有。东晋朝廷通过持续不断的航海活动巩固了领海主权，这为后期隋唐宋元的航海奠定了重要基础。

海上丝路不仅促使建康成为早期的佛事中心，海上丝路的东延，还把佛教传向东亚其他国家。公元 374 年，天竺僧人阿道从水路进入东晋，后来抵达高句丽，入丸都城，帮助高句丽小兽林王创建寺庙就是个例子。

对于东晋而言，海上的丝绸之路，不仅运输丝绸，也运输瓷器、糖、五金等出口货物和香料、药材、宝石等进口货物。

沿西南方向进入南亚、中亚的陆路，便是张骞当年回归时受命所寻求的另一条通西域的路线——蜀身毒道。中国巴蜀的物产从山路经天竺到达西域，并远及欧洲。蜀身毒道是南方丝绸之路东、中、西三条线中的西线。

东晋时期，西域高昌、于阗等地的汉人聚集区域开始了养蚕缫丝，成了丝绸的出口地之一。

15 穿越西域

穿越西域，连接东亚与中亚、西亚乃至欧洲的丝绸之路，其实从上古时期开始就是一条欧亚地区的走廊。除了贸易和利益冲突外，它还是部落迁徙、奴隶贩卖的通道。这条通道之所以称为“丝绸之路”，是因为丝绸一度是古代中国与欧洲贸易的清单中昂贵的奢侈品，具有标志性意义。

两汉之后，尤其是西晋之后，中西贸易中，产自中国内陆的丝绸独占鳌头的地位开始下降了，西域很多地方有了自己独立的丝织产业，产自西域的丝织品有效地缓解了大割据造成的丝路贸易中断的局面。

西晋“八王之乱”后，关陇一带的居民大量向西迁徙，养蚕技术也就被带到了西域。从任何角度来看，高昌作为西域的主要汉人聚集区，也当是西域这片土地上最早开始发展丝织的地方。

历经数年，桑树、胡麻栽培成为高昌郡农业生产的重要组成部分。不仅种桑的人家养蚕，没种桑树的人家也以赊账的方式来养蚕取茧。

西凉统治时期，高昌就有一个叫严福的人，从一个叫阚佥(qiān)

的人那里赊了三薄蚕和一些桑叶，然后用等价的毛毯来抵账。“薄”是指用芦苇编制的席子，宽 1.2 米，长 1.8 米，专门用来养蚕。养一薄蚕需要 120—150 斤桑叶。后来，高昌有一养蚕户家失火，损失了十薄蚕，养这些蚕需要三亩地的桑叶，可见当时高昌郡家庭养蚕的规模。

目前我们已无从判断养蚕缫丝技术是什么时候传入于阗的，不过从时空上算，一定晚于传入高昌的时间。有学者认为，于阗的养蚕缫丝技术源于鄯善，理由是传说中于阗的蚕来自东国，而鄯善在于阗以东，很可能就是这个“东国”。但是在中原大割据时期，鄯善、精绝等于阗以东的城邦已面临沙化，种植业、养殖业已不可能成为其经济的主导。

于阗是丝路上重要的贸易点。于阗的蚕，源于一个美丽的传说。①

巨额的丝绸交易让于阗王很想得到中原的养蚕缫丝技术，他派使者去东国请求给予蚕种。当时，东国国君将此技术视为机密，不但不给，还严控关防，禁止蚕种出境。于是，于阗王想了个办法，他下聘礼向东国求婚。当时东国国君怀高远之志，便答应了这门婚事。前往迎接的使者秘密见了将远行的公主，告诉她：“于阗没有蚕种，公主可以带来，作为见王的礼品。”于是，公主秘密地收集蚕种，藏在帽子里。到边境出关时，士兵对出行者的行李进行了严格检查，唯独不敢查公主的帽子。到达于阗国都东南五六里的地方，于阗举行了盛大的欢迎仪式，公主便将蚕种留在那个适合种桑树的地方。开春后，公

① 该传说出自玄奘的《大唐西域记》卷十二《瞿萨旦那国》之八《麻射僧伽蓝及蚕种之传入》。

主指导当地人种桑养蚕，不久便孵出了蚕。最初，当地人以其他叶子饲养蚕。后来，桑树连阴，公主便刻石为诫：禁止伤杀蚕蛹。蚕蛾飞尽，才能治茧。如果有人违背，会受到神明的惩罚。后人为了纪念蚕桑入于阗，在当地修建了麻射寺。

《于阗国授记》也记载了蚕种传入于阗的传说，内容略有不同。

一位叫尉迟胜的国王娶了中原公主“福自在”①为妻。中原公主来到于阗，想在一个叫麻射的地方饲养蚕种。蚕未养成之时，无知的大臣对国王说：“中原公主身为王妃，却在麻射养了很多幼小的毒蛇。这些幼小的毒蛇长大后，会伤害于阗国民。”于是国王下令烧掉养“蛇”的房子。王妃得知此事，但无法向国王讲解蚕的知识，只好偷出一些蚕种悄悄养起来。后来，出蚕丝后，公主织出了丝绸给国王看，国王追悔莫及。这时，一位名叫圣僧音的和尚从天竺到达于阗。不久后，他和国王成为好友。国王为了表达对焚烧蚕种的忏悔，建立了大佛塔和麻射寺。

不管这两个版本的传说真实性如何，后来的于阗确实成为丝路上养蚕种桑的重要地区。换句话说，在历史上存在一个养蚕女远嫁于阗国的真实故事，但这个传播者是来自中原、鄯善、精绝、扜弥还是高昌，就不得而知了。

丝绸输入罗马后，成为上层社会的奢侈品，西方商人想方设法要得到养蚕缫丝的技术。在东罗马史学家普罗科比的《战史》中，记载了一段蚕种西传的过程：

东罗马查士丁尼皇帝时代，一些景教徒为了迎合皇帝阻止高价购

---

① 原文中公主名叫“普尼亚斯娃罗”，为梵语“福自在”之意。

买波斯商人运来的中国丝绸，他们求见皇帝，并允诺可以在本地制造出丝绸，以避免波斯商人垄断这种商品。他们声称自己曾在于阗国生活过，研究过在罗马地区制造丝绸的可行性。皇帝对此很感兴趣，追问了详细过程。这些人说："丝由小虫所造，天赋予这种叫蚕的小虫吐丝的本领。但是，我们绝对不可能从于阗运来活虫。蚕种由虫卵组成，将这种虫卵用肥料覆盖起来，在一定的温度下，蚕就会出生。"皇帝听后很高兴，便向这些人承诺，如若孵蚕成功，必有重赏。于是，这些人返回于阗，带回了蚕卵，并且成功地孵出了蚕，用桑叶喂养。就这样，罗马也开始生产丝绸，不过这已是公元 6 世纪的事了。

奴隶买卖是丝路古道上的贸易活动之一。十六国时期，有关于阗的奴隶买卖的记录极少，我们只能从出土文书来还原历史记忆。

佉卢文记录了多起于阗的奴隶买卖事件，其中一个女奴作价 40 匹绢。这说明在于阗国，当时丝绸的价格已很低。还有一段记录可以佐证这一点，说的是一个叫苏祇（qí）的人，将一个少女卖给僧人，作价 45 穆立，当时一峰骆驼值 42 穆立。穆立也许是西域贸易通用的货币称谓。僧人给了苏祇一峰骆驼，还差 3 穆立欠着不给。苏祇认为自己吃亏了，于是将僧人告上了法庭。法官的判决是，欠款加上利息为 5 穆立，僧人补齐欠款和利息后，才可以拥有此少女。如果此少女的亲属将来反悔想赎回她，女方将被罚四岁的阉割过的牲畜一头，并责打五大板。此案终审了结。

在大历史中，小人物的命运或许更能真实反映社会现实。这里不得不提一下于阗的邻国——精绝国当时的状况。如果前文提到的东国是于阗的邻国精绝、鄯善、扜弥等这类小国，于阗想要蚕种桑叶，完全可以用武力方式夺取，根本用不着请求和亲。

精绝是丝路南道上的一个小国，存在数百年后，突然消失。精绝没有留下详尽的历史，《汉书》也只记录了如下几行字："精绝国，王治精绝城，去长安八千八百二十里。户四百八十，口三千三百六十，胜兵五百人。精绝都尉、左右将、译长各一人。北至都护治所二千七百二十三里，南至戎卢国四日行，地厄狭，西通扜弥四百六十里。"精绝的故事淹没在黄沙之中，千百年后，考古学家在荒漠中找到了这个消失的王国。他们发现了大量汉文和佉卢文的档案，而这些带有编号的档案记录了这个小国中一群小人物的故事。

当时的精绝国实行多妻制，流行换婚[①]的习俗。有这样一对男女，姓名不详，发生了婚外恋，两人私奔了。他们沿着尼雅河穿越黄沙，进入了龟兹国。

私奔，当然是为了更好的生活，而穿越沙漠则可能葬身死亡之海。所以，他们的行踪可能是这样的：有一天，由东面来了骆驼队要去大宛，于是这对青年跟着骆驼队走了。驼队由精绝的西门出发，经过了扜弥、于阗、皮山、西夜、莎车、疏勒、尉头。要翻越葱岭时，这对青年决定去龟兹，于是又跟着向东的骆驼队经温宿、姑墨到达了向往已久的龟兹国，那里是西域的歌舞之乡。到达龟兹时，两人身上的钱也用尽了。

不知道这对青年在龟兹生活得如何，生活了多久。"物离乡贵，人离乡贱"，于是，这对青年决定回国，而这次他们走的线路是这样的：从龟兹的东门出发，跟着驼队到达乌垒，经尉犁、焉耆、危须、墨山、车师、鄯善、米兰、且末回到精绝。沿着大沙漠画了一个圈，

---

① 换婚，是指当事人双方互换姐妹为妻或者互换女儿为媳的包办婚姻形式。

他们又回到了原点。

但麻烦事儿来了。这对私奔的情人，男有妻室，女有丈夫，于是两家人打起了官司，此事还惊动了国王。按当时精绝国的法律，男子可以娶多个妻子，但私奔就意味着他放弃了家产、原有的妻儿和奴仆。女子的丈夫提出了索赔，女子的父亲也提出了索赔。私奔者早已身无分文，本以为一哭二闹三上吊的人间悲剧上演，但国王得知了这件事，就下令给审判官：私奔者不用赔偿，让他们在精绝平安度日吧！

在精绝国木牍的记录中是有离婚案件的，提出离婚的一方要给予对方一定的补偿。但是在其中一个故事中，在王权的干涉下，补偿费被免除了。还有一起离婚案也极为感人：一个男人要出征了，他不知道自己能不能活着回来，于是写了一份休书，要与妻子离婚，并把所有家产都给了妻子。他希望自己离开后，妻子能带着他的家产，离开精绝，回到娘家去生活。但他的妻子未能成行。这可能是因为精绝国人口稀少，国王规定，精绝国人不得把财产外移。但这个男人考虑的是，如果自己不能活着回来，应该给妻子一个好的出路。

档案中记录了很多起精绝案件的判决，涉及伤害、诈骗、盗窃、绑架、诱拐、斗殴、强奸、掳掠等。人类历史上，兄弟反目的事屡见不鲜，比如为了财产、地位、女人……精绝国的一对兄弟也反目了，他们又是为了什么呢？

在精绝国有这样一个家庭，因为分家时财产分配不均，哥哥分的多，弟弟不愿意，于是相互打斗起来。弟弟是种地的，力气大，把放羊的哥哥打伤了。弟弟被告到了官衙。审判的官员很生气，他认为尊卑有别，以下违上，这在精绝国决不允许，所以给弟弟判了重罪，责打他 70 大板，令其承担附带民事责任。哥哥被打成重伤，不能劳动，弟弟必须给哥哥赔偿奴隶一名，帮哥哥干活。官员还规定，父亲和哥哥可以打弟弟一顿，但不能打伤，弟弟不得反抗，自此结案。精绝国没有牢房也没有死刑，处罚的办法就是打板子。因为人口实在太少，杀不起，也关不起。

精绝国有一个司书叫罗没索嗟，司书可能是精绝国的一个文官官职。这个人很有钱，档案中有两次关于此人买妇女、儿童的记录。

第一次发生在国王安归迦在位的第 17 年。这个安归迦是何许人也？汉史中没有记载。事件是这样的：有一个叫僧凯的男人，将一个叫莱钵的成年女人卖给了罗没索嗟。这个女人应该是僧凯的女佣。僧凯缺钱，决定把这个女人卖了，于是罗没索嗟成了买主，交易价格是两峰骆驼，以及两张于阗国产的地毯，一张 12 拃（zhǎ）长，另一张 11 拃长。一拃的长度大约 20 厘米，因此这两张地毯一张长约 2.4 米，一张长约 2.2 米，这个规格与现今的地毯极为相近。女佣莱钵的总价值是 98 穆立。

第二次发生在国王安归迦在位的第 32 年。从价格上来看，这一次买卖的应该是儿童。有一个男子叫钵啰难托，他将一个身高 4 迪斯忒斯[①]、名叫莱迷索阿的女孩儿卖给了罗没索嗟，这次的买价是一峰价值 30 穆立的骆驼。罗没索嗟可能觉得价格给低了，又给了钵啰难托一条于阗国产的粗地毯，而且两人还写了一个协议，协议的大致内容是说，从协议签订之日起，该女子归司书罗没索嗟所有，新的主人可以打她，弄瞎她的眼睛，出卖、交换、抵押她，还可以占有她的身体。这个买卖合同是在执政官的监督下进行的，证人是当地的行政长

---

① 迪斯忒斯，英文为 distis，是精绝国的一种计量单位。

剑支耶，此外还有 10 名证人，其中 3 名是僧人。协议上同时注明：今后，如果钵啰难托反悔，就是官司打到国王处也不能翻案。

需要说明的是，这个女孩儿可能是一个奴隶，并不是精绝国人，不知道这个叫钵啰难托的人从哪里找到了她。从钵啰难托要骆驼而不是马匹、牛羊可以推断，此人可能是丝绸之路上的商人，兼顾着贩卖妇女、儿童的活儿。买卖合同的订立过程是程序化的，最后一个程序是“断绳”，也就是将合约写在木牍上，两片写有文字的木牍用绳子绑扎在一起，糊上泥，切断绳头，以此证明这件事就此了结，不再有争议。

当时，不单在精绝国，整个中亚地区买卖妇女、儿童都是正常的交易。黄沙淹没了一切，我们无法得知这个女孩儿的结局。在交易顺利完成后，交易双方将请参与见证的人员吃一顿、喝一番，如同我们今天生意谈成后搞聚餐一样。

在那个时代，精绝国已信奉佛教，有大量的僧人。而女巫是一种可怕的存在，她们骗财、骗物、骗人，当以慈悲为怀的佛道法师入西域后，女巫也就等同于魔了，所以在精绝国的法律中，杀死女巫是无罪的。当然女巫可能并不是精绝国人，在西域，还有一些王国信奉萨满教，把女巫当神看。

档案记录，不知道从哪个地方跑来了三个女巫，被抓了，她们的主人一个叫黎贝耶，一个叫布伽，于是国王下令：“应处罚并严禁女巫，务必现在就对其处罚并禁止……”当时的执政官叫索阇（dū）迦，他收到两份文书，在说同一件事：国王接到一个叫黎贝耶的人的上奏，说执政官曾以女巫的名义从黎贝耶处带走了三名女人。黎贝耶可以证明，这三个女人并不是女巫，而是他的女仆。如果这三个女人还没有被杀死，请予以释放。如果杀死了，又没有足够的证据来证明这些女人是女巫，就得按身价给予黎贝耶赔偿。要将从女子处所没收的财物及其他私有之物退还给黎贝耶，让黎贝耶和布伽打上收据。

佛教是什么时候传入精绝国的，已无从考证。在出土的佉卢文史料中记载了很多精绝僧侣的故事，下面是一则关于一个酒肉和尚的故事。

当时精绝国的僧人们很时尚，遁入佛门后都会给自己起个天竺语的名字，这个酒肉和尚取的名字叫阿难陀犀那。他不但有财产，还有仆人。他曾向精绝国一个叫注瞿钵的人借了30米里马的粮食，后来又借了15希的酒。这个注瞿钵可能是一家杂货铺的老板。

在当时的中原，计量单位已非常精确，采用十进位制，即1斗为10升，每升约重1.5公斤；1升为10合，每合重150克；1合为10勺，每勺重15克；1勺为10抄，每抄重1.5克；1抄为10作，每作重0.15克；1作为10厘，仅重0.015克（约一粒米的重量）。米里马和希是精绝国的容积单位，1米里马约等于10希。如果精绝同中原人做生意，应该会有一个对应的容积单位，所以米里马可能相当于中原的斗，希可能相当于中原的升，而西域人极有可能把升发音为“希”。

这个僧人只借不还，所以这件事才会被记录在文书中。主人如此，仆人也没好到哪里去。这个僧人有一个仆人叫菩达娶沙，也许是受僧人的指使，他偷了别人家的丝绸、绳索、毡子，还有绵羊。案子是如何判决的不得而知，也许物归原主是最基本的原则。对于这个案子，判决专门注明了今后阿难陀犀那的儿子、孙子及其他亲属不得申诉，也不得对此次判决提出异议，如果违反将受到重罚。

精绝国还有一个民俗就是祭拜山林泉水。敬畏大自然，进而祭拜大自然，这似乎是人类共有的原始崇拜的表现形式。精绝人祭祀的物品主要是当地产的骆驼、牛羊和谷物，他们敬仰的是一个叫“贤善天神”的神灵。

今天已少有人知，中原的钱币曾在西域是硬通货，所以现今新疆各地都有出土的五铢钱。

出土的文物中还发现一把类似于“吉他”的古琴，不知它的主人生前所唱的歌儿是否凄凉。

中原使节的马队曾威武地越过精绝，那时候的精绝还如日中天。精绝人看着中原人华美的服饰赞叹不已，而他们的服饰也开始以中原为样板。

在精绝的文书中没有发现种桑养蚕的故事，虽然在该国遗址中，考古也发现了枯死的桑树和蚕茧，但这不足以证明这里曾作为丝路的重要驿站，亦无法证明丝织业曾是这里的产业之一。这里的气候环境与楼兰基本相同，属于缺水地域，树植桑树的成本过高。

公元645年，大唐高僧玄奘从天竺返回，在于阗讲经数月，然后返回中原，途经精绝，他写下了下面这段话：“媲摩川（今新疆克里雅河）向东进入沙海，行二百余里，至尼壤城。此城周长三四里，在大沼泽地中。沼泽地又湿又热，难以跋涉，芦草生长茂盛，没有可以通行的途径，唯有进入城中的道路可以通行，所以往来的人没有不经过这座城池的，瞿撒旦那（于阗）以此地作为其东境的关防……”这里的尼壤城就是曾经的精绝国。玄奘经过时，精绝国早已消失，只剩下沙丘淹没的荒芜的城池。

16 西域咽喉的争夺战

在凉州先后建立的前凉、后凉、北凉、南凉、西凉五个割据政权，外加一个西秦，有一个共性——创立者只是称王或者公，不敢称帝。实力不足只是一方面，更重要的是，他们都认为自己是中原政权在西部的代理人。他们虽有一统华夏的信念，但均力所不能，对西域的控制成为他们的主要目标。

凉州在吕氏政权消失后，有近 20 年的相对稳定期，凉州的经济因此得以恢复，这源于北凉的沮渠蒙逊与西凉的李暠均是英主。

李氏是凉州的大族，如果向上追溯，李暠是西汉飞将军李广的后人。李暠大器晚成，但也正是前期的苦难造就了他。

得知李暠起事后，原属北凉的西郡太守梁中庸放弃沮渠蒙逊，投靠了李暠。对于梁中庸来说，李暠是汉人，他们的文化基因相同，且都以东晋为正统，加之李暠的口碑很好。李暠与梁中庸曾有以下一段对话。

李暠很得意地问："我与右卫将军索嗣相比，谁更厉害？"此时，索嗣已被段业所杀。

梁中庸想都没想就回答："这个不好评价，不能以成败论英雄。"

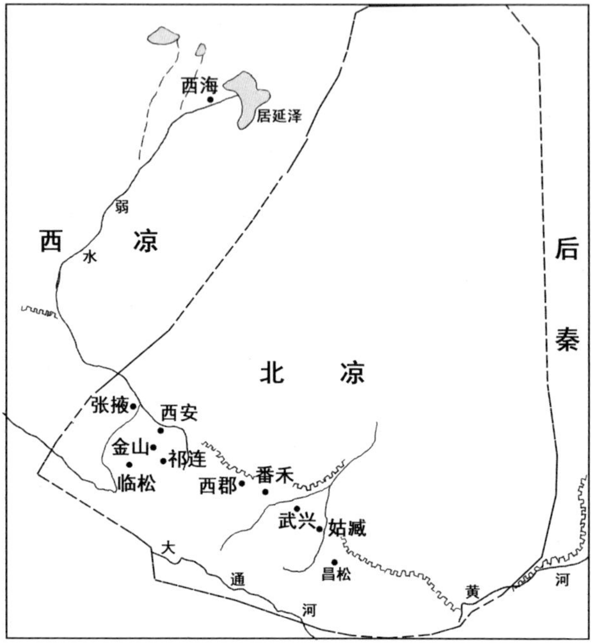

公元412年，北凉行政区域示意图　李东绘制

李暠很不高兴地问："索嗣的水平如果能够与我相敌的话，我怎么能在千里之外置他于死地？"

梁中庸回答："智慧的人，有些时候面面俱到，有些时候百密一疏。机遇可以让人成功，也可令人失败，认清自己、看清现实很重要。殿下与索嗣，得失成败的内因和恩怨，我不知道，也想不清楚。人终有一死，只是死法不一样。如果认为成王败寇，活着就是赢家，那就错了。殿下您认为刘虞和公孙瓒谁贤能呢？"李暠听后沉思良久，沉默不语。

刘虞与公孙瓒是三国时期的人物。刘虞是皇室宗亲，作为地方官，他为政宽仁，深得民心。与公孙瓒作战时，他下令只杀公孙瓒一人，不想祸及他人和百姓。但公孙瓒不是这样，他靠相貌俊美、能言诡辩起家，与刘虞作战时，纵兵焚城，后诬陷刘虞，挟持朝廷命官，借刀杀人，取得了高位，成为乱世枭雄之一。

梁中庸的这个对比，无疑是在告诉李暠，投奔你，并不是你高明，自己随时可能跑路。

此间还发生了一件事，梁中庸投向李暠后，沮渠蒙逊并没有杀梁中庸的家人，而是派人把他们护送到了敦煌。

李暠是明智之人。梁中庸能对李暠这样说，证明梁中庸为人方正，并非阿谀小人，之后他被任命为主簿。在梁中庸的辅佐下，李暠广开言路，重视儒学，知人善任，尊重人才，以此引来了众多能人名士的投奔，稳定了西凉政权。李暠垄断了西域的贸易之路，西域成为西凉的退守之地，这让西凉成为北凉沮渠蒙逊的打击目标之一。

吕光时代，李暠曾派人到西域的于阗采购了一批玉，准备做玺用。结果，吕光去世之后，这批玉料才进入敦煌，成了李暠的囊中之物。此时的北魏开始坐大，主要的目标是经略中原，尚无暇顾及西部疆域，北魏统治者也还没见过西域的珍品。有大臣上奏，说现在应当按汉代的方式，开通西域，振威德于荒服之外，还可以得到西域的珍宝。但是，当时的魏道武帝拓跋珪认为，当年汉朝皇帝不知保境安民，远开西域，使海内虚耗，何利之有？现在如果打通西域，会增加百姓的负担，得不偿失。

在李暠与梁中庸对话这一年，北方的又一游牧势力迅速崛起，自称柔然，他们原本附属于拓跋鲜卑。魏道武帝拓跋珪率众南迁大同后，柔然人进居阴山一带。柔然与后秦交好，北魏攻击臣属后秦的游牧部落时，柔然派兵救援，但是被北魏大军击败。

柔然的第一代可汗郁久闾社仑率所部逃向漠北，并沿草原向西北不断攻伐，夺取了铁勒（亦称敕勒、狄历、高车、丁零）等部的游牧地，统一了草原各部，雄踞北方，势力范围从西域的焉耆到东部的大小兴安岭，北抵漠北，南与魏、秦、凉、燕等势力交界。可以这样理解，鲜卑人一部分南迁，进逼中原，代表是北魏；一部分统治了草原地带，占据了匈奴故地，代表是柔然。

游牧部落有一个特点：这种马背上的族群集中起来很强大，但草场广大，族群分散，很容易被各个击破，这便是柔然崛起的主要因素。

在谈草原汗国时，很多人不明白为什么某一势力会突然崛起，他们之前在哪里呢？

民族是现代词汇，古人并没有这个概念，他们以区域和部落为划分标准。蒙古草原各游牧部落间的融合几乎与中原的民族融合同步进行。简单地说，柔然的统治阶层是鲜卑与匈奴人的后裔，被统治阶层则是世代生活在草原地带的游牧族群。自汉代的匈奴至柔然，草原民族有过大迁徙、大回流，但似乎没有大换血，而是在不断地混血中相融合。

柔然崛起之时，后凉皇帝吕隆投降后秦，被后秦大军押往国都长安。临行前，他最后一次拜祭叔叔吕光。面对马上要被铲平的祭庙，他说："陛下，您用神武创下的基业，可惜后辈不能延续，内部兄弟间为权力残杀，外部又受叛贼的轮流攻击。现在亡国了，我要去长安了，就在这里跟陛下永别。"说罢痛哭流涕。

这一阶段的凉州诸主均臣属于后秦的姚兴。后秦遣使封南凉的拓跋傉（nù）檀为车骑将军、广武公；封北凉的沮渠蒙逊为镇西将军、沙州刺史、海西侯；封西凉的李暠为安西将军、高昌侯。而在长安的姚兴以鸠摩罗什为国师，常常带着大臣听鸠摩罗什讲佛经，大兴塔寺。各州郡信佛之众已达十分之九，呈现出国泰民安的虚像。河西之地迎来了近20年的脆弱和平。

西凉之主李暠这样评价自己，政治才能上，他不如北凉的沮渠蒙逊和南凉的拓跋傉檀，更不如北魏的拓跋氏诸君。临终前他对弟弟宋繇说："我自小父母双亡，事事艰难，拜先祖之恩，大乱之际被大家推举，但我才弱智浅，终生遗憾就是不能一统河西。现在我要死了，这是天命，我不悲伤，但想告诫你们，居于高位，要警惕危亡的前兆。我死之后，世子李歆就是你的儿子，告诉他我们的经历，不要让他高高在上、专权骄横、自以为是。军国的大计委托给你，不要让政略偏误，这是成败的关键。"

公元417年，李暠病故，享年66岁，太子李歆继位，史称西凉后主。

得知李暠死了，北凉的沮渠蒙逊笑了，他率大兵压境，却大败而归。来年再战，这一次他依旧收获不大，只是抢了丰收的粮食而已。但是对西凉李歆来说，这一年的收获很大，他终于等到了父亲李暠之前等待多时的正统王朝的封号，他被东晋封为镇西大将军、护羌校尉、酒泉公。但是，此时的江东正统已不再是东晋，而是南朝宋主刘裕。

继位后，李歆开始狂妄起来，他开启了强权统治，放弃了李暠"德治"的根本，以法家"法、势、术"的手段治理西凉，且听不得不同意见。

刘裕代晋后继续北伐，而李歆则想着一展抱负，不负朝廷厚望，开始东征。

此时的沮渠蒙逊给李歆设了一个套，他传出风声说北凉正在伐西秦，并不断发出攻占西秦的捷报。李歆觉得这是一个好机会，就下达了出兵北凉的命令。

李歆不但听不得宋繇等众大臣的劝谏，连母亲尹太后的话也听不进去了。当时尹太后对他说："我们所占据的地方，地狭人稀，光是守住就很难了。沮渠蒙逊善于用兵，你不是他的对手。从这些年来看，沮渠蒙逊是有大志之人，现今天时、地利、人和都趋于他。西凉之地虽小，足以为政。知足不辱，这是道家明诫。你父亲临终前告诉你叔父等人要辅佐你，慎用兵事，见机行事，你怎么就忘记了？不如治德政，积力量，以静制动。你发动战争，就算不失败，将士的伤亡也不可避免。"

李歆不听，执意率步骑3万东征。大军出征时，站在城楼上的宋繇长叹一声："我只能看着军队出征，看不到他们回归了。"言毕，宋繇掩面痛哭。

得知西凉出兵，沮渠蒙逊立即出师迎战，两军战于怀城。李歆兵败。此时，部下劝他返回酒泉以保存实力，但李歆说："我违背了母亲和叔父的教诲，有什么面目回归？"于是两军再战于蓼（liǎo）泉，西凉军队全军覆没，李歆战死。北凉军长驱直入，攻下酒泉、敦煌。

历史总有各种巧合，沮渠蒙逊派往敦煌上任的太守竟然是索嗣的儿子索元绪。这个新太守粗暴凶恶，好杀，大失民心。于是，逃入北山的原敦煌太守、李歆的弟弟李恂又率人攻入敦煌，赶走索元绪。来年，沮渠蒙逊率军两万强兵攻敦煌，在敦煌城三面筑堤，以水灌城。

此战中，李恂自杀，余部投降，李氏家族被迁往姑臧城，西凉政权灭亡。此时，中国境内的主要政权有：南朝宋、西秦、北魏、北凉、北燕、夏。

原属于西凉管理的西域诸国均向北凉主沮渠蒙逊称臣纳贡。鄯善王比龙亲自前往姑臧城拜见沮渠蒙逊。

西凉灭亡后，李暠的孙子辈有两人逃脱：一个是李重耳，他先后在刘裕的南朝宋和北魏为官；一个是随家族迁至姑臧的李宝。当时，李暠的夫人、太后尹氏也被迁至姑臧。回到姑臧城的沮渠蒙逊早知道尹氏的气节，于是，两人有了一段对话。

沮渠蒙逊："事已至此，夫人节哀。"

太后尹氏："李家为胡人所灭，我有什么可说的？"

沮渠蒙逊："如今，李氏家人的性命都在我手中，你怎么还如此傲慢？而且国灭子亡，你怎么看起来一点都不伤心？"

太后尹氏："生死存亡，这是天命。国亡家破，只求速死，岂可在乎余生？"

面对如此大义凛然的老太太，沮渠蒙逊也很佩服，将李氏家人赦免，并让儿子沮渠牧犍娶了李暠的小女儿为妻。此时，重获自由的李宝投奔被任命为北凉晋昌太守的舅舅唐契。后来唐契举旗反北凉。面对讨伐的大军，他知大势已去，于是与弟弟唐和带着外甥李宝，率2000余户难民越过流沙，进入西域的门户伊吾，投奔柔然，唐契被柔然政权封为伊吾王。

值得一说的是，清代学者汤球所著《十六国春秋辑补》记录了尹氏老太太的一些故事，且能从中看到其刚强坚毅的一面。

尹氏出身名门，幼而好学，清雅有志节。李暠创业之初，她成为贤内助，当时就有民谣说“李、尹王天下”。“李”指李暠，“尹”指他的夫人尹氏。

西凉亡国后，沮渠蒙逊的儿子沮渠无讳镇守酒泉，对尹氏非常尊重。他每次见尹氏时都问：“你的孙子李宝现在在伊吾，你想去那里吗？”当时，尹氏并不知道沮渠无讳的真实目的，就说：“我的子孙四处飘落，流落他乡，我也活不了多久了，就死在家乡吧，不想做毛毡裹尸的异乡鬼了。”之后不久，尹氏联系家人并秘密出酒泉，西行。沮渠无讳得知后，命人追赶。当骑兵追来，老太太昂然而立，对追赶的人说：“在酒泉，沮渠无讳答应让我西行，寻找孙儿，为什么言而无信？今天你们可以杀了我，用我的头交差，我死也不回酒泉了。”之前，追兵得到沮渠无讳的交代，加之老太太与沮渠蒙逊成了亲家，士兵不敢逼死老太太。于是，尹氏渡流沙至伊吾，75 岁时，病卒于西域。

放走尹氏至西域的沮渠无讳没有想到，数年后，西域也成为他的避难之所，这是后话。

从东汉至魏晋南北朝，中原内乱，群雄争霸，大量草原游牧部落涌入中原，开启了民族大融合时代。游牧区与农耕区的界线大体有两个标准：一是 400 毫米等降水量线；二是在北纬 40 度上下。而我们的长城刚好处于这两个标准的线上，西域的分割线刚好是天山山脉。

历史变迁是一个自然与人文因素交织在一起的综合体，游牧部落的南下与中原民乱等有王朝内因，也有气温变化的外因。东汉至魏晋南北朝时期，北半球出现了小冰河期。

小冰河期指的是相对而言较冷的时期，但是比毁灭大量动植物生命的冰河期要暖和。历史上的小冰河期导致了地球气温普遍下降，粮食大幅减产，由此引发了社会动荡、人口锐减。

小冰河期的到来，农耕政权还能勉强应对，粮食减产，百姓还能逃荒，但草原上的游牧政权却根本禁不起这个巨大的气候变化。进入中原农耕政权的领地劫掠，似乎成了游牧部落活下去的重要出路。

两汉时期，中原王朝对匈奴政权拉一派，打一派，致使匈奴内部割裂，形成南北对立的格局。游牧部落南北敌对的分离，有效地瓦解了由于小冰河期游牧民族大举南迁对中原文明造成的伤害。匈奴一部分南下内迁，依附中原王朝，一部分西迁进入西域地带。如此所形成的真空地带成了一块飞地，于是，东胡系的鲜卑人迅速填补进来。

到了柔然崛起时，小冰河期基本结束，草原重新恢复了盎然生机，形成了北魏与柔然对立的局面。

如同汉初人们对匈奴的称谓，北朝的碑志、杂曲中，柔然往往被泛称为“鬼方”“猃狁（Xiǎnyǔn）”“北虏”“北狄”……“柔然”一词，原本是“聪明、贤明”之意，但到了北魏太武帝拓跋焘时，他认为柔然部落的人智力低下，如同不会思考的虫子，于是下令称他们为“蠕蠕”。

公元 420 年前后，南北对峙、河西争雄之际，柔然进入了强盛时期，向西直逼汉时乌孙人的领地，并越过天山，影响着天山以南的诸绿洲邦国。随着柔然势力在大漠南北的扩张，与进入中原地区、由拓跋鲜卑建立的北魏政权开始对立。

十六国后期，北魏王朝逐渐统一北方，而柔然可汗掠夺他国粮资，雄踞大漠，双方连年相互攻伐。为防柔然的掠夺，拱卫京都平城，北魏修筑东起赤城，西至云中，延袤两千余里的长城，并仿照汉朝设军镇、置戍卒。柔然为适应军事上的需要，也仿照中原建立了一整套军法和军事体系。

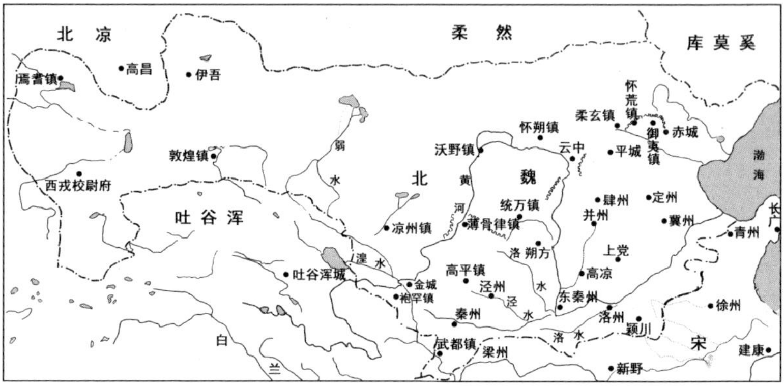

北魏军镇分布示意图　李东绘制

公元424年，柔然可汗郁久闾大檀趁北魏明元帝拓跋嗣去世，率6万骑兵攻入北魏云中，杀掠吏民，一度攻陷北魏故都盛乐，后被北魏太武帝拓跋焘率军击败。第二年，北魏大举征讨柔然，分兵五路。郁久闾大檀率部族西逃，进入西域领地。

北魏太武帝拓跋焘伐柔然的进程，与汉武帝刘彻伐匈奴颇为相似。

东汉时，车骑将军窦宪驱逐北单于部至金微山，其部落中老弱病残的一部分没能跟上西迁康居的大军，滞留在焉耆和龟兹以北的草原。这些人300年间与原游牧于此地的乌孙和小冰河期南下的高车人融合，自成一部，在西域的历史上被称为悦般人。他们最初与柔然交好，不久反目，彼此征战不断。他们与北魏结盟，共同打击柔然，重新演绎了汉与乌孙的故事。

悦般人与柔然人反目成仇的原因很简单，简单得跟开玩笑一样。

悦般人的居住地在乌孙的西北，离平城万余里。其游牧地纵横数千里，部族 20 余万。当时，管理西域的凉州诸割据政权称这部首领为“单于王”。这个部族的风俗、语言与高车人相同。与众多游牧部落不同的是，悦般人非常利落、干净，习俗是剪发齐眉，用醍醐涂面。醍醐是中药的一种，从牛奶中精炼而成，涂在脸上，可以使皮肤光泽油润，其实就是我们今天所说的黄油。悦般人每日三餐前洗脸、洗手、漱口，然后才可饮食。

在悦般国的南界有火山，熔岩流淌数十里后凝结，当地人以此为药，称为石硫黄。在西域的北天山一带有火山地质结构，这里至今都有很多温泉。石硫黄也是一种中药，内服可壮阳、去寒、止泻，外服则可治疥癣、湿疹、癞疮这类皮肤病。由此可见当时悦般人对自然界的认知程度并不低。

柔然人进入西域后，曾遣使至悦般，最初双方达成友好结盟的协议。后来，悦般王曾带数千人进入柔然地界，准备面见柔然可汗大檀。进入柔然地界百余里后，悦般王很惊讶，因为一路所见到的柔然人不洗衣，不扎发，不洗手，妇女用舌头舐器物。爱干净的悦般王看到这些，随口而出：“真恶心。”他很生气，对柔然使者吼道：“你们花言巧语，这不是骗悦般人和狗国联盟吗？”于是，他调转马头飞奔而归。得知消息的柔然可汗郁久闾大檀急忙派人追赶，但已望尘莫及。此事之后，柔然与悦般开始仇视，多次互相攻伐。

这段来自北魏的记录，多少出于北魏对柔然的蔑视而有所夸大，但从另一个侧面也反映出柔然国力开始衰弱，国民食不果腹，且生存条件极差。

受西伯利亚南下的北方冷空气和从乌拉尔山南下的西北路冷空气

影响，有一支源于塞北的游牧部落，在前凉张天锡主政并控制西域时期，越过阿尔泰山向西南迁徙，占领索格底亚那。中国史料称他们为嚈哒人，欧洲史料称他们为白匈奴。数年后，这个游牧部落北上，同高车人争夺西域北天山盆地及其以西地区，并控制高昌，遏制柔然势力的西进。与此同时，嚈哒人又东进控制天山以南盆地西部，势力沿南道直至于阗，沿北道直至焉耆。经过西域南北道，嚈哒人已频繁地同中原南北朝交往。

吕光征西域时，龟兹人向狯胡借兵十余万作为援助，但仍然被吕光的远征军打败。那时候的狯胡人可能是嚈哒人，也可能是悦般人，这两支游牧部落当时都处于龟兹以北。

《宋书》卷五记载，公元 428 年，天竺国遣使献方物，没细说献给了谁，到底是北凉还是北魏，已无查证。

公元 431 年，夏灭西秦，形成南朝宋、北魏、北凉、西凉、北燕、夏等六国并立；5 个月后，吐谷浑灭夏，形成四国并立。

公元 436 年，北魏大军攻克北燕王都白狼城，北燕王冯弘出逃高句丽，北燕灭亡，形成三国并立。

公元 439 年，北魏大军兵临姑臧城，向北魏称藩但怀有二心的河西王沮渠牧犍见大势已去，遂投降。至此，形成两国并立之势——南朝宋与北魏南北对峙。

原本北凉政权可以多存活几年，灭亡源于西域来使。

之前，西域的龟兹、疏勒、乌孙、悦般、朅盘陀、鄯善、焉耆、车师、粟特九国入贡于北魏。当时，北魏之主拓跋焘认为，两汉时期虽然在西域设都护府，将西域划入版图，但西域各国有求于汉时，言语恭敬，违愿归附，无所求时，便态度傲慢，轻视中原。他们知道西域距中原太远，中原军队出动，空耗国力，得不偿失。拓跋焘认为，如今派使者往来，劳民伤财，所以不打算遣使回访。但是，以宰相崔浩为首的大臣们认为，西域九国不避艰险荒远前来朝贡，为了将来一统西域，最好派出使臣回访。

那时候，年轻的拓跋焘还有雄心壮志，在众大臣的进谏下，决定派使者出使西域。于是，由散骑侍郎王恩生带领 20 余人的使团向西域进发。但是，使团刚渡过流沙地带，就被柔然汗国俘虏，一行人被押送到柔然王庭。

在柔然王庭，面对柔然敕连可汗郁久闾吴提时，王恩生手持符节，以当年苏武的气节，不肯屈服，傲然站立。消息很快传到平城，拓跋焘得知，立刻遣使柔然，威胁柔然可汗。北魏对柔然的战争已把柔然人打怕了。于是，柔然人将王恩生等人平安送归，并带来了赔礼的贡品。此行没有达到出使的目的。回归途中，一名叫许纲的使臣病故于敦煌。为了表彰其气节，北魏朝廷赐其谥号为“贞”。之后，鄯善王、粟特王又分别派使臣到达平城，于是，拓跋焘再次派使团出访。

公元 437 年年初，龟兹、悦般、焉耆、车师、粟特、疏勒、乌孙、揭盘陀、鄯善诸国各遣使朝献。年底，破洛那国（汉时大宛）、者舌国（汉时康居）遣使朝贡，献汗血马。这是因为北魏对外征战连连得胜，除了北凉称藩外，北魏已统一了北方。于是，西域问题到了该彻底解决的时候。同一年，拓跋焘派出由散骑侍郎董琬、高明率队的庞大使团，携带大量金钱、绸缎出使西域。董琬率使团出鄯善，招抚九国。董琬每到一国，该国马上派使者朝贡，因此董琬还在前行的探索途中，有的西域使者已到达平城。

使团翻越天山到达乌孙时，乌孙王非常高兴，对董琬一行说破洛那国、者舌国都想向中原称臣纳贡，只是西域的道路由于战乱还没有畅通，不便通商，你们应该绕道去安抚。于是，乌孙王派出向导和翻译，送董琬前往破洛那国，送高明去者舌国。周边的其他小国得到消息，争先恐后地派出使臣，随董琬回到中原，这类小国多达 16 个。

自董琬出使之后，各国像汉时一样，年年进贡，丝路再次畅通无阻。

董琬一行历时一年，对西域当时 16 国的山形地貌进行了详细记录。记录说明了汉武帝时期的西域 50 余国已并为 16 国，并将西域划分为四个区块。从地缘政治上来说，这四个区块就是当时西域的四大势力范围。

第一区块：葱岭以东、流沙以西，也就是现今塔里木盆地和天山以北地区，当时属于北凉的势力范围。

第二区块：葱岭以西、海曲以东，也就是现今的兴都库什山以西、地中海以东地区，属于波斯的势力范围。

第三区块：者舌以南、月氏以北，也就是索格底亚那、南亚次大陆部分，属于嚈哒与波斯势力的缓冲范围。

第四区块：两海之间、水泽以南，也就是黑海以南、以意大利半岛为中心的地中海周围，属于罗马的势力范围。

这是广义的西域地缘政治。当时在天山以南，鄯善、于阗、疏勒、龟兹、焉耆、高昌等完成了对周边小国的兼并，成为西域大国。

在董琬的报告中，通西域的路有四条：一是出敦煌玉门关，渡流沙，西行两千里至鄯善；二是出玉门，北行两千二百里至车师前部；三是从莎车西行一百里至葱岭，再西行三千三百里至伽倍；四是自莎车向西南行五百里至葱岭，再向西南行一千三百里至波路。

董琬出使归来，马上引发了链式反应。首先有动作的是柔然。打通西域意味着北魏掌握了贸易之路的控制权，于是柔然断然撕毁与北魏的和平协议，重新开始了与北魏对立和争战，这便将北凉卷了进来。

之前，北魏每次派使节出使西域，都命臣服的北凉君主派向导并护送使节渡过流沙。北魏的使节从西域回归时，常贿赂沮渠牧犍的身边人以打探情报。有次，一个人喝多了，不经意间告诉了魏使一件事："我家大王听柔然可汗说，去年魏国天子亲自率兵与柔然作战，人马得了瘟疫，死伤极大，魏军大败而归，柔然还生擒了乐平王拓跋丕。听到这个消息，我家大王非常高兴，大力宣扬，广而告之。我还听说，柔然可汗派使节通知西域各国，魏国已经败落，柔然才是天下最强大的帝国。如果魏使再来，不得供应饮食住行。现在西域各国，很多已有二心，不会再向魏朝贡了。"

使节回平城后，立刻将此消息上报。于是，北魏太武帝拓跋焘立刻派出尚书贺多罗前往北凉核实。不久，贺多罗回归，证实了沮渠牧犍表面遵守藩属之礼，内心却早已叛离。盛怒之下，拓跋焘发兵姑臧。魏军将姑臧围得水泄不通，被围困的沮渠牧犍彻底崩溃，让人反绑双手，出城投降。北凉灭亡。

17　沮渠氏风云

抓获沮渠牧犍后，北魏大军横扫凉州。秦州刺史沮渠宜得焚毁府库，向西逃往酒泉，乐都太守沮渠安周弃城向南投奔吐谷浑。这之后，沙州刺史沮渠无讳与投奔他而来的沮渠宜得放弃酒泉，再投奔沮渠唐儿镇守的敦煌。

见到沮渠安周逃亡的部族，得知北魏大军灭北凉的消息，吐谷浑的可汗慕容慕利延大为恐慌，率领部众也加入了逃亡的队伍，越过沙漠，向西逃窜。沮渠安周一看吐谷浑人都跑了，于是也绕道去了敦煌。一看沮渠安周向敦煌跑了，吐谷浑人才在北魏使节的劝说下，返回了故土。

沮渠氏四兄弟在敦煌开了个碰头会，决定集中力量反攻酒泉、张掖。拓跋焘没再劳师出征，而是发布诏书，命沮渠兄弟们跟哥哥沮渠牧犍一样限时投降。拓跋焘之所以如此大度，是因为这一年皇孙拓跋濬出生了。17 年前，有个叫寇谦之的道士给拓跋焘献了神秘的仙书《图箓（lù）真经》，其中有句“辅佐北方太平真君”。当时，这位自称见过神仙的道士说，神仙派他来辅佐另一神仙“北方太平真君”，这让拓跋焘很高兴，拓跋焘让道士当了国师。有了孙子后，拓跋焘也开始像以往的帝王那般追求长生不老。于是，他改年号为太平真君，这一年是公元 440 年。

沮渠无讳无条件投降了，被封为酒泉王、凉州牧。不久后，敦煌太守沮渠唐儿与沮渠无讳反目，起因是醉酒。当初沮渠无讳兄弟反攻酒泉时，在敦煌留下了一部分将领，这些酒泉系的军官常与原敦煌系的将领一起饮酒。在一次宴会上，双方将领为小事吵了起来，互相辱骂，然后事态升级，打了起来。酒泉系的军官仗着人多势众打赢了。这一架引发了敦煌系军官的叛离，酒泉系的军官酒醒后就率兵灭了敦煌系的军官，左右为难的沮渠唐儿只得随着自己这边的人，开始反沮渠无讳。

于是，沮渠无讳从酒泉率军攻杀沮渠唐儿的军队，留下堂弟、武威太守沮渠天周守酒泉。这一行动让北魏的权力中心认为沮渠无讳终将成患，必须以武力方式先端了他的老窝，让此时已杀了沮渠唐儿并占据敦煌的沮渠无讳无处可去。于是，魏军包围了酒泉。

从四月二十八开始，魏军只围不攻，守城的沮渠天周拒绝投降。到了十一月二十二，全城无粮，不攻自破。沮渠天周被俘，押往平城斩首。

占据敦煌的沮渠无讳无路可走，粮草不足，又怕魏军突然进攻，没了出路，就准备西渡流沙前往西域，于是派弟弟沮渠安周率军先行出发，攻击西域的鄯善。鄯善王原本打算投降，恰逢北魏出访西域的使节团归回途中住在鄯善，他们力劝鄯善王固守抵抗。沮渠安周无法攻克鄯善，于是退守伊循东城。

转眼到了第二年，预估北魏大军将要攻击敦煌，沮渠无讳在无望中放弃敦煌城，率一万余户百姓进军西域，准备与沮渠安周会师。得知消息的鄯善国王比龙大为恐惧，这来的人比鄯善国的人都多，于是他放弃国都伊循城，带领所有国民投奔且末而去。沮渠无讳占领了鄯善，随他西行的人一半渴死在途中。

18年前，西凉灭亡，李暠之孙李宝随舅舅等人逃到西域伊吾。光复西凉的梦并没有醒，李宝得知沮渠无讳弃敦煌、进西域后，便召集当年随他西行的部众，东进占领了敦煌，修建城墙，安抚、集结西凉曾经的遗民故老，再联系伊吾的舅舅唐契，一同上表北魏，请求归附。

唐契是柔然封的伊吾王，多年来平安无事，现在要降魏，柔然当然不愿意。柔然兴师问罪，切断了他的东归之路，唐契无奈之下率部西行，打算先夺取高昌。高昌太守是北凉任命的阚爽，见情况不妙，他马上派人去鄯善联络沮渠无讳，求派援兵。原本鄯善都城就是弹丸之地，土地贫瘠，水源缺乏，养不了多少人，不是长远发展之地。得到这个消息，沮渠无讳爽快地答应阚爽之约，率主力经焉耆到达高昌。

阚爽虽然用着北凉的年号，但其在高昌也算是土皇帝，之前就与柔然关系密切，约沮渠无讳救援高昌原本就别有用心。让唐契与沮渠无讳作战并相互消耗，他可以坐山观虎斗，削弱两方势力。但是，伊吾近，鄯善远，两支军队不可能同时碰撞在高昌城下。追击唐契的柔然军队也马不停蹄，结果是唐契战死，弟弟唐和收拢残部，投奔了车师前部王车伊洛。实际上，唐和并不想在高昌安家落户，而是想由此绕道去敦煌与李宝会师。唐契死后，唐和势单力薄，不敌柔然与阚爽的夹击，只好投奔车伊洛。

西凉就是被沮渠氏的北凉所灭，唐和对这个使自己国破家亡的北凉残存势力的仇恨可想而知。

车伊洛，焉耆人，西域东境部落主帅，朝贡时，北魏封他为平西将军、前部王。对于车伊洛来说，北凉残存势力代表沮渠无讳的到来无疑是个威胁。而原西凉遗族唐和与沮渠氏之间相互仇视已久，且唐和的外甥李宝顺利地占据了敦煌，并被任命为都督西垂诸军事、镇西大将军、敦煌公。

高昌地少民寡，又是进入西域的门户，不论是中原统一还是河西割据时，高昌的战略地位都非常重要。沮渠氏兄弟流亡到高昌，打破了这里脆弱的平衡。

阚爽任高昌郡太守，对车师前部造成的危害并不大，双方道不同但能和睦相处，井水不犯河水。沮渠氏兄弟到来后，情况变了，他们在河西无处安身，携家带口，浩浩荡荡地绕道而来，明显要在高昌安家落户，也势必会进行扩张，灭车师前部，所以车师前部王车伊洛才接纳唐和，组成反沮渠氏的联盟。

沮渠无讳的大军到达时，唐氏兄弟的人马已汇集交河，对高昌构不成威胁。面对来自鄯善的沮渠无讳，太守阚爽方知算盘打错了，后悔来不及了，所以他紧闭高昌城门，将沮渠无讳拒之门外。原本想坐山观虎斗，从中取利，结果变成了引狼入室。

一路风尘赶来却被拒高昌城外的沮渠无讳大怒，命手下将军卫兴奴夜袭高昌，屠城。阚爽见大势已去，连夜出逃，投奔柔然。至此，北凉残存势力这才在西域找到一块安身之处。于是，沮渠无讳派使节前往刘宋，请求归附，他得到了一串封号：使持节、散骑常侍、都督凉河沙三州诸军事，领西夷校尉、凉州刺史、河西王。此时，刘宋的皇帝是文帝刘义隆。对于南朝来说，西域鞭长莫及，现在把凉州和西域都划给沮渠无讳，给他最高的荣誉，让其自行经营，这样不仅不费朝廷的一两银子，还能牵制北魏，让其有所顾忌。

北魏占据着河西走廊，高昌的使者如何穿越漫长的道路到达长江以南的宋都建康呢？路线是这样的：从高昌到鄯善，越阿尔金山到柴达木盆地，经大柴旦，走青海湖，至临夏，南下折东南，进入巴蜀，到成都，越长江到建康。这便是西域至江南的河南道。但之后，这条道也被堵了，因为北魏势力有效地控制了鄯善和吐谷浑。

此时的高昌，从最初设郡时的一郡5县，变成了3郡8县46镇，有了8座城：高昌、田地、交河、白艻（lè）、高宁、横截、酒泉、威神。

在车师前部王的支持下，唐和从高昌绕过，攻陷了沮渠安周驻防的横截城、高宁城、白艻城。横截、高宁、白艻在高昌城东，高宁在城东10公里处，横截在城东30公里处，白艻在城东70公里处。

唐和也派使节去北魏，请求封号。至此，在中原，南北朝对立；在西域，分属南北朝，以沮渠无讳、唐和为代表的两支小政权东西对立。

当时，各地都崇尚佛教，各国君主身边都有一位高僧做国师。北凉的国师叫道进法师，俗姓唐，凉州张掖人。他自幼入寺，精通佛法，是凉州的一代名师，沮渠蒙逊在世时就非常敬重他。沮渠无讳进入西域的鄯善，道进法师也带众弟子西迁。沮渠无讳接阚爽邀请，合兵攻高昌的沮渠唐儿时，曾征询道进法师的意见。

道进说："此战必捷，但高昌地少，人马过多，物质供给不足，战胜敌军后回师便可。"道进法师的意思是，占了高昌，也不能放弃鄯善。后来，大军攻下高昌，沮渠无讳认为鄯善土地贫瘠，缺水，风沙大，不是立国之地，就放弃了鄯善。占高昌后不久，沮渠无讳病逝，弟弟沮渠安周夺侄子的位子自立。这刚好给了车师前部王车伊洛一个机会，于是他用离间计，挑唆沮渠无讳的儿子沮渠乾寿率500多户投奔车师前部。

此后，高昌地区的人口骤然增多，加之连年干旱，高昌地区迎来了百年不遇的粮荒。自公元444年起，高昌连年大饥荒，饿死无数。沮渠安周依旧奉道进为国师。道进法师多次进言，劝沮渠安周赈灾，但这只能是杯水车薪。后来，高昌府库的储备也快没了，道进就不再请求赈灾。对于道进法师来说，他自幼以普度众生为理想，面对饿殍遍野，道进法师无能为力，况且这些人多数是随大军避难而来的凉州子民。于是，道进法师决定仿照佛陀，割肉饲鹰，舍身求法，以成正果。

某一日，道进法师洗浴净身后，带着盐和刀到无食可食的贫民窟。然后，他依次向难民讲解“三皈”（即皈依佛，皈依法，皈依僧）。高昌百姓信奉大乘佛法，众人随道进法师一同祈求阿弥陀佛普度众生。念罢，道进法师脱去衣服，将衣服挂在树上，盘坐在饥饿的百姓面前，说：“你们可以把我当食物吃了，不违佛心。”众百姓虽然饥困潦倒，却不忍下手。于是，道进取出刀，割下自己两肋的肉，蘸着盐，自己先吃身上的肉。后来，因失血过多，他无力自割，便对民众说：“你们快取我的皮肉，还可以多活几日，不然，高昌王的使者到来，一定会将我拉走治疗，你们快分了我的肉体，藏起来。”饥饿的百姓跪地痛哭，没人上前。不久，道进法师的弟子们闻讯赶来，用轿子将道进法师抬回寺中，并立即上报沮渠安周。这件事被高昌百姓哭泣着相互传播。

得知此事，沮渠安周也悲痛不已，他下令打开府库，散尽库存，赈济灾民。道进法师第二天一早圆寂，众僧将其遗体抬至高昌城西北三里的一处高台上火化。全城百姓痛哭着绕着法师遗体不停地添柴，烟火冲天，七日才熄灭。道进的尸骨化为灰烬，唯独舌头化为舍利。之后，人们在法师火葬的高台处建三层塔，立碑纪念。数年后，阚氏高昌国在这里重建了一座保留至今的高台佛塔，是为台藏塔。

18 万度归奇袭龟兹

北凉残存势力来到高昌，原鄯善王比龙的儿子真达重新收拢从且末返回故土的旧部。比龙以且末为目标的大逃亡让新鄯善王真达明白了一个道理——鄯善与北魏成了邻居，中间不再有小政权阻隔，今后中原争夺战中的失败者可轻而易举地移师鄯善。况且，往来西域的北魏使者早已了解了鄯善的实力，如果北魏势力西进，鄯善就将亡国。于是，国王真达下令封锁边界，与北魏断绝关系。出使或回归的北魏使节经过鄯善时，他就命人抢劫财物、扣押使臣。经此一举，经鄯善进西域的通道被截断，而经伊吾进西域的通道又控制在柔然人手里。

于是，远在平城的拓跋焘与南朝宋对峙的同时，决定西征，打通西域通道，这一年是公元 445 年。作战方案如下：

第一步，驱逐盘踞在枹罕的吐谷浑的守将慕容什归。

听说北魏西征，慕容什归放弃城池，连夜出逃。今天，我们可以从唐代重现历史的边塞诗中回味大军西进时的捷报："月黑雁飞高，单于夜遁逃。欲将轻骑逐，大雪满弓刀。"

第二步，远征军由散骑常侍万度归率领，由平城一路西进到达敦煌，留下辎重，率轻骑兵 5000 渡流沙，袭击鄯善国。

面对北魏大军的气势，鄯善王真达害怕了，他让人反绑双臂，出城投降。万度归留下部分军队屯田驻防，自己则押着真达返回平城交差。中断数月的西域之路再度畅通。

第三步，追击吐谷浑部。

北魏军抵达宁头城（今青海省乌兰县一带），吐谷浑可汗慕容慕利延率领部众渡过沙漠，继续西逃。北魏大军尾追过三危山，达祁连山。“前军夜战洮（táo）河北，已报生擒吐谷浑”。被俘的吐谷浑贵族被大军押回平城。

吐谷浑可汗慕容慕利延继续西逃，从昆仑山谷地进入于阗。此时的于阗，佛乐声声，已远离战火百年。当众僧在夕阳西下，看着山边一支破衣烂甲、人困马乏的队伍远道而至时，以为他们是西行的商旅，这些善良的僧人煮粥相迎。但所来的这队人马，看到于阗的富庶，眼中放着光，手中提着刀，没有准备的于阗军队大败。于阗被屠，遭受毁灭性打击，死伤数万人。

在吐谷浑军队攻入于阗，大杀大抢一番时，于阗的佛寺成了避难场所。当时的吐谷浑人还没有接受佛教，以萨满教为主导，敬天、敬地、敬鬼神，所以于阗的佛教寺院也大半被毁。在于阗以东三百余里的大荒泽中，已无路可退的于阗王率军与吐谷浑进行最后一战，将士阵亡无数，热血染地。占据于阗的慕利延遣使南朝，打算与南朝刘宋结盟对付北魏，为表达诚意，他送去了乌丸帽、女国金酒器及胡王金钏等贵重礼品，这些都是于阗的国宝。

这之后，修整后的吐谷浑还曾远征罽宾，第二年又重返故土。来自高原的吐谷浑人不适应于阗的干热与风沙。“自西平临羌城以西，且末以东，祁连以南，雪山（昆仑山）以北，东西四千里，南北二千里”，成了吐谷浑人的活动范围。

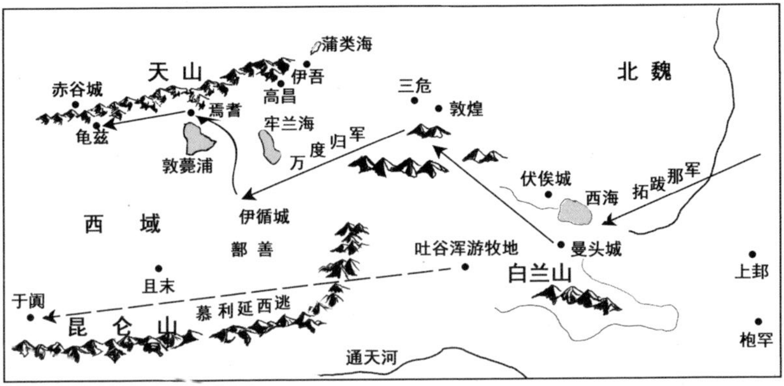

万度归征西域形势示意图　李东绘制

被万度归押到平城的鄯善王真达，是被杀了还是被封侯、软禁在平城，已不得而知。

随后，北魏太武帝拓跋焘任命交趾公韩拔为征西将军、西戎校尉、鄯善王。此时，西域的鄯善与高昌一样，百姓交粮纳税，成了北魏的郡县。

公元 448 年秋，西域的悦般国派出使节到达平城，请求联盟，东西共同夹击柔然。于是，北魏的西征大军再一次集结。

第一次西征，万度归已荣升为成周公。第二次西征，万度归再次成为主帅。这次袭击的目标是焉耆，此时的焉耆已被柔然控制，盘剥往来商旅。攻击焉耆，兵出二路，第一路大军由万度归率领，出敦煌，过流沙，在鄯善休整集结后越过沙漠，直击焉耆，先攻下左回、尉犁二城，又攻陷焉耆王都员渠城。第二路大军由车师前部王车伊洛率领，会同唐和向焉耆攻击。唐和一连派人游说柳驴（可能是现在的新疆维吾尔自治区托克逊县）等6个城，并促成其归降。于是，西征联军组成，直击焉耆外围的波居罗城（可能是现今的新疆维吾尔自治区和静县巴仑台一带，汉代墨山国属地），势如破竹。

当时的焉耆王叫鸠尸卑那。在两路大军不同方向的攻击下，他弃城出逃龟兹。鸠尸卑那是龟兹王白纯的女婿，富饶的龟兹就此稀里糊涂地卷入了战争。占据焉耆后，万度归命唐和驻守，西征大军继续西行攻击龟兹。这期间，柳驴城守军起兵叛乱，唐和回师平叛，击斩柳驴城守将。

万度归亲率1000骑奇袭龟兹，龟兹将军乌羯目提领兵3000迎战，但被万度归击败，延城不守，龟兹王遣使谢罪，表示愿归属北魏，重启朝贡。在接下来的数十年里，龟兹一直以北魏臣属的身份出现在史料中，多次向中原进贡孔雀和本地特产，其中还包括龟兹境内山中的浅表石油，当时的龟兹人将其当成治疗疾病的良药使用。万度归的西征之战，所获的钱财宝货、奇珍异玩以亿万计，可见当时西域诸国的富裕程度。

此后，北魏在鄯善和焉耆设置军镇，管理地方事务。军镇当时与州同级，但地位远在州之上。鄯善镇与焉耆镇的设立，标志着此地以郡县的地位隶属中原王朝。

草原地带上，北魏大军也兵分三路，穿过涿邪山，扫荡数千里，柔然可汗大为惊恐，向西远逃。在西域的悦般国军队则驱逐天山以北草原地带的柔然势力。

北魏大军实现了当年霍去病封狼居胥的豪迈。自此，柔然一蹶不振，不敢再犯北魏的领地。

此时的南朝宋皇帝刘义隆准备北伐。为了迎合皇帝，彭城太守王玄谟屡屡上呈，文字飞扬，把刘义隆的神勇夸得天花乱坠。见王玄谟的歌功颂德赢得了皇上的欢心，朝中大臣们也纷纷仿效，甚至写好了封禅书上呈。

于是，宋文帝刘义隆自以为是地掀起了南北大战。可惜南朝小瞧了北朝的实力，北魏太武帝拓跋焘每每亲征，皆大获全胜，文治武功，远超刘宋。

公元 450 年，南朝刘宋拉开了对北魏的第三次北伐战争，结果大败，以拓跋焘饮马长江告终。刘义隆远比不上“金戈铁马，气吞万里如虎”的父亲、宋武帝刘裕，只留下个“元嘉草草，封狼居胥，赢得仓皇北顾”的笑话。

我们可以从同一时期的北朝民谣与南朝诗歌中看出当时双方的士气。

北朝：……东市买骏马，西市买鞍鞯（jiān），南市买辔（pèi）头，北市买长鞭。旦辞爷娘去，暮宿黄河边……万里赴戎机，关山度若飞。朔气传金柝（tuò），寒光照铁衣。将军百战死，壮士十年归……

南朝：……箫鼓流汉思，旌甲被胡霜。疾风冲塞起，沙砾自飘扬。马毛缩如猬，角弓不可张，时危见臣节，世乱识忠良……

同一时期的西域，车师前部王车伊洛与唐和西击焉耆时，命儿子车歇留守交河城。得知车师主力西征，沮渠安周秘密联系柔然军队，攻击交河城。由于大军西征，兵少将寡，车歇战败出逃，狂奔焉耆，投奔其父车伊洛，招集残部，驻守焉耆。在这一年给北魏朝廷的上书中，车伊洛详细说明了西域的现状，包括自沮渠氏占据高昌后，百姓穷苦，生存下来的仅三分之一的情况，请求北魏救济。在拓跋焘的回复中，他下令打开焉耆的粮仓，救济车师部众。

这之后，唐和随万度归回到阔别 20 余年的中原，到达平城。唐和因功被任命为镇南将军，封酒泉公。

19 粟特、阚氏高昌及柔然往事

拓跋焘与刘义隆的个人经历非常相近，都是少年登基，中年丧命，两人彼此仇视了30年，只是拓跋焘的一生在大漠征战南北，开疆拓土，而刘义隆的一生在江南忙于内斗。二人先后蒙难后的第四代当权者，竟然同样短命。

在北朝，杀了拓跋焘的那个宦官宗爱立了一个新主叫拓跋余，宗爱则成了大将军。这之后，宗爱恐拓跋余有杀他之心，于是先下手，又把拓跋余杀了。在南朝，杀了父亲的太子刘劭登基后，对宗族大臣大肆屠杀，造成大乱，各方起兵互讨，最终没当几天皇帝的刘劭被弟弟刘骏所杀。公元452年，北朝第五代君主拓跋濬上位；两年后，南朝宋第四位皇帝刘骏登基。此后，北朝的弦线开始快速向峰值弹跃，而南朝的弦线则断崖式下摆；当北朝向最高峰值跃进时，南朝则跌到峰底。

当中原大乱、南北对峙时，西域葱岭之外，丝绸之路另一半的沿线上，淡出中国史料数百年、被汉王朝驱逐的匈奴人的后裔出现在了西方的史料中，演绎着毫不停歇的征服史——匈奴的首领们挥舞着“上帝之鞭”，从公元4世纪末到5世纪中期，在欧洲的上空中抽动了80

余年，其中最为彪悍的抽动者叫阿提拉。公元453年，正在筹划进攻东罗马帝国的阿提拉死了，死于新婚之夜。他的死因有两种说法：一说当晚的女主角、日耳曼少女伊笛可为报杀父之仇，将醉酒的阿提拉捂死在婚床上；二说当夜因为兴奋而饮酒过多，阿提拉的鼻腔出血，他吸血入肺部，呛死在胡床上。

以游牧为生的匈奴帝国进入欧洲后，并没有稳固的经济基础，掠夺是其最大的物资补给来源，所以其政权是以暂时的、不牢靠的军事联盟为基础的。这就注定阿提拉死后，他的继承人并没有驾驭悍将和附属部众的能力，内部为瓜分庞大的疆域而发生了战争。仅两年时间，曾“东起咸海，西至莱茵河，南至阿尔卑斯山，北至波罗的海”的丝路西部最为强大的军事帝国便土崩瓦解。原本的附属国纷纷独立，其中就有粟特国。匈奴人西迁时，通过武力征服了粟特。这个王国在史料中曾被称为奄蔡，位于康居国的西北，距康居国有五百五十里的路程。该国居咸海边，原本是附属康居的小国，以经商闻名，国内水土丰美，主要特产是名马、牛、羊、葡萄……所以当时该国也以盛产葡萄酒闻名。

早年，匈奴入侵粟特国时，曾杀了粟特王。公元453年的时候，粟特王叫忽倪，此时距匈奴入侵粟特国已过三世。粟特与西域的龟兹、焉耆、于阗、悦般及曹魏之后的凉州等五个割据政权一直保持着贸易关系，有丝路上最为活跃的商人集团。

北魏灭北凉时，将姑臧城的3万余户官民强行迁往了平城，其中就有一批粟特商人。这些人常年从西域向中原贩货。由于中原南行之路的中断，当时粟特商人重要的交易点集中在凉州一带的敦煌、姑臧等地，很多粟特人由行商、游商变为了坐商。被掳掠到平城的粟特商人通过家信，将中原战乱、自己被困的信息传递到了粟特国，于是，这个叫忽倪的粟特王就遣使中原，命其带着国书，向北魏赎回困在平城的商人。这一做法明显源于欧洲的奴隶贸易方式。当时，匈奴与东罗马帝国签订的条约规定，一个普通战俘的赎金在8—12个索利达（货币名）。如果战俘家里出不起这个钱，这个战俘就会成为奴隶，被运到各地贩卖，这个价格应当在粟特等地通用。但商人并不是战俘，所以他们并不知道粟特王是否通过粟特商人的家属获得了大量赎金并交付北魏。因为在中国境内的贸易与欧洲并不相同，西域商人经常会冒充使节进行朝贡交易，也就是说，他们经常给中原王朝的皇帝上贡，然后获得皇帝的赏赐。这些赏赐物往往是中原的高档物品，是西域的奇缺物资。西域和中原的贸易中，西域流入中原的似乎并非都是真金白银，不少是对中原来说奇异的物种或物品。比如，粟特赎人的前一年，西域的一些王国遣使平城并朝贡，有一个叫迷密国的贡献了一头黑骆驼。这种黑骆驼是一种少见的杂交品种。

接到来自遥远的粟特国的国书，刚刚继位的北魏文成帝拓跋濬很大度，立即下诏，将扣困于平城的粟特商人释放。鉴于路途遥远，文成帝下诏，西域各国之后不必年年朝贡。这之后的第二年，西域的波斯、疏勒遣使朝贡。

拓跋濬原本就是北魏太武帝拓跋焘最喜欢的孙子，这位自幼崇尚儒学、佛学的年轻皇帝按下了北魏鲜卑人汉化的加速键。

拓跋濬自幼聪明异常，仪表堂堂。拓跋余遇弑后，他被大臣拥立为帝，随即诛杀权臣宗爱，并平定内乱，休养生息，改革官制。

由于连年征伐，北魏国力下降。北魏的官员没有俸禄，主要由世家大族子弟组成，他们有自己的田产、牛羊，或者本身就是部落首领，主要靠在与柔然或南朝刘宋作战中的掠夺为生，所以他们酷爱战争。随着游牧向农耕的转型，马上得天下，并不能马上治天下。战争一旦停息，腐败便成为敛财之道。官员的敛财自然会带来民间的反抗。北魏文成帝多次下诏制止鲜卑贵族的腐败行为，因谋权夺位、贪污腐败等危及王朝安稳而诛杀的大臣数不胜数，他继位初期的北魏王朝动荡不安。这期间，北魏的平西将军尉眷发动了一次对西域伊吾柔然人的游牧地的攻击，大抢了一把返回。这之后，嚈哒、普岚、粟特、于阗、扶余等五十多国遣使至平城，和平促进了贸易。

公元458年，拓跋濬亲率10万大军远征柔然，以解决王朝来自北面的威胁。大漠之中，战旗飘扬，出征的大军绵延千里。柔然处罗可汗得到信息后，率人向西逃亡，未及逃亡的柔然别部数千帐在头领的带领下向北魏投降。拓跋濬此行扬威于大漠瀚海，刻石记功，胜利归来。

被驱逐的柔然人一路向西。趁北魏大军在河西追击吐谷浑可汗，且因瘟疫流行，北魏大军带着30万头牲畜的战利品返回平城之际，柔然人突然对高昌发动了进攻。在高昌苟延多年的沮渠安周被杀，沮渠氏全族被屠。沮渠安周是受刘宋册封的使持节、散骑常侍、都督凉河沙三州诸军事，领西域戊己校尉、凉州刺史、河西王。前一年，沮渠安周还派人向南朝宋敬献高昌当地的方物和西域的舞马。

柔然斩杀沮渠安周后所册立的第一代高昌王，是高昌世家大族代表人物、汉人阚伯周，高昌国自此建立。

三山夹两盆的地形特点，决定了在纷争年代尤其是交通不发达的古代，为什么天山以南那些弱小的城邦在经历来自天山以北草原上的游牧集团的常年掠夺后，还能完整地存活下来。

天山以南的盆地中，人类可以长久生存的地方只限于由大沙漠和周边大山支脉围成的绿洲地带。由于降水稀少，气候干燥，这里的居民只能完全依靠沟渠来灌溉农作物，畜牧也严格地限于河畔狭长的丛莽之间。这便可以说明，占有天山以北草原的匈奴、月氏、乌孙、悦般、柔然、高车等游牧政权，屡屡越过天山，侵入沙漠边缘的城邦，迫其称臣纳贡，控制贸易路线，但他们并不会将其地永久地占据。他们不会放弃享有辽阔的牧场，天山以南以灌溉为生的农耕人勤劳逼仄的生活，根本达不到入侵者所需要的那种地绿、天蓝、白云飘的美好。何况一年中有 6 个月的时间，穿越天山的峡谷和达坂会被大雪封山，将游牧区与农耕区分成两个世界。他们只需要在春季来临、商道畅通时，临时派出小股军队沿商道诸城收取过路费，或者秋收时节，封山之前抢掠整个冬季他们所需要的储备物资便可以了。他们只喜欢天山以南的物产，并不适应那里的气候。这就让人很容易理解，为什么柔然人会在高昌设立一个傀儡政权，而不是直接管理这里。

高昌郡太守阚爽兵败逃往柔然属地，估计此时他早已故去。18 年后，他的后人成了高昌王，作为柔然势力在高昌的代言人。由于高昌干旱，阚氏立国当年就改年号为“甘露”——予民以“甘”饴，予地以“露”雨，以祈风调雨顺、国泰民安。

甘露元年（公元 460 年），出土文书中记录了这一年政权交替时的流血事件：三月上旬，柔然人突袭了高昌郡的酒泉城，城破时双方有 200 人战死，其中包括汉人和柔然人。之后，高昌郡的其他城池随即投降。

当时城内的一位僧人目睹了事件全过程，于是他在城中的内斋中写下祷文，祝愿遇难者早日解脱转世。这里的酒泉城与西汉元狩年间所置的酒泉郡并无关联，而是位于高昌附近的一座卫戍城（位于今新疆维吾尔自治区鄯善县境内）。沮渠无讳占据高昌时的爵位是北魏册封的酒泉王，虽然他已背叛北魏，但军士中很多人来自酒泉郡。占领高昌后，为解思乡之苦，他们就将在高昌的门户地新筑的城称为“酒泉”。也许沮渠氏的政权所在地就是这里。

高昌奉行佛教，在沮渠氏统治时期，名义上尊南朝为正朔，是附属于南朝刘宋的地方政权。

沮渠安周当政时期，在酒泉城附近的一处沙质岩的山沟中依照莫高窟的制式开凿石窟，建立了一座寺庙叫丁谷寺，亦称吐峪沟石窟。

历史有限的碎片式记录，给了我们无限的想象空间。

春季来临，柔然军队自伊吾翻越天山向高昌逼近。或许之前酒泉城内已混入了阚氏家族派遣的眼线。此时，歌舞升平中的沮渠安周并没有得到有关柔然来犯的消息，也未组织有效的抵抗。于是，一场小规模的冲突便轻而易举地打垮了高昌沮渠氏政权。

从地势上说，越过东天山、兵出伊吾的柔然铁骑沿戈壁攻击高昌的酒泉城，一路平川，对手无险可据。胜金口是一道天然屏障，瓶颈的位置，原本可驻军扼守，拱卫高昌，但这个天赐的关隘似乎未起到作用。在沮渠安周当政的十多年里，高昌并不太平，连年灾荒致使百姓大量逃亡或死亡，加之不断地与车师前部争战，耗费了财力、人力。

当时，西出阳关的首站鄯善已面临土地沙化，高昌成为西域贸易的中转站，理论上应当富裕。但是，这个富裕并没有惠及百姓，加之沮渠氏滥施苛政，致百姓流离、民心丧失，沮渠氏政权的不堪一击便在情理之中。

公元461—465年，西域与中原的贸易之路顺畅，高昌的阚氏政权依旧处于骑墙的状态，虽已明显倒向柔然，但也认为北魏不可小觑。西域各国路过高昌、朝贡北魏的使者不断，波斯、疏勒、于阗、焉耆、子合、揭盘陀、破洛那等各遣使朝献，所献之物有农业和手工业特产、汗血马等，再现了“使者相望于道，商旅不绝于途”的繁荣景象。

到了公元466年，波斯、于阗、焉耆等西域诸国对北魏的朝贡增多，于阗甚至几乎年年朝贡。也许于阗真切地感到了生存的压力，选择与北魏绑在一起。

再看柔然这边，处罗可汗去世后，儿子郁久闾予成继位，号受罗部真可汗，取柔然语“仁惠”之意。这位柔然的第七任可汗也许受中原文化影响，依照中原王朝设置年号，以“永康”为其第一个年号。受罗部真可汗继位后，致力于与北魏和睦相处，曾多次向北魏王朝请求和亲，但都未成功。此时北魏与柔然的状态，几乎是数百年前汉朝与匈奴故事的重现。

柔然汗国连年向西北征战，草原部落成分已多元化，主体由鲜卑、铁勒、匈奴、突厥等族群组成，并相融合，所以人们称其为东胡之裔、鲜卑一支、匈奴别种等都有原因。柔然人的生活环境在北朝名歌中是这样的：“敕勒川，阴山下。天似穹庐，笼盖四野。天苍苍，野茫茫，风吹草低见牛羊。”

受罗部真可汗在柔然中使用年号，隶属于柔然的高昌傀儡政权放弃了“甘露”的年号，启用“永康”纪年，可见柔然对高昌国的控制力在增强。柔然的帝号加年号——“仁惠”加“永康”，这是一个不错的组合，对美好生活的向往是人类共同的愿景，可见中原文化的文字魅力已被草原族群所接受。柔然没有本民族的文字，在与中原的交往中学会了使用汉字。

公元464年的年中，北魏文成帝拓跋濬前往河西，恰逢归附北魏的高车五部数万人举行盛大的祭天仪式。皇帝拓跋濬亲自参会，这让高车人感到极为荣耀。第二年夏，巡游疆域归来仅两个月的拓跋濬病逝，年仅26岁。

20 高车进西域

高车，是北朝人对漠北役属于柔然汗国的一部分游牧部落的称谓，这源于这个部落擅于制作一种高大的车轮。草原的夏季牧草茂盛，冬季积雪层厚，为了便于转场，于是就有了一种高轮木车。这种车用桦木、柞（zuò）木制成，车轮大，车身小，结构简单，适合在草原、雪地、沼泽和沙漠地带行驶。用牛牵拉，一牛一车，车上设棚架，用芦苇、毛毡、皮革围盖，车辆首尾相连，可日行夜宿。

关于高车人的先祖，有一个悠远的传说：草原王有两位美丽的公主，美得如同天女下凡。到了婚嫁的年龄，草原王对臣下说：“我的女儿如此美丽，不能嫁于凡人，我要把她们嫁给天神。”于是他就命人在北方无人区建了一座高台，把两个女儿放在高台之上，然后让巫师对天祈祷，恳请天神接走这两个姑娘。就这样过了 3 年，并没有天神下凡。后来一只狼在高台下安家，日夜守着高台，夜里对月长啸。寂寞的小女儿对姐姐说：“台下的草原狼可能就是天神的化身，是上天派来迎娶我们的。”姐姐大惊说：“那是野物，你如果下去，有辱父母的厚爱。”妹妹不听，走下高台与狼共舞，草原狼化为勇士……之后小公主与勇士生下一个儿子，后来子孙不断繁衍，这一部遂成为高车人。所以高车人自幼便擅于引吭高歌，仰天长啸。草原部落多以狼为图腾，他们在狼群的围猎战术中学会了战争策略，而他们对狼的崇拜如同中原人对龙的崇尚一样。所以他们性格中具有狼性，善于团结协作，战则群起攻之。

高车人喜欢扎堆集会，祭天饮酒，酒后载歌载舞。但高车人并不种植稻谷，也不会酿酒，他们用牛羊与中原人交易，抑或掠夺。北魏人将用牛车迁徙的部落称为“高车”，部落自称为“敕勒”，而南朝人则称他们为“丁零”——与汉朝对他们的称呼相同。丁零人原本远离中原，小冰河时期由于严寒而被迫南迁。十六国时期，最早南迁的丁零人进入中原。入居黄河流域的丁零人首领翟斌曾在滑台建立过一个“魏”政权，史称翟魏，被后燕所灭，后燕又被北魏所灭，这部分丁零人遂融入北方汉人中。匈奴政权没落后，依旧生活在草原地带的丁零人，一部分受制于崛起的柔然汗国，一部分归降于北魏。丁零人并不是匈奴人，他们是语言、外貌、体型都与匈奴不同的种群。由于其先民生活于高纬度地区，丁零人形成了高鼻深目的特征，而肤色则与匈奴人相近。在匈奴统治漠北草原时，丁零部落臣服于匈奴。

汉武帝曾派一个叫卫律的使臣出使匈奴，此人后来投降匈奴，被匈奴单于封为丁零王，管理丁零部落。苏武在北海（今贝加尔湖）牧羊时，就生活在丁零人的部落中，娶丁零女子为妻，育有子女。

这支游牧部落的来龙去脉，应该是这样：高车等于敕勒或铁勒，约等于丁零，原因是丁零人与匈奴人、鲜卑人、柔然人、汉人于千百年间在不断地进行血脉融合。

北魏孝文帝拓跋宏时代，高车人形成六大部，其中有的臣服柔然，有的属于北魏。这支草原劲旅在与柔然、北魏的对撞中不断强大起来，此时的首领叫阿伏至罗，统领的草原部落有 10 万户。

高车人的性格粗犷豪放，但人心齐。他们作战时采用狼群战术，不讲阵法，左冲又突，忽出忽进。高车各家所牧牲畜有各自的标记，不设围栏，无相互侵占的事件。高车人有一个习俗，电闪雷鸣时，男人们张弓引箭射向空中，雨停后部落立即迁往别处。来年秋季，草黄马肥时，高车人再到前一年雷击电闪的地方埋下黑色的公羊，燃起篝火，女巫念着咒语，男人拔出配刀，骑着马环绕百圈，以祈求平安。

高车斛律部曾有一个英雄叫倍侯利，与柔然作战，失败后投奔北魏，被授以公爵。此人性格直爽，勇猛过人，屡立战功，所以在北魏，每逢孩子啼哭，母亲会说“倍侯利来了”，孩子立即停止啼哭。北魏的民谣中还有“嫁人就嫁倍侯利”的歌。倍侯利擅于用蓍（shī）草卜筮来预测吉凶，非常灵验。他死后的谥号为忠壮王。

从北魏建立到高车西迁时，高车与北魏时和时斗的关系已持续近百年之久。

再来说说受罗部真可汗继位后的柔然。虽然受罗部真可汗在位的 21 年里极力想与北魏建立友好关系，但由于生产、生活方式的差异，柔然属民依旧连年入北魏抢掠。或许这并不是受罗部真可汗本人的意图，但是草原部落众多，管理松散，很难形成中原王朝那种上下协同一致的管理层次。受罗部真可汗郁久闾予成病故后，接替汗位的是他的儿子，称伏名敦（意为永恒）可汗，姓名叫郁久闾豆仑。豆仑继位后，改年号为“太平”。这个梦想“永恒太平”的可汗却是个凶狠残暴、杀人成性的“草原狼”。柔然大臣侯医垔（yīn）、石洛候屡次对豆仑忠言相谏，建议豆仑与北魏和亲，结百年之好，不要动辄冒犯中原。豆仑听后勃然大怒，命人诬陷侯医垔、石洛候谋反，诛杀二人并夷灭其三族。豆仑这种粗暴的统治方式造成了柔然统治集团内部的众叛亲离。

又一年的八月，豆仑准备南下攻击北魏，命高车部落先行出击。高车副伏罗部首领阿伏至罗并不想与北魏为敌。从兵力和战斗力上来说，高车人无法与北魏抗争，而且部落民众驾驶木轮车行动缓慢，不便进退。于是，阿伏至罗劝阻豆仑放弃攻击北魏，但遭到拒绝。阿伏至罗跟堂弟阿伏穷奇协商后，决定脱离柔然的控制，分两路，率部开始向西迁徙。长达数年的西迁之路，由于牛拉的木轮车行动缓慢，最初并未引起柔然可汗的关注。当得知高车部落西迁已远时，豆仑派兵追击，但被击败。最终高车人进入西域，在高昌国的西北面建立了高车国。兄弟俩各自率领自己的部落沿天山游牧，阿伏至罗在北（大约在今新疆维吾尔自治区乌鲁木齐南山至乌苏的天山脚下），阿伏穷奇在南（大约在今新疆维吾尔自治区焉耆至伊吾一带的天山牧场）。兄弟二人分立，最初和睦相处。

高车西迁时，是西域历史上最为混乱的时代，北魏、吐谷浑、柔然、嚈哒都把势力伸进西域，力图控制弱小的绿洲城邦，在东西贸易中分得一杯羹。北魏灭北凉后，曾在焉耆、鄯善设置军镇，但从柔然侵于阗便可看出北魏在西域的势力似乎立足不稳。柔然汗国的势力直接越过天山，将高昌变为附庸，以达到从贸易之路获利的目的，甚至越过大沙漠控制于阗、子合等塔里木盆地西南沿的绿洲城邦。在帕米尔以西地区，嚈哒人击败萨珊波斯，占领了巴克特里亚的寄多罗部领地，进而占领了索格底亚纳后，很快越过葱岭，攻击于阗、焉耆等国。嚈哒的扩张不断遭到抵抗，不论是萨珊王朝的卑路斯，还是印度笈（jí）多王朝的塞建陀，都曾努力与嚈哒争夺领地，但都未能挡住这支强悍的游牧民族的铁蹄。在嚈哒的压力下，西域诸国寄希望于柔然或者北魏，纷纷遣使北魏，同时奔赴柔然汗廷，可见柔然汗国当时在西域的地位。

高昌，是东西南北各国交往的轴心地带。阚氏高昌作为柔然汗国的傀儡政权，在柔然汗国控制西域、交通南北时扮演着不可替代的角色。此时的高昌国正好居于高车两部的夹角处。控制高昌、驱逐柔然势力，对新建立的高车国来说势在必行。

到达西域的高车人立足刚稳，首领阿伏至罗立刻遣使北魏，表达愿与北魏联手对付柔然的意愿，北魏方面立即认可了高车在西域的地位。在高车人四面包围下的阚氏高昌王的日子，也就不好过了。

有关阚氏高昌国的记载在史料中只有只言片语。第一任高昌王阚伯周死后，其子阚义成继位。一年后，阚义成被堂兄（一作兄长）阚首归所杀，阚首归自立为高昌王，依旧奉柔然为宗主，使用柔然的年号。

在高昌古国出土的文书和文物，能够复活阚氏王国的那段历史。一些真实存在过的时间长河里的记忆碎片，将带我们走进一个上至官吏、下至百姓都鲜活存在过的现场。

当时，高昌官员的主要工作之一就是迎来送往，这些东去西来、需要官方接待的人主要是使者，其中多是柔然使者。柔然人出现在高昌，自然是来征收赋税的。高昌国为迎送这些人，出动的人数都在百人以上，有时高达 260 人，可见来者地位的不一般。有一位负责接待的主簿叫张绾（wǎn），他负责往来使者的衣食住行。有一个道士叫昙训，可能是柔然的国师。此人路过高昌时，张绾派出配有 30 匹马的卫队护送。迎来送往自然是要给客人准备礼物的，张绾还曾安排下属从国库中取出一匹疏勒锦，送给一位叫处论无根的柔然使者。一匹疏勒锦可以在当时的高昌买10头牛，可见柔然使者得到的待遇之高。

张绾还接待过乌苌（cháng）国使者和天竺婆罗门使者，乌苌和天竺是位于今印度河上游的古国。那个时间段，中亚、南亚均处于混乱中，北方游牧的嚈哒人势力正在向北印度渗透，与波斯、寄多罗和印度笈多王朝争夺南亚地区。公元474年底，乌苌、天竺使臣经过高昌向焉耆方向返回，使者也许代表王权利益去和柔然联系，寻求支持。

张绾还接待过大人物焉耆王，这位焉耆王叫什么已无从考证。北魏伐焉耆时，当时的焉耆王龙鸠尸卑那奔逃龟兹避难，焉耆成为北魏设置的军镇，后来镇将唐和、车伊洛先后去了平城，柔然人卷土重来，重立焉耆王，焉耆同样在柔然势力的控制之下。在阚氏高昌时期，焉耆王曾带了118人的使团和大量贡品去柔然王庭。这年发生雪灾，大雪封山，焉耆王和随从在高昌居住了很久，由这位张绾负责接待。出土的账本中记录了高昌百姓交纳柴薪供焉耆王过冬的记录。当时，焉耆王住在高昌王内城的国宾馆中，焉耆王取暖、饮食、驮马的柴草等都由高昌百姓供给。来年三月，焉耆王才由高昌派出的庞大卫队护送去了山北的伊吾。

高昌处于东西往来的路口，是西域贸易中道的必经之地，也是进出西域最快捷路线的必经之地。在这里，主要往来路线有两个方向：中原而来西去的商旅或使团经高昌去焉耆、龟兹、疏勒，越葱岭进入中亚、南亚乃至欧洲；反向的路线则是经高昌入关，进入敦煌的关隘进而抵达中原，或者翻越天山，转道伊吾，走草原路线到达柔然的王庭。

同一时期的威神城主张祖有一个账本，也记录了迎来送往的故事，提到百姓向被接待者提供的物品主要有柴草、苜蓿、葡萄酒、葡萄干等，提供的劳役包括建住宅、作家具、送烧炭、作器具。

当时的焉耆人爱音乐，喜歌舞，所以焉耆王的随从中还带有乐师和化妆师，他们所需的用度也由高昌负责。焉耆王来时，为了隆重地迎接，高昌还专门装修住宅，制作豪华的家具，并增派杂役。因为距离高昌城近，高宁县（今新疆维吾尔自治区吐鲁番市葡萄沟）的百姓出力最多。每次送使，其他城镇多者二三十人参与，少者数人甚至无人参与，高宁县则基本上每次都有 80 余人参与。为招待焉耆王，阚氏高昌付出了大量的人力和物力。

焉耆王等客使的到来，人马众多，草料需求剧增，高昌王便从高宁征收部分苜蓿作为补充。此外，高昌王还征调百姓的车、驴等交通工具，还得向客使提供一种用当地广泛种植的叫红蓝的植物做成的化妆品。

柴草、器具和劳役的提供者名单里，没有阚、隗、索、张这类当时高昌的大户人家，可见一切供给皆出自普通百姓。

提到人间的烟火气，下面这首五言诗真实地反映了高昌当时的社会生活。

富饶田舍儿，论请实好事。
度种如生田，宅舍青烟起。
槽上饲肥马，仍更买奴婢。
牛羊共成群，满圈养生子。
窖内多埋谷，寻常愿米贵。

里政追役来，坐着南厅里。
广设好饮食，多须劝遣醉。
追车即与车，须马即与马。
须钱便与钱，和市亦不避。
索面驴驼送，续后更有雉。
官人应须物，当家皆具备。
县官与恩宅，曹司一家事。
纵有重差科，有钱不怕你。

贫穷田舍汉，庵子枕孤栖。
两共前生种，今世作夫妻。
妇即客舂捣，夫即客扶犁。
黄昏到家里，无米复无柴。
男女空饿肚，状似一食斋。
里政追庸调，村头共相催。
幞（fú）头巾子路，衫破肚皮开。
体上无裈（kūn）袴，足下复无鞋。
丑妇来恶骂，啾唧搦（nuò）头灰。
里政被脚蹴，村头被拳搓。
驱将见朋友，打脊趁回来。
租调无处出，还须里政赔。
门前见债主，入户见贫妻。
舍漏儿啼哭，重重逢苦哉。
如此更穷汉，村村一两枚。

当时的高昌按中原郡县的层级管理，诗中提到的里政，是当时乡镇里掌管户籍、赋役的小吏。简单翻译一下这首作者和出处已无从考证的诗歌。诗中说了两种人家，第一种是有钱的世家大族。他们家庭富裕，田产众多，养着壮马，牛羊成群，子孙满堂，家有奴仆。里政来的时候，坐在客厅里，好酒好菜供着，不醉不归。要车给车，要马给马，要钱给钱，主人与客人互不避讳。里政来去有人接送，走的时候还有礼物相送。官吏需要的东西，大户人家都是准备好的，要什么给什么。自家事也跟官府事一样，就算摊上了大事，也可以用钱摆平。第二种是贫困的百姓。他们有的连老婆都娶不起，纵是成家的，也是穷人嫁穷人。女子帮人磨米面，男子帮人种地。晚上回家时，家里无粮无柴，只能饿着肚子，锅里只有一碗粥。里政唱着庸俗的小调来村里催税时，村民头上戴着破帽子，衣衫破得可以看见肚皮。裤子上都是洞，脚上没有鞋。村妇在村头骂里政，甚至把灰撒到里政的头上，于是矛盾产生，双方发生争执，相互之间拳脚相加。里政打输了，就会找来狐朋狗友报复。穷苦的百姓不但租赋无从出，还得给里政赔偿。穷人的门前是债主，室内是贫妻，屋漏儿哭如受灾。

从公元 474 年六月到次年闰三月，短短数月之间，与焉耆王规模相当的诸如乌苌、婆罗门、子合等国的使者及柔然所派使者多批途经高昌。阚氏高昌大量的杂税和差役都耗费在招待往来贵族或各国使节上。由于柔然对阚氏高昌的盘剥，当地的百姓负担沉重，所以高车人来到高昌后，很容易就推翻了阚氏政权。

张绾接待的还有来自南朝的使者。北魏居于柔然与南朝的中间，所以南朝的使团得绕道益州（治所位于今四川省成都市），经吐谷浑进入西域的高昌，再由高昌进入柔然的领地。公元 478 年的时候，南朝的刘宋曾派遣骁骑将军王洪轨出使柔然，与柔然相约，两面夹击北魏。第二年八月，柔然出兵30万南侵，但此时刘宋王朝已灭亡，南齐的萧道成因为刚上位，并未参与夹击行动。直到5年后，王洪轨才经高昌回到南朝，声称途经3万余里。

高车人进入西域，建立高车国，时任高昌王的阚首归对高车首领阿伏至罗阳奉阴违。阿伏至罗得知详情后，怒诛阚氏王族，拥立高昌士族张孟明为高昌王，立国28年、传两代的阚氏高昌国灭亡。《魏书·高昌传》对阚氏高昌国的记录仅有52个字，少量其他史料中也仅有对高昌人以及其生活环境的简短描述：每当夕阳西下，一群群的乌鸦成排立于高昌王府的大殿前。它们不怕人，日出时便四散而去。高昌人说汉语，学五经，读历代史、诸子百家；面如中原汉人，长发扎辫，穿用麻布做成的窄袖长袍；黄土筑城，架木为屋，屋顶覆土；种植五谷，吃牛羊肉，喝葡萄酒。

高昌盛产一种“冰酒”，是用当地的无核白葡萄酿的。将葡萄去皮捣碎后入缸，加入高度原酒发酵。之后，渣沉液出，酒液稠如蜂蜜。再将原液入瓮窖藏5年，溢出水分，酒液更稠。最后，将酒液装入罐中。用筷子蘸起此酒，如糖稀挂丝，满屋飘香。入口，第一口感是清凉、香甜，咽下时，如吞火球，浑身发热，再喝就醉了。这酒当然是世家大族的上品，百姓也就是喝坎儿井水的命了。

高昌地处东西交通要道，贸易繁盛，交易的货物有金银、玉石、生丝、香料、药材、纺织品以及棉麻、布匹等，且交易量很大。生丝、香料、药材等动辄数百斤，有些是手工业者二次加工所需的原料，更多的则是成品贩卖，多由中亚商人从外地运来，在此倒货中转。他们在此或零售经营，或从事大宗货物批发。当时，高昌对市场交易所征税赋叫“秤价钱”。由于货物的交易量、交易额巨大，商税成为当地官府的一笔可观的收入。除货物外，买卖奴隶的市场也很火爆。

阚氏高昌灭亡后，记账的纸张被当作废纸，用来给死人做成纸制贡品，随墓主埋于地下。穷苦百姓死后用破席子一卷就埋了，不留下一丝痕迹，能用有这些官方记录的纸做贡品的自然是官员。千百年后，我们才从零星的记录中了解到一些与阚氏政权相关的蛛丝马迹。

下部

大 融 合

XIYU

炎帝代表着农耕族群，黄帝代表着游牧部落。如果沿史料记载向上溯源，羌、氐是炎帝的后裔，匈奴、鲜卑是黄帝的后裔，羯是源于西域的牧羊人，因其曾附属于匈奴，故又被称为“匈奴别部”。五胡与中原华夏人同是炎黄子孙。

华夏文明是一个文化概念，并不是单纯的血统概念，是建立在汉文化基础之上形成的具有共同价值观的族群所共同建设、认可的一种文明。如果我们用上面的概念去套，五胡只是中国范畴内不同地域的人。他们虽生活的地域不同，风俗各异，但他们同为炎黄子孙。这就是中华民族共同体的基本内涵。正因如此，在一本叫《文明的冲突》的书中，作者亨廷顿提出“中国不是一个国家，而是一个伪装成国家的文明”。

在历史的长河中，中华大地分分合合。无论哪个王朝，主政者是汉人也好，胡人也罢，都认为自己继承了前朝的正统。他们有一个共同的目标，就是实现国家统一，恢复曾经的盛世。对“中华民族”一致的认同感，同时让我们遇到外敌入侵时，同仇敌忾、目标一致。

在人类的历史上，先后出现了多个文明，但其他都被野蛮所征服，唯独中华文明从未被征服。掌握这种文明的民族，是韧性十足的民族——弱如流水，强若坚冰；来犯必驱，来客相迎；不惧战争，更爱好和平。

01 高车、高昌、柔然、嚈哒的角逐

由于高车人建国，伊吾成为孤城。柔然汗国的伊吾驻军将领高羔子率部3000投降北魏。柔然别部酋长叱吕勤得知高羔子降魏，也率部投降。

站稳脚跟的高车王阿伏至罗与兄弟阿伏穷奇遣使北魏，将两支箭作为贡品献给拓跋宏，不知道此举是不是要展示他们的铸造工艺。他们还让使者带话给孝文帝拓跋宏，大意是说，柔然人是大魏天子的叛贼，臣下多次劝他们不要与大魏为敌，但他们不但不听，还多次发动边境战争。所以我们带自己的部落到达西域，脱离了柔然人的控制，不与大魏为敌，并愿意为魏天子征讨、消灭柔然。

但是，拓跋宏并没有立即相信高车王的诚意。他派出使者前往西域，以探高车人的虚实。最终，拓跋宏下定决心打击柔然。他命10万步骑兵分3路从东、中、西全线出击，越过大漠北伐，迫使柔然势力向西迁移。领军的很多将军是拓跋氏家族的成员。北伐军总指挥是孝文帝的堂叔、怀朔镇将、阳平王拓跋颐。同时，拓跋宏重用汉人将领陆睿，让其与拓跋颐搭档。

阿伏至罗连年派出使臣朝贡。在正式出兵之前，北魏再次派出使

臣出使西域，分别赏赐给阿伏至罗和阿伏穷奇绣花袄裤、罩甲若干和丝绸 100 匹。此二人当然很高兴，请求在西域攻击柔然，配合北魏的行动。

此时的柔然可汗是郁久闾那盖，称为候其伏代库者可汗，年号太安。之前祈求“永恒太平”的郁久闾豆仑已被部下所杀。很多时候，堡垒是先从内部垮掉的。北魏大军能横扫草原，就是因为柔然内部矛盾重重、危机四伏。

高车人西迁时，郁久闾豆仑与郁久闾那盖率军分两路进行追击拦截，一路从浚稽山出发向西追击，一路从金微山出兵向东拦截。豆仑所率军队多次被高车阿伏至罗部打败，加之豆仑性情残暴，嗜杀成性，导致众叛亲离。而那盖的军队则数次拦截成功。于是柔然部落长们都认为屡立战功的那盖有神灵帮助，预谋推立那盖为部落联盟的首领。那盖是豆仑的叔叔，起初他坚决不同意，对众贵族说：“我做部落长都常常犯错，怎么能当可汗？”那些部落长就暗中联手，杀死了豆仑母子，然后推举那盖成为柔然的新可汗。

这位新可汗面对来势汹汹的北魏大军，也只有跑路的份儿了。

在西域，由于伊吾守将高羔子的投降，高车人又与北魏联手对付柔然，这让柔然在西域天山以南的势力开始萎缩。

5 世纪末年，北魏与南齐大战不断。此时，打乱西域格局的是高车人。

高车人性格粗犷，很难被役使。下面来说说高车人的礼俗。高车男女婚嫁有一套特别的程序。娶妻的聘礼是牛和马，骏马由女方来挑。流程是这样的：男方用高轮大车把马驱赶到车围中，让女方随意挑上等好马。代表女方的选马者挑好后，光着膀子的勇士跨上骏马。

这时候，男方会想办法惊吓马匹。如果骑手没有从马背上掉下来，则认为这是一匹温顺的良马；如果马受到惊吓而狂奔乱跑，把马背上的骑手甩下来，就要重新挑选，直到选到商定数额的良马为止。

迎娶新娘那天，娘家人准备奶酪、大块煮肉宴请来客。没有尊卑远近的礼仪之分，大家在毡房前围坐，饮酒到日落，娘家留迎亲的人住下。第二天早餐后，迎亲的队伍带新娘返回婆家。女方回门时，男方会在女方家的马群中挑选陪嫁的良马，新娘的父亲、弟兄就算舍不得，也不会拒绝。

高车人与匈奴人不同，他们没有继婚制，非常忌讳娶寡妇，但是对这类女子很关照，不会欺辱或强夺属于她们的牛羊。高车人的葬礼也很独特，通常是在地上挖墓穴，把亡者的遗体放置在坑里，然后按亡者生前的样子给遗体佩刀挟矛，或让遗体呈张臂引弓状。墓穴并不掩埋，任由大漠风沙自然吹平，或遗体由鹰、狼吞食。如非正常死亡，众人会为亡灵祈求福祉；如果是自然死亡，则进行祭祀。宰杀牲畜后将骨头焚毁，众人跑马绕圈，呼啸着多达数百圈。一般的婚丧嫁娶，部落里的男女老幼都要集会。葬礼上，除了死者家属悲吟哭泣，其他人喝酒、唱歌、跳舞，如同节日。

高车人逐水草而居，畜养的牲畜种类与柔然相同，只是高车人的车轮高大，车辐很多，这足以说明，柔然人与高车人所生活的地表生态有差异。

高车部落是游走的行国，有 12 个大姓：泣伏利氏，吐卢氏，乙旃氏，大连氏，窟贺氏，达薄氏，阿山仑氏，莫允氏，俟（sì）分氏，副伏罗氏，乞袁氏，右叔沛氏。也由此形成 12 个大部落，迁往西域的只是副伏罗氏的部落。

高车部落联盟强大时，常与柔然争夺草场，也越过长城劫掠。北魏建国初期，道武帝远征并击败高车各部，高车各部对北魏极为恐惧。北魏曾将俘获的高车部落迁至平城，建造养鹿的苑囿，南至台阴，北到长城，东围白登，西连阴山。高车侄利曷（hé）莫弗敕力犍部的900余部落归附后，头领敕力犍被封为扬威将军，按汉制为其设置司马、参军，赐谷2万斛。后来高车解批莫弗幡豆建也率领部众归附，被封为威远将军，北魏亦为其设置司马、参军，赐给衣物，每年为其供给粮食。

北魏太武帝驱逐柔然后返回，到达漠南时听说高车东部部落在已尼陂，人畜很多，离北魏军队千余里，就打算派左仆射安原等人征讨。司徒长孙翰、尚书令刘洁等人劝谏，太武帝不听，派安原等率新归附的高车军队万骑前往已尼陂。高车各部看见官军，纷纷投降。北魏缴获牛羊百余万，投降的人被迁置在漠南纵横千里的地域上，依旧逐水草而繁衍生息。由于北魏提供大批粮食，这些部落才开始食用谷稻，并年年向北魏朝贡。这让北魏的马、牛、羊价格低廉，毡革堆积。

公元494年，北魏孝文帝迁都洛阳。之后，他曾召集驻守长城一线的高车部众南征南齐。但高车人不愿向南长途远征，于是他们推举袁纥（hé）树者做首领，向北逃亡，返回他们的故土即贝加尔湖一带，游动的踪迹一度到达金陵——最早埋葬北魏历代帝后的墓地。北魏早期的帝王墓，相传地下建筑规模宏大，但史籍中却从未讲明金陵的准确位置。鲜卑人早先的习俗是，人死后深埋地下，并不设地表标志物。送葬队伍中的灵柩中并无死者，所葬地只是划定一个范围，死者生前的车马用具全都焚烧，算是随亡者而去。金陵的位置大概在当时的盛乐城（位于今内蒙古自治区呼和林格尔县）或云中城（位于今内蒙古自治区托克托县）附近。

高车部远遁，孝文帝元宏（孝文帝推行汉化改革后，将姓氏“拓跋”改为“元”）派征北将军宇文福追击，但宇文福所部被高车人打败。孝文帝再派平北将军元继出兵讨伐。元继采用怀柔的办法，派人慰劳高车头领树者。后来，这部高车人进入柔然地域。不久他们就后悔了，又投奔北魏，或许是元继的怀柔政策起到了作用。

高车迁入西域的只是副伏罗部。当时的首领阿伏至罗立高昌士族敦煌人张孟明为高昌王后，派出官员监国，高昌的税收多归高车部落。高车人喜欢蹲着，这与当时中原人喜欢跪坐、盘坐明显不同。蹲的行为让高昌贵族们觉得很不雅观，觉得自己和高车人不是一类人。平时交往，高车人也不懂得回避的礼仪。高昌人对来自高车的压榨忍无可忍。此时高车内部矛盾不断。阿伏至罗在西域立国已 10 年，得到了北魏的支持，开始无所约束，残暴的个性得以张扬。后来，阿伏至罗的长子与阿伏至罗的妻妾通奸，并企图谋杀阿伏至罗篡位。计谋泄露后，高车王阿伏至罗大开杀戒，也大失民心。

作为高车的傀儡国，高昌国人对高车国的痛恨转移到高车所立的傀儡高昌王张孟明身上。于是，在高昌贵族的精心策划下，张孟明被杀，他们拥立高昌世家大族的马儒为高昌王。

对于刚上位的马儒来说，既然要反高车，自然就会投向柔然。当上高昌王后，马儒马上派人联系柔然。但是，走出盆地的使者发现，周边的环境对高昌极为不利。此时，柔然驻伊吾的戍主高羔子已率部归附了北魏，与高昌相邻的东面有与北魏结盟的高车，北边有与柔然敌对的嚈哒人，往南和西则是北魏控制的鄯善和焉耆。高昌国王马儒只能蛰伏起来。但是，在夹缝中的小国高昌必须做出选择，以图平安。马儒思来想去，在众贵族的支持下，他还是觉得回归北魏靠谱。

马儒本是敦煌人，当初他随北凉沮渠政权迁到高昌。高昌国小力弱，处于高车与柔然之间，无论倒向哪边都会引起另一方的攻击。马儒被高昌贵族推立为王，并未得到高车的许可。一旦高车问罪，兴师来攻，马儒将无力抵抗。为了自保，无可奈何之下，马儒决定举国内迁。

太和二十一年（公元497年）秋，高昌国国王马儒派出司马王体玄到北魏进贡、呈表，请求北魏派军队迎接高昌全体国民迁往中原。当时，孝文帝非常高兴，命明威将军韩安保护送王体玄返回西域。韩安保至伊吾后，与王体玄商定了迎接的地点和方式。孝文帝的意图是，划出伊吾土地方圆五百里，以容纳高昌国军民。

王体玄从洛阳归来，传达了魏孝文帝的旨意。迁至伊吾，这并不符合高昌国民的心理预期。原本决议内迁时，高昌人是想进入河西地带的。高昌人的先辈多是“八王之乱”时为避乱而从河西迁来。几代人过去了，让土生土长的高昌人内迁河西可行，但迁至伊吾则不行。伊吾距高昌800里左右，那里是东天山下的草原地带，与高昌的盆地气候截然不同，游牧可行，耕种无门。伊吾没有摆脱高车或柔然这些游牧政权的控制范围，且那里是草原大通道上的“围栏”，无城可据。迁至伊吾的消息传来，高昌举国震动，原本支持内迁的贵族开始反对，说伊吾不如高昌富裕，背井离乡，也没解决问题，还不如留在高昌。不管是高车人还是柔然人来了，也只是换个傀儡，不会屠城，自毁一块税收沃土。何况历经百年的经营，高昌已是家园。于是，在贵族的谋划与谣言的传播下，高昌人心不稳。

从魏孝文帝的角度来说，高昌人迁至伊吾有利于稳定经营西域的路线。而如果人口众多的高昌居民进入河西，则他们有可能因土地问题与原河西居民发生冲突，从而引发变乱，两汉时期就发生过类似的故事。

但对于高昌王马儒来说，开弓没有回头箭。马儒派出左、右长史巩顾礼和麹（qū）嘉，命他们率骑兵1500人，按约定时间迎接北魏驻伊吾的明威将军韩安保所率领的接收部队。但在指定的地点，他们并没有见到韩安保的军队。

这里存在一个巨大的谜团，我们可以做个推测。反对迁伊吾的右长史麹嘉从中作梗，并没有率军到达约定的地点羊榛（zhēn）水（可能是今新疆维吾尔自治区哈密市七角井一带），这里是伊吾与高昌的交界处。在相约的时间段里，明威将军韩安保的部队与高昌的军队在两个不同的地点等对方，在约定的时间内均未见到对方。于是，右长史麹嘉率高昌军原路返回，而北魏的伊吾军似乎驻扎在约定点，并派出了12人的先遣队到达了高昌，了解高昌失约的情况。

此时的马儒有所醒悟，开始怀疑右长史麹嘉从中作梗。此后，马儒为表诚心，再次派出可靠的左长史巩顾礼和儿子马义舒，前往迎接明威将军韩安保。而马儒带东迁的贵族、百姓走到距高昌一百六十里的白棘城（今新疆维吾尔自治区鄯善县鲁克沁镇）时，众人不愿再走，发生了政变。马儒被杀，高昌国的三号人物麹嘉被推举为王。

左长史巩顾礼与马义舒在约定的地点见到了明威将军韩安保。几天后，政变的消息传来，此时兵力不足，地形、实力都不容他们与高昌军队为敌，韩安保只得带巩顾礼、马义舒返回洛阳复命。

我们来看看高昌新王的家族史。麹嘉，字灵凤，金城榆中人。

早在西晋时代，金城的麴氏与游氏家族就是名门望族，当时就有民谣唱：“麴与游，牛羊不可数，南开朱门，北望青楼。”“朱门”，是王侯贵族为表示尊贵，将府第的大门漆成红色。“青楼”，本意是指用青漆涂饰的豪华精致的楼式建筑。由此可见麴氏家族富甲一方。麴氏祖上是西晋的高官，担任过领军将军、西戎校尉、雍州刺史等职，后人又成为北凉割据政权的官员，随沮渠无讳西迁高昌，成为高昌的望族豪强。

就在高昌王马儒迁国前夕，柔然人得到消息，立即派出5000铁骑突袭高车。而高车王避过柔然锋芒，化整为零，规避柔然人的进攻。柔然的势力返回高昌，税赋如故。此时的麴嘉虽摄政称王，但使用柔然“太安”的年号，听任柔然人索取贡赋，以保全高昌的国运。直到公元502年，麴嘉才确立高昌自己的年号为“承平”，麴氏高昌国成立。

南北朝时期，在西域广袤的土地上，又一个叫嚈哒的草原帝国悄然登场。嚈哒在史料中有多种称谓，比如厌达、悒怛（yìdá）、厌怛、挹阗等。在西方的史料中，嚈哒人又被称为匈人、白匈奴。厌达等音译而来的称谓加深了人们对这个陌生种群的神秘感。嚈哒人自称为匈奴人。

对于现代人来说，当看到历史中陌生的种群名词时，想到的第一个问题是：他的先祖是谁，他的后代是谁？我们拉长历史，来探究一下嚈哒人的身份。

受认知、视野范围所限的古时，人们普遍认为地球是个平面，农耕群落受高山、河流所阻，流动性小，守土为安。但是逐水草而居的游牧部落则沿着大草原贯通东西，最早连通欧亚的道路是游牧民跟着牛羊踩踏出来的。于是，有了搅动世界大格局的草原帝国。游牧民时而跨过北纬 40 度线纵向抢掠农耕民族的粮食物产，时而沿着草原地带横向吞并弱小的游牧部落，甚至抢婚的习俗在其间延续了数千年。嚈哒就是这类游牧部落的典型代表。

嚈哒人没有文字，他们刻木记事。有文字的中原人碎片化地记录了他们的历史。这个出自塞北的游牧族群，迅疾而来，威震中亚，又呼啸而去，给后人留下许多未解之谜。翻开尘封的历史，我们可以还原这部游牧人的部分过往。

嚈哒王国也被称为滑国，居金山（今阿尔泰山）之南、于阗之西。东汉时，当时一个叫“八滑”的首领是车师后部的贵族，算是嚈哒首领的先祖。他曾随西域长史班勇讨伐北匈奴，立有战功，被东汉王朝册封为车师后部的亲汉侯。嚈哒在魏晋时期没有与中原交往的记录，这段时间嚈哒人应该沿草原进入了中亚，开始了在葱岭之外的征战和融合。他们越过阿尔泰山，经过伊犁河进入中亚。中亚的阿姆河、锡尔河流域是白种人的生活区域。嚈哒人与当地人通婚，于是肤色发生了变化。

嚈哒最初并不是部落名称，而是部落曾强盛时一位部落长的名字。在中亚，嚈哒人控制了索格底亚那及柴拉夫善河流域的粟特人地域。这里是连通东西的贸易要道，粟特人在这条商道上赚得盆满钵满，控制了粟特，也就控制了钱袋子。这之后，嚈哒人阻止了柔然的西进，控制了西域南部诸国，迫使波斯称臣纳贡。

原本隶属于柔然的嚈哒王国崛起后，王室与柔然通婚，据说有三位嚈哒王先后娶了柔然首领的姐妹。嚈哒人的语言与吐谷浑人的相通。因为源于塞北，嚈哒人在血源上与鲜卑、高车、匈奴、羯等都有着千丝万缕的交叉与融合。

嚈哒人的婚俗很独特，民间兄弟共妻。塞北游牧人有继婚制，并没有一妻多夫的传统，而当时中亚的白种吐火罗人有这种婚俗。当时嚈哒人与吐火罗人杂居，吐火罗的婚俗就是兄弟同妻。入寝时，一人在户外挂自己的衣服为标志，其兄弟自然回避。女人生了头胎，孩子属长兄所有。

嫁人的女子会戴一种帽子来显示夫家兄弟的情况，丈夫无兄弟就戴一角帽，多兄弟则有几个就戴几个角的帽子。贵族则一夫多妻，诸妻一般分居。嚈哒王的诸妻住处相隔二三百里远，他每月去一处。

嚈哒人不蓄长发，着窄袖长袍，戴有项链、项圈之类的装饰物，使用镶有金玉的腰带。他们的语言与柔然、高车人的不同。

嚈哒人无固定的城郭，逐水草，住毡房，有冬夏不同的游牧地，夏迁凉土，冬居暖处。王位的继承方式一般不采用嫡子继承的办法，可能是兄弟继承，也可能是长子继承。王国刑罚严峻，只要偷盗便要被腰斩，且盗一罚十。

嚈哒人葬礼的习俗是富家累石为墓，贫者掘地而埋，以木为棺，生前物品都要随葬。父母死，儿子要割耳为痛。嚈哒人崇拜天神、火神，每天出门前要跪拜神灵，然后才可出门。饮食前亦要拜神。

嚈哒人凶悍，战力强，人人善射。北魏初年，嚈哒还是臣属于柔然的小国，后来向西征伐，当在中亚站稳脚跟、实力强大后，其势力回流，控制了西域南部众多城邦，目的是维护商道的安全与畅通。此时，嚈哒的势力范围已达波斯、安息、罽宾、焉耆、龟兹、疏勒、姑墨、于阗等 40 多个城邦国，这些无力对抗的城邦国被迫臣服于嚈哒。

伊犁草原上一个在两汉曾强大一时的草原王国——乌孙，几乎随着柔然的崛起、嚈哒的西迁而消失在历史的长河中。

北魏太武帝拓跋焘派董琬、高明出使西域时，两人还曾与乌孙王把酒言欢。此后几年中，柔然人冲进七河流域，与乌孙争夺地盘，乌孙部落分散。措手不及间，乌孙王室向西迁徙到葱岭山中。当时，乌孙国并没有灭亡，还曾多次出使北魏朝贡。渐渐地，西域来使的名单中没有了乌孙使者的名号，乌孙人在西域的声望被嚈哒人替代，彻底消失在史料中。在外来势力的攻击下，乌孙王国解体，部落联盟离析，乌孙贵族无力重新建国。其实，乌孙国消失，只是乌孙王权的消失，百姓并没有消失，也许嚈哒、柔然与乌孙至此开始融合，共同生活在一片草原上。

在高车内忧外患时，嚈哒曾主动出兵帮助，名义上是助高车、协北魏以击柔然，实则是控制西域的商道。

虽然麹嘉成了高昌王，但高昌处于夹缝中的生存环境并没改变，嚈哒、柔然、高车将高昌视为利益的平衡点。中西至西域的商道并没断，商道上的生意会给嚈哒带来丰厚的利益。这时候，三方的势力范围大致可以这样区分：嚈哒人占据了由中原通往中亚的天山以南的南北道的关键交易点，涵盖于阗、疏勒、龟兹等地；柔然人占据了中原通往中亚的草原之道；而高车人在东天山一带极力控制着高昌。高昌在三股势力的觊觎下不得不见风使舵。

嚈哒势力越过焉耆向东发展，自然会与高车国发生碰撞，最早与嚈哒发生冲突的是阿伏穷奇。游牧部落并没有常备军，当铁骑配战甲的嚈哒人冲入阿伏穷奇的领地时，高车人被各个击破。这位在与柔然人的作战中屡战屡胜的阿伏穷奇，在与嚈哒的冲突中战死，他的儿子弥俄突、伊匐、越居被俘，高车南部部落被嚈哒势力所控制。阿伏穷奇所部四散而去，或投降嚈哒，或投奔柔然，或投奔阿伏至罗处，或投奔北魏。投奔北魏的那部分被安置于高平镇，这是位于今天宁夏南部的一个军镇。这件事大约发生在公元 500 年。

高车王阿伏至罗与堂弟阿伏穷奇当初率部西迁，与柔然追兵数次交锋，兄弟俩同心协力，同生共死，感情甚好。在西域建国并称高车王时，阿伏至罗就确定了阿伏穷奇为储君。阿伏穷奇被嚈哒人所杀，部落解体，这对阿伏至罗无疑是巨大的打击，让阿伏至罗变得残暴起来。他大开杀戒，于是众贵族为了自保，杀死了阿伏至罗，立贵族跋利延为高车王。

一年多后，嚈哒人再次攻击北部高车本部，杀死新立的高车王跋利延，立阿伏穷奇的儿子弥俄突为高车王，高车成为嚈哒的附庸，这是嚈哒人首次干预高车王的废立。嚈哒人派出监管官员，军队退出高车，寻找下一个攻击目标。

公元 506 年，柔然汗国可汗郁久闾那盖去世，儿子郁久闾伏图继位，称佗汗可汗（第十任），年号始平。郁久闾伏图派使节前往北魏，请求和解。北魏皇帝元恪对使节说："柔然先祖豆代可汗曾是北魏的叛臣。王朝过去对柔然一直大度包容，互派使节，如今柔然汗国衰败，已不如当年，而北魏国力则正值高峰，可比肩两汉。只因长江以南的南梁还没有平定，所以对柔然有所宽容，但与其以平等的地位和平共处是不可能的。如果柔然能尽到藩属的礼节，诚心归附，北魏绝不会亏待柔然。"

柔然使臣悻悻而去。这之后，郁久闾伏图再派使节出使北魏，献上貂皮大衣，元恪拒绝接受，也未派人回访。

在西域，麹嘉被推举当高昌王时，柔然可汗是郁久闾那盖。对于这位可汗，高车有所顾忌，因他曾多次打败高车人。为了自保，麹嘉上台之初投向柔然。郁久闾那盖死后，郁久闾伏图继位，柔然开始衰败，所以郁久闾伏图极力想与北魏搞好关系，才有了两次主动遣使通和，而高车也多次向北魏上贡示好。在西域问题上，北魏王朝上至皇帝，下至官员，似乎更愿意坐山观虎斗，对于高车与柔然之争不参与、不支持、不表态。而在嚈哒人的支持下，高车的势力已越过北天山并到达东天山一带。

当然，日子最难过的是高昌，处在高车、柔然、嚈哒三股草原势力此消彼长、变幻莫测的现状下无所适从。高昌贵族中的内迁派再一次占据上风。

高车、柔然争相遣使的背景，在于双方一直处于对抗状态，高车与柔然的目的一致，都想借用北魏的实力打击对手，为争夺西域的霸权而寻求北魏的支持。

处在夹缝中的高昌则无所适从，随时有被殃及的危险，故为求自保而寻求内迁。在此情况下，北魏对待各方的态度及其在西域的政策，对西域政局的演变将产生决定性的影响。于是，麹嘉派出侄子麹孝亮出使洛阳。这次出使的目的与几年前一样，还是请求举国内迁中原，请求北魏出兵迎护。对于高昌再次请求内迁，洛阳方面极为重视，做了周密的安排。

也就是在柔然献貂皮大衣这年，高车王弥俄突率军攻击柔然汗国，跟郁久闾伏图的大军在蒲类海（今新疆维吾尔自治区巴里坤湖）会战，双方相持日久。高车军队遂向西移动三百余里，靠近了高昌地界，而郁久闾伏图所率的柔然军队则在伊吾境内的天山北面扎营。刚好，龙骧将军孟威奉命，率驻凉州的3000人迎接高昌内迁的队伍到达伊吾。而高昌前期接头的军队在去伊吾的路上发现高车军队，以为是高车人的截击部队，随后退回高昌，以观事变。

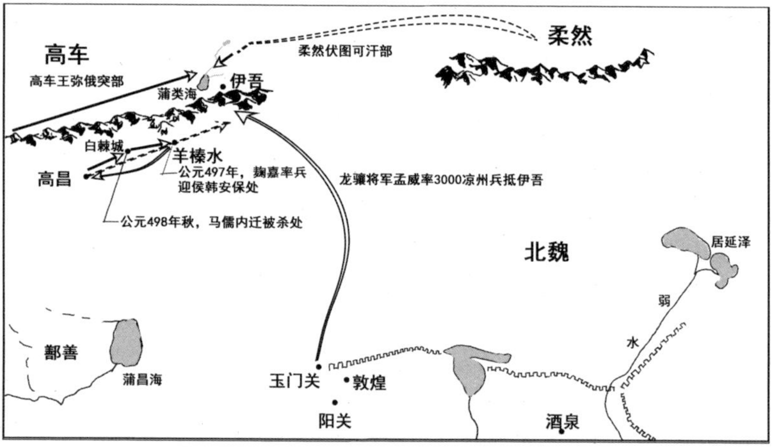

高昌两次举国内迁示意图　李东绘制

柔然人突然发现北魏的骑兵出现，以为北魏协助高车伐柔然，立刻向草原地带撤离。高车王弥俄突也以为是北魏援助高车的军队到达，立即率军追击柔然军队，大破柔然军。在蒲类海北边，高车军队斩杀郁久闾伏图，割下头颅送给北魏龙骧将军孟威，并派人前往洛阳进贡，献焉耆的龙马及貂皮等土产。北魏宣武帝元恪很高兴，立刻派使臣回访高车，赏赐乐器、乐工及丝绸作为奖励。高昌的军民并没在约定时间到达，于是，龙骧将军孟威率部队返回凉州。这件事发生在公元508年。

高昌放弃了内迁，原因有三：一是柔然衰败，不再对高昌构成威胁；二是高车与高昌达成了某种协议，减少了高昌的税赋；三是高昌得到了北魏的支持与承诺，双方达成一致意见，由高昌维护贸易之路。

公元 508 年，柔然可汗郁久闾伏图的儿子郁久闾丑奴继位（第十一任），称豆罗伏跋豆伐可汗，年号建昌。对于郁久闾丑奴来说，高车人的杀父之仇他是一定要报的。

郁久闾丑奴凶狠彪悍，精于骑射，善于用兵。经过几年的休养生息后，柔然再一次远征西域的高车领地，并生擒高车王弥俄突。接着，一段残忍的草原复仇被实施，丑奴命人用绳索捆住弥俄突的双脚，拴到一匹烈马后面，然后鞭打烈马，使其狂奔，把弥俄突活活地拖死了；然后砍下人头，涂抹上漆，做成酒碗，算是为父亲报仇。邻近的原本臣属于柔然汗国、后又背叛而投降高车的小部落逐个被击灭，柔然汗国再度崛起。但是，高昌似乎没有受到影响，这当然是北魏支持高昌王麹嘉的结果。北魏宣武帝元恪去世前两年，高昌王麹嘉就已经被洛阳方面册封为使持节、车骑将军、司空公、都督秦州诸军事、秦州刺史、金城郡开国公。

弥俄突死后，高车大部逃向焉耆属地，嚈哒人立即做出反应，接纳来投的高车百姓，立弥俄突的弟弟伊匐为新的高车王。伊匐休整后率百姓重返高车故地。这是嚈哒人第二次干涉高车王的册立。伊匐继位后立刻遣使向北魏称臣，于是，洛阳方面下诏封高车王伊匐为镇西将军、西海郡开国公。高车隶属于北魏，这让嚈哒人也不敢小觑。

高昌与高车所占的西域地盘，名义上是属于北魏的领地，麹嘉和伊匐成为北魏的诸侯王。但是，高昌毕竟远离中原，高车、柔然、嚈哒在西域的角逐也未结束。

公元518年，高昌王麴嘉再次请求将高昌国内迁中原。北魏派将军孟威出使高昌，带着孝明帝元诩的亲笔信安慰了一番，婉言拒绝了高昌东归的请求，陈述了高昌地理位置的重要性——洛阳已成为东去西来的贸易集散地，云集了大量西域的商旅、僧人。高昌在北魏的控制下，有利于贸易之路的平安。

在这封信中，孝明帝说："爱卿所在高昌与洛阳远隔关山万里，境接荒漠。你此前多次请求朝廷援助，举国内迁，真诚可嘉，但于情理不合，为什么呢？高昌的百姓是汉魏的遗民，因晋朝司马氏无道，百姓为求生存而远渡西域，在高昌成家立业并建国已过几代人，那里早已成为他们的家园。如果内迁，可能发生类似于之前马氏强迁造成的变乱。高昌地处关键点，应当保有此地，以处后变。"

这之后，北魏再派将军赵义出使高昌，带去大量赏赐，安抚高昌，讲述东迁的不利以及驻守的重要性，并承诺对高昌提供支持与保护。这一次，北魏彻底打消了高昌王麴嘉举国内迁的念头。高昌随之连年遣使朝贡，并请求北魏给予文化上的支持，希望北魏能提供五经、诸史等儒家书籍。后来，北魏安排了经学博士赴高昌助教。

后来，焉耆属地被嚈哒人攻占，焉耆首领被杀，嚈哒人抢掠后撤走，焉耆人不能自理，于是焉耆贵族请求将焉耆并入高昌，请高昌王麴嘉当焉耆王。于是，麴嘉派次子当了焉耆王，高昌在西域的地位获得提升。

"郁久闾"是柔然王族的姓，"丑奴"则是名。丑奴有兄弟6个。他继位后，最小的弟弟失踪了，这个弟弟叫祖惠。丑奴和母亲派人到处寻找，但弟弟始终杳无音信。

当时柔然汗国有一个叫屋引副升牟的鲜卑人。"屋引"是姓。

东晋时，有一个叫房乾的人被朝廷派到草原联系鲜卑部落。由于中原的战乱，他无法回归，只好留居在北方，在草原娶妻生子，便入乡随俗，将“房”姓改为“屋引氏”。后来，房乾的后人回迁中原后又改为“房”姓。这个叫屋引副升牟的人就是房乾的后人。他的妻子叫地万，20来岁，是个女巫，经常装神弄鬼。而郁久闾丑奴又极相信地万的这一套，所以地万可以随便出入郁久闾丑奴的营帐。为了荣华富贵，屋引副升牟夫妻俩就设了一个骗局。

祖惠丢失后，地万跟郁久闾丑奴说：“你的弟弟在天上，我能把他叫回来。”听到这个消息，郁久闾丑奴母子非常高兴，于是就请地万做法将祖惠叫回来。按地万的要求，来年中秋月圆之时，郁久闾丑奴在湖边设营帐，他和母亲斋食净身7天，按地万的要求祈求天神归还祖惠。

第二天一早，祖惠果然出现在营帐中，而且说自己一直在天上，还说了很多在天上看到的事。郁久闾丑奴和母亲惊喜万分，设宴聚会，载歌载舞，然后给屋引副升牟晋升爵位，赏赐牛、马、羊共3000头，还给地万加封号为“圣女”，并将地万纳为妃子。这个地万会旁门左道的巫术，而且颇有姿色，郁久闾丑奴对她越加看重和宠爱，也极为相信她的话。地万也趁机干政，惑乱柔然的内部事务。此后数年，祖惠长大了，他告诉母亲，其实他一直在地万家，并没有上过天，上天的事是地万教他说的。郁久闾丑奴的母亲很生气，把前因后果告诉了丑奴。但此时，郁久闾丑奴却对母亲说，地万有神灵之气，可预知未来，揭示过往，事事命中，不能不信，让母亲不要听谗言。地万得知这件事后，就向郁久闾丑奴诬陷祖惠会在不久的将来谋反，于是郁久闾丑奴派人暗杀了祖惠。

郁久闾丑奴的母亲闻知后大怒，派出亲信大臣具列抓住地万，绞死了这个女巫。郁久闾丑奴为此大怒，打算诛杀具列为地万报仇。但是还没有行动，高车阿伏至罗部就侵入了柔然边境。郁久闾丑奴率军迎战，结果大败而归。柔然汗国的贵族在郁久闾丑奴母亲即柔然汗国太后的诏令下诛杀了郁久闾丑奴，郁久闾丑奴的弟弟郁久闾阿那瑰即位。仅过了 10 天，其堂兄郁久闾示发率本部数万兵马讨伐这个新可汗。

郁久闾阿那瑰战败，和弟弟乙居伐率轻骑南逃，归降北魏。柔然汗国太后和她的另外两个儿子被郁久闾示发所杀。

此时的洛阳正在上演另一幕虚华的故事。

洛水的桥南，皇家大道之东有“四夷馆”，大道之西有“四夷里”，专门用于接待四方投奔的王公贵族。南梁来的，安置在金陵馆，3 年后赏赐归正里住宅；柔然来的，住在燕然馆，3 年后赏赐归德里住宅；高句丽来的，暂住抚桑馆，3 年后赏赐慕化里住宅；西域来的，留居崦嵫（Yānzī）馆，3 年后赏赐慕义里住宅。

柔然新可汗郁久闾阿那瑰在内乱中战败，和弟弟乙居伐投奔北魏，到达洛阳后被安置在燕然馆。住了没多久，他们得知其堂兄郁久闾婆罗门率部众数万攻击柔然王庭，郁久闾示发被打败，逃亡到东北的一个叫地豆于的部落。部落首领不想给自己找麻烦，就把他杀了。于是，郁久闾阿那瑰和弟弟请求北魏出兵送他们回草原。为此事，朝堂上争议不断，后来郁久闾阿那瑰出一百斤黄金贿赂宰相元叉，此事方成。元叉以小皇帝元诩之名下令，征调各郡共 1.5 万的军队及边境怀朔镇的 2000 精兵，护送他们回草原，并乘机招降柔然人——如果有人接应，就赏赐绸缎、车马，用国礼为他们饯行；如果没人接应，他们可以再回洛阳，费用由朝廷承担。

当时，一个小官上书说："长久以来，柔然是王朝北方的大患。而今其内乱，这是天意。现在最佳的做法应当是安抚柔然边民，推行天朝恩德，让柔然人诚心来归。郁久闾阿那瑰来降，安抚就足够了，而如今征调军队、出征大漠，去帮助我们世代的敌人，这不是上策。边镇将领通常只图一时之军功，不计后果。刀枪是凶器，非万不得已不能动用。何况，当下旱灾正盛，百姓惶恐，我们却派出大军远征，平定柔然的内乱，出师无名，怎会成功？朝中辅臣只图声名，不考虑国家安危。我的地位低贱，没有资格参与国事，但作为食朝廷俸禄的一名官员，我不能不为国家的命运担忧。"这番建言，因上书的人位卑言轻，未被采纳。

柔然贵族已推举郁久闾婆罗门当了可汗。现在，北魏送阿那瑰回王庭，势必将造成柔然新一轮的内斗，而且北魏还派出使节通知郁久闾婆罗门，让他迎接阿那瑰回归。而当时，北魏朝中内斗不断，被软禁的胡太后在寻机复辟，南秦州（治所位于今甘肃省陇南市一带）的氐人叛乱，南梁与北魏也再次燃起战火。

北魏的使节抵达柔然汗国。双方交涉中，可汗郁久闾婆罗门态度强硬，并没有还位于郁久闾阿那瑰的意思，还要求北魏使节用下国的礼仪晋见，使臣执节不拜。虽不同意还位，但郁久闾婆罗门答应派兵迎接郁久闾阿那瑰，意图很明显，即将其迎回来后杀掉。这之后，使臣返回怀朔镇并通报了情况，郁久闾阿那瑰听得心惊肉跳。为了保命，他请求返回洛阳。

西域方面，高车王伊匐率军攻击柔然，并大破柔然军。郁久闾婆罗门率 10 个部落逃往凉州，向北魏投降。在柔然东部，其他部落相继派人前往洛阳，请求郁久闾阿那瑰回国复位。得到消息的郁久闾阿那瑰异常高兴，再次请求北魏出兵护送他回归。

此时，凉州刺史袁翻上书，他认为："自迁都洛阳以来，在西域，柔然与高车互相争伐，双方的首领都被对手残杀过。高车在嚈哒人的支持下重新崛起。这两方部落联盟人口太多，部落内部也枝杈林立，势均力敌。自从柔然与高车交恶，北魏的边境多年未有战事，这是大利。现在柔然的两个可汗相继投降，虽然这些蛮族不讲节操，性如禽兽，但是如若坐视不管，有损天朝的仁德；如果接受他们的请求，一直供养他们，又消耗国力；假如把他们全部迁移到中原，恐怕会产生类似于刘渊、石勒之患。有柔然存在，高车就不敢妄动，不敢窥视中原。如果柔然消失，高车坐大，就可能对天朝造成危害。目前，柔然混乱，部落众多，分散四方，各自支持旧主，高车的实力还不足以吞并柔然。当下，应当对柔然的两个可汗予以保护，把郁久闾阿那瑰安置在东部，把郁久闾婆罗门安置在西部——投降的柔然部落分成两部，各属一方。在西部，修复西海故城，供婆罗门部居住。这里距西域高车部千余里，是东西交通的要塞，土地肥沃，宜于耕种，朝中派出将领率军队予以监视和保护，可让他们就地屯垦，节省朝廷的供给。西海之北靠近荒漠，野兽出没，可使两个可汗射猎补充，彼此之间互相依靠，以维持生计。这样，一方面可以降低柔然汗国的衰亡程度，一方面可以阻止高车的扩张，是长治久安之策。如果郁久闾婆罗门可以集结流散的民众，复兴柔然，则命他们向北迁移，越过流沙，成为高车的劲敌，西域方面可无顾虑；如果他心怀狡诈，反复无常，也不会对天朝构成威胁。"

这个建议得到朝臣的一致认可。这之后，柔然部落首领郁久闾俟匿伐前往怀朔镇，请求北魏派出援军，迎接郁久闾阿那瑰回归。北魏将郁久闾阿那瑰安置在怀朔镇以北的吐若奚泉（位于今内蒙古自治区固阳县），把郁久闾婆罗门安置在西海郡（辖今内蒙古自治区居延海附近一带），命他们各自发展。

02　宋云眼中的西域佛国

公元515年，北魏第8任皇帝宣武帝元恪去世，其次子元诩即位，是为孝明帝。元恪的妃子、元诩的生母胡氏成为皇太后。因孝明帝年幼，胡太后临朝听政。胡太后钟情于佛经，主持建造了景明寺的七层佛塔、冲觉寺的五层佛塔等。这些敬佛之事让很多朝臣有意见，毕竟要消耗大量人力、财力、物力，任城王元澄就奏称：迁都洛阳时，先帝规定城中只能有一寺一庵，其余均应迁往城外，远离红尘。但是后来沙门统惠深违规在城中建寺，造成跟风私自建寺的情况越来越多，洛阳城中的佛寺数量已超五百，有的佛寺甚至侵占民宅，且屠夫、巫、娼与寺院相邻。之前总结僧界起兵的“法秀之乱”[①]“大乘之乱”[②]的教训时，先帝曾要求僧俗分居，认为佛寺当傍山林而居。而如今受到利欲诱惑的和尚、尼姑眷恋城市，这种假和尚、假尼姑是依附佛教的寄生虫，与佛法、国法不容，建议小寺合并，大寺迁出

① 公元481年，沙门法秀举事于北魏京都平城，史称“法秀之乱”。

② 公元515年，沙门法庆、尼姑惠晖在勃海（一作渤海，今河北南皮）人李归伯率乡人支持下起兵，法庆自号“大乘”，史称“大乘之乱”。

洛阳。

胡太后非但不听朝臣的意见，还派出一个使团西行。此行有三个目的，一是求取佛经，二是回访西域诸国，三是借用佛教的力量增强自身权力。

使团成员为这次西行做了周密的准备，他们带着国书和大量的礼品。出行前一年，嚈哒国国王栗陀始遣使献方物。西行这一年，从春到冬，西域的波斯、嚈哒、罽宾、乌苌、疏勒、高车、高昌、龟兹等国纷纷遣使北魏朝贡。朝贡名单中没有柔然，这为选择西行的安全路线提供了依据。当时西行的使团中有官员宋云、和尚法力等人，有一个来自崇立寺、叫惠生的和尚请求同行。

洛阳城的里坊[①]有严格的尊卑之分，宋云住在洛阳城东北角的闻义里，在内城与外郭间，这里地势低洼。闻义里所在位置实为贱地，是下层人居住的地方，主要居民是制瓦、盘、瓮的工匠。寺院也有大小之分，崇立寺在洛阳众多的寺院中名不见经传。崇立寺的比丘惠生，仅是一个年满 20 岁、受过戒的小和尚，并非僧官（由朝廷任命、管理僧尼事务的人员）。宋云是什么职务？很小的吏，官职是“王伏子统”，因为太不起眼，以致官序表中都找不见。胡太后原本是最低级的嫔妃，母因子贵，宋云极有可能就是当年胡太后身边的下等官吏。宋云是敦煌人，这里与西域接壤，“商胡贩客，日奔塞下”，往来频繁，也有大量西域坐商，这便使得宋云可能通胡语。虽然使团中有翻译，但西域语言并非一种。随行的僧人中也可能有西域僧人作为

① 里坊亦称闾里、里、坊，为中国古代城市用地的划分单位，由城市干道划分而成。里坊内主要为民居，也有寺院及官僚府第。

向导。那时候，洛阳城中的各路僧人随处可寻。

除去各种国礼，西行的使团还携带了为胡太后祈福的五色百尺经幡1000条，锦香袋500个，为王公卿士祈福的经幡2000条。幡是一种用竹竿等挑起来垂直挂着的长条形丝绸制品，是一种礼佛祈福的物件。这么多的经幡再加上给各国的礼物，宋云与惠生这一行其实是一个庞大的外交使团。

公元518年冬天，宋云带队出发了，一路西行。为什么选择冬季而不是春暖花开的季节呢？不是因为赶时间，而是冬季草黄马肥，沿途有积雪，可融雪取水。

鉴于河西走廊氐、羌人常有变乱，而经伊吾道途经柔然控制区（虽然前一年柔然可汗郁久闾丑奴还就与北魏的关系平等化遣使洛阳，但双方并没达成协议），因此一行人的路线是：出长安后，西行40日，走渭水进入赤岭（今青海省湟源县西南的日月山），然后用时23天到达吐谷浑。一路上飞沙走石、风雪交加。吐谷浑的王都伏俟城（位于今青海省共和县）却是一块好地方，相对暖和。这里使用汉文，但所行制度则是遵循游牧民族体系。

吐谷浑是北魏的属国。孝文帝时，吐谷浑的首领伏连筹有一串北魏的官衔：使持节、都督西垂诸军事、征西将军、护西戎中郎将、西海郡开国公、吐谷浑王。同时，他还是南梁任命的西秦州、河州刺史及河南王。正是吐谷浑的两不得罪，所以西域的物产可以由此地进入洛阳和建康。当时，南北朝的达官贵人所配玉器多为于阗玉。

西域的鄯善在吐谷浑的控制下，距伏俟城3500里，城主是北魏所封的宁西将军，他率3000多名部下在此屯田。此时的鄯善由于蒲昌海（今罗布泊）的萎缩、土地的荒漠化，已少有居民。宋云等人在鄯善休整后，继续西行 1640 里到达左末城（即且末）。与鄯善一样，由于水源的不断枯竭，这里已失去了往日的繁华，城中仅有百余户人家。在这里，让宋云特别惊讶的是，寺院里的壁画佛像和菩萨像并没有西域的胡人面相，而是中原风格。问当地的老人才得知，这是吕光征西时命人所画，也就是说当年吕光不单控制了龟兹，而且控制了整个西域南部。又西行 1275 里，到达一个叫末城（今新疆维吾尔自治区和田地区策勒县乌宗塔提遗址）的地方。这里的花果与洛阳相同，只是屋为平顶，常年不见雨。

在扜弥城，宋云等人见到一座大寺，寺内有 300 多名僧人，有一尊一丈六的金佛，仪表超俗。当地百姓有个习俗，身体哪里有了病痛，就用金箔贴到佛的相应部位，病就好了。后人又在此尊佛像边造了更多佛像、佛塔，佛像均面向东方。寺院悬挂了上万的经幡。宋云等人逐个观赏——经幡上的文字用隶书誊写，仅北魏年号的经幡就占了一半，最早的竟然有百年前后秦时代的经幡。宋云推测这些经幡应该是法显西行时所悬挂。

从扜弥城再向西又行 878 里，就到达了西域大国于阗。宋云见到了于阗王，并记录了于阗王的着装：头戴一顶金鸡冠，脑后下垂长两尺、宽五寸的白色的绢。国王出行时，左右卫队中带刀、持弓、扛戟者约百人。这里的风俗是，妇女着裤衫束带，骑马奔行，同男子一样。人死后会火化，掩埋骨灰，建塔为标。父母死，服丧者割面剃发，以刀划面，以示纪念，服孝时间是头发长到四寸止。仅国王去世时，用棺木安葬于野外，建庙祭祀。这似乎是西域佛教与中原礼教融合的一种结果。

公元 519 年，宋云等人到达了朱驹波国（即汉代时的西夜国，后亦称悉居半国、子合国），此地已在葱岭脚下。这里的百姓居山中，种五谷，食麦面，不杀生，吃自然死亡的牲畜，风俗、语言与于阗相同。之后，宋云等人进入朅盘陀国，即汉代的蒲犁，今塔什库尔干。一路向葱岭挺进时，气候寒冷，终年积雪。途经一个湖，它有一个故事：相传，曾经有 300 个商人夜宿湖边，池中毒龙用水淹杀众人。国王得知后，将王位让与儿子，孤身前往乌苌国学习婆罗门咒，4 年后归来，对着湖面施法，池中毒龙惊惧变成人，向国王悔过，国王便将此龙迁入距此地两千里的葱岭山中的湖中，现在的国王便是那位降龙国王的十三世孙。龙是中原的传说，可见中原文化对西域的影响之大。

这些西域的故事，千年后均变成了《西游记》的素材。

在去朅盘陀国的路上，宋云等人看到这里的山路坎坷不平，坡行千里，山峰刺入空中，悬崖深不见底。中原的太行山、孟门山与之相比，都不叫山了，而崤（xiáo）山、六盘山也就如同平地了。翻越葱岭，他们极其艰难地走了 4 天，到达了山顶的朅盘陀国。而站在朅盘陀国，四面瞭望，他们又发现了更高的山峦。葱岭以西，河水西流，葱岭以东，大江东去，这里如同天地的中心和分界线。宋云等人与当地百姓聊天，当得知中原靠天吃饭，种地打麦都靠雨水时很不解，当地人笑道："天怎么能按人的要求下雨呢？"

葱岭山中种地，都是开渠引水灌溉。城东的河，沿山势一直流到疏勒。葱岭中的八月已是千里飘雪。

在葱岭，还有一个钵和国。那里山高谷深，险道如常，依山为城。百姓们以毡为衣，打地窝子居住。严寒的季节，人畜共处，相依取暖。国的南面是大雪山，白天融雪，夜间结冰，远看如同玉峰。

用了一年时间越过葱岭，宋云一行到达了嚈哒，这里距洛阳已有两万里。嚈哒的土地广袤平坦，山泽环绕原野。这里的人以毡为房，夏冬迁徙，以冬暖夏凉为择地标准，逐水草居，没有土地意识，随遇而安，无节气、闰月，以 12 个月为一年。疆域南到牒罗、北至铁勒、东达于阗、西及波斯，远近 40 余国对其贡奉臣服。

嚈哒没有固定的城郭，王宫是一座 40 步见方的大毡房，以毛毡为墙壁。嚈哒王穿着锦衣坐在金饰的床上，床脚是四个金饰面的凤凰。王妃也穿着锦衣，衣长超过八尺，其中有三尺垂地，行走时有仆人拖起。她头戴角帽，帽上镶有玫瑰和各色珠宝。王妃外出时乘轿，在毡宫中则坐雕刻有长牙白象和狮子图案的金床。金床上有伞盖，向四周垂下。其他贵族的妻子随侍左右，从服饰上可以看出尊卑。这是宋云一行见到的最强大的行国（即游牧国），国人不信佛，而是崇奉拜火教。这里的人杀生、吃肉，所用器皿为金、银、琉璃、砗磲（chēqú）、玛瑙、珍珠、玫瑰等 7 种宝物制作、装饰而成。周边诸国奉献给嚈哒的宝贝非常多。

宋云到达时，国王两次跪拜，接受了诏书。为了迎接东土的使臣，国王举行了国宴，席间有歌手引吭高歌，其余宾客或唱或随，歌声、欢笑声贯穿于酒宴。但是，整个过程并没有乐器伴奏。

从嚈哒西行，就进入了波知国。这里人穷地狭，风俗原始，国王与民众之间也不讲究礼节。百姓住在山上，国王出行时也就有三五个随从。这里夏季下暴雨，冬季常积雪。境内有河流，还有两个堰塞湖，传说湖中有毒龙常祸乱行人。如果经过的人不祭祀龙王，就会患雪盲症。与波知国相接的赊弥国，也是土地贫瘠，百姓穷困。这里山路艰险，仅能容下一人一马缓慢通过。从钵卢勒国通向乌苌国，有一条直路，途中要过一座铁索桥，前不见头，下不见底，还没有护栏，一有闪失便可能跌入深谷。

宋云一行艰难地到达了乌苌国。这里北接葱岭、南连天竺，气候温和，土地宽广，人口众多，五谷丰登，百果繁茂。这里是佛教故事“鞞（bǐng）罗施子”“摩诃（hē）萨埵（duǒ）舍身饲虎”的发源地。乌苌国民风纯朴，国王以善为本，素食洁斋，早晚有礼佛的仪式，鼓、琵琶、箜篌、笙箫等乐器盛行。国王一般在中午开始处理政务，被判死刑者一般流放到荒野，由其自生自灭。当判案遇到瓶颈时，就让当事人服一种测谎药，是非马上得以分辨。不论大小案件，都是立刻做出决断。这里有不少奇花异草，冬夏不同，僧人与信众常用鲜花供养于佛像前。

听说东土大魏来使，国王很高兴地接待了宋云等人。他举手膜拜，接受了诏书。在与宋云的聊天中，国王听说胡太后尊佛法，就面向东合掌施礼。

国王问：“你是从日出的国度来的使者吗？”

宋云答：“中国东临大海，每日太阳从大海中升起，这都是如来的安排。”

国王问：“中国有圣人吗？”

宋云一定是个健谈且博学的人物，他给国王讲了中原先秦诸子的故事，讲了周公的阴阳、孔孟的礼仪、老庄的道德，还讲了管辂（lù）善于预测、华佗能治百病、左慈法术奇异，并且告诉国王蓬莱岛上的银殿金堂中住着各路神仙圣人……诸如此类的圣贤故事，宋云娓娓道来，国王聚精会神，听得目瞪口呆。

国王听完后羡慕地看着宋云，悠悠地对宋云说："倘若如您所说，那里就是佛国。等来世，我愿投生到那里。"

后来，宋云等人进入了古印度地区。这里产生过古老的文明，但文明之花已开始慢慢凋谢。雅利安人入侵后，在这里建立了严格的等级制度。这之后，波斯人、希腊人、塞人、安息人、月氏人等轮流统治这块土地。这里盛产宗教，不同人种曾创作了风格各异的、精美的绘画和雕塑艺术。这里因有异常丰富的、玄奥且神奇的信仰，吸引着各方僧侣。几乎与两汉同一时期，这里有一个贵霜王朝。十六国至南北朝时期，这里兴起了一个笈多王朝，逐渐取代贵霜王朝，后来嚈哒人自中亚进入古印度地区，占领了北部和中部的大部分地区。

走出乌苌国都的城外，宋云、惠生等人寻找着佛祖曾经留下的痕迹。当初，佛祖到乌苌国化缘，在暴雨中缓缓而行。雨停了，佛祖在一块巨石下面向东而坐，晾晒袈裟。

附近有一个池塘，池边有一座龙王寺，寺里有 50 多个僧人。据说池中有毒龙，每次毒龙兴风作浪，国王都会带领众臣将金银珠宝投入池中。没有人见过龙王，兴风作浪的是日出日落、月盈月亏、星移斗转的自然力，也许还包括寺中僧人的臆想。

离此处八十里外，有如来踏石的脚印，长短不一，僧人建塔护佑，塔南二十步有泉。据说，当年佛祖曾取杨枝插入土中，便长成了参天大树。城的北面有一座寺院叫陀罗寺，是乌苌国佛事最为繁多的地方。寺内佛塔高大，摆供着 6000 余尊金佛像。

几天后，宋云等人离开乌苌国都，向东南行 8 日，到达摩诃萨埵舍身饲虎的地方。这里山势险峻，嘉木、灵芝丛生，林泉婉丽，花彩曜目。山中有一座寺院叫收骨寺，寺内有300多名僧人。宋云与惠生出资在寺中修建了一座佛塔，并用隶书刻下碑文。

乌苌国西南五百里处有座山叫善持山，山顶东南有佛经中记载的叶波国须大拏太子的石室和草堂。宋云曾在莫高窟看到这样一幅壁画，讲的是来自《本山经》的故事：以前，须大拏乐善好施。叶波国有一头战象，每次作战，无往不胜。敌国买通婆罗门人，让婆罗门人到叶波国向太子索要这头战象，太子给了。此事引起国王与朝臣的不满，太子因此被驱逐出境，临行前他将所有财物布施给百姓，途中又将车、马、衣服施舍给乞讨的人。到达此山后，太子一家人搭起草堂居住，渴饮山泉，饥食野果。一日，妻子外出采果，一个婆罗门的人贩子向太子索要两个孩子当奴仆，太子便将两个孩子送给了这个人。后来，这两个孩子被牵到街上叫卖，叶波国的百姓认出，急忙向国王报告。国王赎回孩子并接回了太子，并传位于他。须大拏太子的故事感动了敌国，自此两国和睦相处，友好往来。

宋云到达善持山，时值正月，山谷中气候温和，草木常青，鸟鸣蝶飞。看着后人为纪念太子所建的塔，远望东方，触动了悠悠思乡之情的宋云病倒了，卧床一个月方才痊愈。

山中有座大寺，有僧人200余人，用毛驴运粮，无需人驱赶，毛驴会自行上山、下山，从不误点。隔着山岭有一座寺院叫婆奸寺，里面有僧徒80人，据说罗汉、夜叉常来供养、洒扫、取薪。凡俗的和尚不能住在寺中。来自中国的僧人道荣曾进入西域，经悬度到达此处礼拜。

北魏正光元年（公元520年），宋云一行到达了犍陀罗国，这里的风光地貌与乌苌国相似。该国原本叫业波罗国，被嚈哒所灭并另立新王，已历两代。

宋云听说犍陀罗国国王是嚈哒人，生性凶暴，好杀伐，不信佛法，祭祀鬼神。国内的百姓则以婆罗门人为主体，均信佛。这样的国王，很难服众。

国王靠自己的勇力与罽宾争夺土地，双方打了3年。犍陀罗国拥有战象700头，每头象可乘士兵10人，象背上的士兵持楂，一种木制、带有利刃的武器，象的鼻子上绑有刀。国王常年率领军队驻扎在边境。长时间争战的结果是军队困倦劳顿，百姓怨声载道。

宋云是在边境的军营中找到这位国王的，然后递交了国书。在宋云看来，这个国王傲慢无礼，随手就接过了递上的国书，连起身的动作都免了。或许此时的宋云在想，这个野蛮的国王，自以为中国太远，拿他无奈，任凭轻视。看了国书的国王对宋云说："你走了那么多地方，路途遥远，历经千险万难，难道不辛苦吗？"

宋云答："中原皇帝信奉大乘佛法，我受命远求佛经，道路虽远，却并不觉得劳累。大王亲统三军，远在边境，寒暑不变，杀来打去，不辛苦吗？"

国王回答说："你的这个问题让人感到很惭愧，不能降服小国，是本王无能呀。"

宋云本以为国王无礼，不能以礼要求，面对面交流时，他又觉得国王很有人情味。于是，他把心中的不满说了出来。

宋云问："山有高低，水有深浅。人处天地间，自有尊卑。嚈哒王、乌苌王，以及一路上那么多国王都下拜接受中原皇帝的诏书，你怎么不拜呢？"

国王答："我若见到中原皇帝，自然会拜，坐着看国书有什么错呢？世人收到父母的信也都是坐着读，中原皇帝如同我的父母，我坐着读信，并没有什么过失呀。"

宋云觉得国王所言也有道理，毕竟习俗不同，无法驳斥，就此罢了。

这里的"拜"并不是跪下。南北朝时期，皇帝和大臣之间、大臣与大臣之间的关系比较轻松，大家平时会一起喝酒聊天。古人是跪坐，行礼时拱手鞠躬，这就是拜。拜完之后宾主落座，这跟跪拜叩首不是一个性质。一般每年特定的节点，比如祭祀，为表达尊重才会下跪叩首，这是为了明确臣属关系，是一种确定皇权的至高无上性的仪式性行为，并非常规行为。

正巧跋提国送了两头小狮子给犍陀罗，国王饶有兴致地带宋云等人去观赏。这是宋云第一次见到狮子，他觉得狮子威猛雄壮，与中国画里摇头摆尾的狮子大不一样。

会见国王后，宋云等人被安置在边境的一座小寺庙中，供给很少。这可能不是国王小气，而是这个王国连年打仗，太穷了。

这之后，宋云等人继续西行，寻找佛的踪迹。在佛沙伏城北，他们看到了白象宫，寺内雕像皆为石质。寺前有拴白象的树，树的花和叶似枣树的花和叶，果实冬季成熟，相传"此树灭，佛法亦灭"。寺内的壁画中有太子夫妻把子女赐给婆罗门人的图。宋云等人还去了道荣和尚去过的粪塔。

在犍陀罗，宋云等人去了著名的雀离塔。距雀离塔50步，有一石塔，圆形，高两丈，可以向世人预示吉凶，在当地的传说中很灵验。用手指触碰塔身，风铃鸣响，则吉；若就是用手摇动，铃也不响，为凶。远离家乡，身处遥远的国度，马上要踏上归程，大家都担忧能否活着回归故里。惠生代表众人礼拜神塔，祈求平安。礼拜之后，惠生用手触碰塔身，风铃鸣响，是吉兆，大家都很高兴。

自于阗到犍陀罗，所有寺院、佛塔处，宋云都敬献了幡和香袋。宋云等人所携带的经幡、锦香袋，也只剩下胡太后的百尺幡一幅。犍陀罗是终点，宋云决定把百尺幡敬献给这里的尸毗王塔。在佛的家乡，有很多《本生经》中所描述的故事。其中，尸毗王的故事是说，如来的前身是尸毗王，他仁慈爱民，乐求佛道。天帝与大臣打算测试一下尸毗王的佛心，于是大臣变成鸽子，而天帝变成鹰。鸽子为了逃生，躲在尸毗王的腋下。追来的鹰对尸毗王说，请王还我鸽子。尸毗王说，我已立下誓言，普度一切众生。鹰对王说，如果没有鸽子，我就会饿死，你为什么不度鹰生呢？尸毗王听后，取出刀，割下自己身上的肉，抛给鹰食。

听了这个故事，宋云决定将两个奴婢送给此处的寺庙，让他们负责洒扫。惠生则用节省的费用找到能工巧匠，用铜做成雀离塔和中原的释迦四塔[①]模型，赠予寺庙。

这之后，惠生在乌苌国待了两年，寻找、收集、抄录经书。正光三年（公元 522 年），西行取经的宋云返回洛阳，带回 170 部佛经。

《宋云家记》《惠生行记》记录了这段西行的日子，只可惜这两本著作都已风化在历史长河之中。我们无法得知宋云回归的路线，因

---

① 释迦四塔，指嵩岳寺塔、千寻塔、释迦塔和飞虹塔。

为西域又发生了变乱，高车王伊匐再次在与柔然的会战中败了。伊匐被弟弟所杀，越居成为新的高车王。

安置在西海郡的柔然可汗郁久闾婆罗门打败高车后，准备率部进入西域发展，被北魏平西将军率凉州军击败，郁久闾婆罗门被抓，被送到了洛阳，处于监视之下，安置在东部的郁久闾阿那瑰成为柔然唯一的可汗。这一年，东部柔然发生了大饥荒。于是，东部柔然大军兵临边境，请求北魏赈济。因为北魏没有满足他们的要求，柔然军队南下大肆抢掠。在北魏大军的攻击下，他们裹挟抢劫到的牛马返回草原。

不过没过多久，北魏裂解为东魏与西魏，原本归附北魏、游牧于塞北的柔然汗国可汗郁久闾阿那瑰很高兴，开始了和亲行动。他先是向东魏皇族求婚，东魏丞相高欢封了一个兰陵公主，把她嫁给了柔然可汗；于是，柔然汗国开始攻击西魏，西魏丞相宇文泰得知后，也封了一位公主，将其嫁去柔然，这才平息了柔然的仇视。但东、西魏的战争并未停止。

在河西走廊，西魏大军包围灵州，决黄河水灌城。东魏大丞相高欢征调高车阿伏至罗部3万骑兵，直指灵州，帮忙解围，然后进逼西魏控制的秦州上邽。高车之所以听从高欢的调派，是因为当初高欢当了大丞相后，立即派人联系并安抚因民变迭起而与中原断了联络的高车，高车再次向北魏称臣纳贡，10万户归附。高欢命人送给高车阿伏至罗部粮食、布匹。即便当时有官员认为，高车人反复无常，给他们供给物资毫无意义，是极大的浪费，高欢也未理会这些声音。

而南梁也趁火打劫，对东魏开始了北伐。连年战乱使得关中一带出现大饥荒，人吃人的惨象再次上演。

柔然汗国也没闲着，娶了西魏的公主，也嫁给西魏一个公主。为了表达联姻后的友谊长存，柔然出兵，象征性地攻击了东魏，以示对西魏的支持。后来，为保持平衡，高欢也被迫娶了一个柔然公主，分别嫁入东、西魏的柔然公主强势地扰乱了东、西魏的后宫。

03　狮与象的故事

“朗朗乾坤，江湖有犬时常吠。茫茫天地，庙堂无风暗自摇。”这便是北魏末年的写照，中央政权处于风雨飘摇之中。即便如此，各国依旧对北魏竞相朝贡——波斯国遣使献了佛牙，并在国书上说：“大国天子，天之所生，愿日出处常为汉中天子。波斯国王居和多千万敬拜。”嚈哒国王派人送来一头狮子。白题国、且末、叠伏罗国等一些小国也加入贸易之路、朝贡之路。同时，一些西域王国开始试图与南梁直接建立贸易关系。

自张骞凿空西域之后的600多年中，东西贸易并未因地缘政治的变迁而中断，相反越来越频繁。贸易是连通东西的纽带，贸易交汇点是西域，所以各方对西域控制权的争夺从未停止。宋云与惠生取经前，北魏就曾派出一位叫高徽的使臣出使西域。每到一西域诸国，高徽都不卑不亢，以礼相待，西域诸国极为敬服，连年朝贡，重现了“使者相望于道，商旅不绝于途”的风景。高徽第二次出使西域时，在嚈哒还遇到了宋云一行。当时出使西域，一个往返得3年的时间。高徽回程时，行至枹罕，六镇暴动，河西秦州一带纷纷响应起兵。高徽被困于枹罕。刚好河州刺史病故，当时高徽官至冗从仆射，算是个六品官，职位不高，但他很有名望。面对强敌，河州的官员、百姓就推举高徽代理河州政务。高徽临危受命，整饬城防，激励将士，据守河州。但近无粮草，远无救兵，城陷后，高徽战死，后被北魏朝廷追封为司徒公、刺史。他可能是南北朝时期出使西域的官位最高的人。

公元 528 年，北魏权臣尔朱荣一手策划并实施了河阴之变，包括胡太后和幼帝元钊在内的北魏皇室和百官公卿几乎全遭灭顶之灾。公元 530 年，尔朱荣被孝庄帝元子攸亲手斩杀，其族弟尔朱世隆逐渐成为新的北魏掌权者。公元 531 年，北魏皇帝元晔被尔朱世隆逼迫退位，装了多年哑巴、在洛阳龙华寺隐居的广陵王元恭被立为皇帝，这就是北魏的节闵帝。

节闵帝元恭是个有故事的人物。他少年时以孝顺闻名，10 岁时世袭广陵王位，23 岁时成为皇帝身边重要的常侍。当时京兆王元叉专权，少年老成的元恭怕被卷入宫廷内斗，于是托病回家装哑，不再说话。之后他住进龙华寺，不与外界交往。就这样还有人打小报告给孝庄帝元子攸，说广陵王不说话其实是在腹议朝政，有反叛的图谋，民间传闻其有天子气。得到消息的元恭立刻逃亡，结果被抓回洛阳，面对屠刀，他依旧装哑，因无证据，被无罪释放。自此，他就长住龙华寺。尔朱世隆废了元晔后，找不到更合适的人，就想到了这个“哑巴”。他担心元恭真的不会说话，就派亲信前往表达意向，并对元恭进行胁迫，没想到这个哑巴居然会说话了，而且说的第一句话竟然是：“天不说话，但四季轮回从不耽误。”言外之意，他本就是天子，他若要说话，只能替天说话。

元恭与西域关联上是因为一头狮子。

中原地区没有狮子，但在南北朝时期却产生了狮子艺术。宫殿、衙门、寺院、陵园、富贵人家的门前一般都有石狮雕像。人们相信放置狮子雕可以镇妖辟邪，可以保佑帝王的统治，可以守护墓室主人的安宁，可以护佑官宦人家的财产。这种思想源于佛教艺术——认为狮子是威猛、尊贵的象征，具有辟邪护法的作用。

公元528年，波斯国向北魏进贡了一头狮子，送狮使团走到河西地带时，狮子被民变首领万俟（Mòqí）丑奴截住了。万俟是鲜卑贵族的姓，丑奴是名的音译。此人并不是柔然那个娶了巫婆地万、被母亲所杀的可汗。得到狮子的万俟丑奴很高兴，认为这是神兽，会带来好运，称帝时就将年号定为“神兽”，国号大赵。“神兽”并没有给万俟丑奴带来“神”运，只风光了一年多的万俟丑奴与狮子被北魏军队装进笼子，送到了洛阳游街示众。

元恭当皇帝后，在皇家苑囿中见到了这头狮子。可能是在寺院中待的时间太长，元恭早有了慈善之心。而且佛经中就有“一如菩萨显化的狮子王法身，引导有缘众生远离罪恶”的诵词，况且狮子还是文殊菩萨的坐骑。于是，元恭觉得将如此威猛的野兽圈养，使其半死不活，是件积恶的事。他下诏说：“把这些天地间的神兽关在笼子里，违背其本性，应当将其放归山林。”中国本土并不产狮子，而且之前孝庄帝元子攸曾把这头狮子与老虎、豹子、黑熊关在一起，这些从山林中专门捉来的野兽，见到狮子都伏地不动，连一头瞎熊闻到狮子的味道也转身就逃。可是，把狮子放归中原山林肯定不行，一是会对人或其他野生动物造成不必要的伤害；二是狮子难以适应中原的野生环境，极易因捕食困难或得疾病而死。放生的规则是哪儿来的回哪儿去，元恭就命养狮子的胡人把狮子送回波斯。

这个时间段，来自西域的柔然、嚈哒、高昌等国不断遣使朝贡，东西贸易之路依旧畅通。且高昌王麴子坚在平西将军、瓜州刺史的基础上又加封卫将军，所以送狮子回波斯的路理论上是畅通的。

负责送狮子、养狮子的胡人过千山万水，又经历战乱，好不容易到了洛阳，现在又让他穿越西域把狮子送回去，这可是个苦差事。而且这头狮子来时是幼狮，几年的光景，已长成了巨兽，一路上还要吃肉。这个养狮子的人领了路费，带着狮子没走多久，就在一处无人地将狮子杀死了。然后他又偷偷溜回了洛阳，结果被人发现并告官，以违背圣旨为由被抓了起来，准备治罪。这件事被报告到皇帝元恭那里。元恭觉得为了一头狮子再杀一个人没有必要，于是再发善心，赦免了此人的抗旨杀狮之罪。朝贡贸易原本就是西域与中原的一种经济活动形式。这个胡人拿了钱、杀了狮子又回到洛阳，至少可以说明以下两点之一：他留恋洛阳的繁华或者此人在洛阳有了家室；这个胡人本身就是商人，在洛阳有产业。

当时，洛阳城还有一头大象，是犍罗国进献的。在大象背上放置坐床，可以乘坐几个人，这在中原也是一大景观。但是这个大象经常踩塌围墙，走到街上，看到路边大树，鼻子一卷，将树连根拔起，遇到阻碍一屁股就撞倒，百姓十分恐惧。这头大象后来不知道被送到了哪里。

当时，类似狮子和大象、经西域而来或来自西域的新奇玩意儿还有不少，涵盖动物、植物、乐器歌舞、生活用品等诸多方面，且不少玩意儿因其新鲜性而在中原轰动一时。这些新东西的到来，丰富了中原的物质生活、文化生活，更是中原与西域开展贸易和文化交流的时代印记，是东西方文明融会贯通的最佳佐证。

04 突厥：塞北草原的新霸主

公元545年，西域金山一带的一个部落崛起，进入了中原的史料，这便是突厥。自此开始，这个部落给中原大地带来了很大的麻烦，并前后延续了近200年。

在这一年，西魏丞相宇文泰派酒泉的一个叫安诺槃陀的匈奴人前往西域，寻找一个叫突厥的部落以求联盟。

突厥本是一个小部落，世居于西域金山之南，原本是柔然汗国役属的锻造铁器的工匠部落。

关于这个悄然崛起的汗国有一个传说：突厥人的先祖原住西海（今里海），属于匈奴众多部落的一支，白种人，后来被邻近的部落击败，全族被屠，只剩下一个男孩。对手看孩子幼小，便把他遗弃在沼泽地。有母狼叼肉喂养这个孩子。后来，这个孩子长大，跟母狼相交，母狼怀孕。仇人部落得知后，派杀手诛杀男孩。杀手见有母狼护佑，打算将母狼一并屠杀。母狼逃离后，神奇地流落到高昌西北的山上，之后产下10个男婴，分为十姓，其中阿史那氏最为贤明，被推举为酋长。为了不忘本，突厥的战旗上以狼头为图案。

游牧部落大多没有文字，所以这种口口相告的传奇得以盛行。草原上最为团结且凶悍的动物就是狼，所以草原部落几乎均以狼为图腾。

如果从人类迁徙的角度来分析，有可能是这样的：原本生活在里海一带的一个白种人部落被攻击，战败者沿着草原逃亡，之后遇到柔然军队并被俘。因为这群逃亡者是以冶铁为生的工匠，于是柔然人将其安置在金山之南，作为打制兵器的“锻奴”。

突厥起源的另一种说法是其出自漠北的索国，最初位于匈奴之北。还有记录说突厥出自平凉，姓阿史那。北魏太武帝拓跋焘灭北凉沮渠氏政权时，当时在平凉的阿史那部落五百户为避战乱而投奔柔然，被安置在金山之南，成为柔然的铁匠。因为所处的金山之地形似兜鍪（móu，士兵的头盔），“兜鍪”古音与“突厥”发音相似，所以汉字音译成“突厥”。自此，“突厥”就成为这部人的称谓。

随着时间流逝，这些原本是白种人的部落与游牧于金山一带的部落相融合，肤色也逐渐改变。突厥的首领起初自称“大叶护”，部落稍兴盛时，开始到边塞做贸易，表达出愿与中原交好的意图，以此摆脱柔然的控制。在之后的日子里，这个部落中出现了一个智勇双全的部落首领，叫阿史那土门。土门在位时，西魏的使臣安诺槃陀到达突厥领地，突厥人大为兴奋，相互传颂：“大国的使节到来，这是突厥将要强盛的征兆。”于是，在魏使到来的第二年，突厥向南攻击了高车，收降了 5 万余人。

突厥的兴起，让高昌产生了压力。虽然高昌王一直享有中原政权的封号，但在危机来临时，中原鞭长莫及，何况中原内乱。这迫使高昌的外交使节四处活动，甚至到达南朝，西域所产的鸣盐枕（用盐制成的如玉般的枕头）、葡萄干、良马、毡毯也因此出现在南梁的皇宫中。

西域的高昌以北一带产铜、铁、煤炭，南北朝时期，这里就是一个夜有火光、昼现黑烟之地。突厥部落在山中取石冶铁，通过高昌供柔然和西域其他王国使用。

柔然控制高昌时期，突厥部落沦为柔然的“锻奴”。高车西迁，在西域建国，脱离柔然的控制，并与柔然进行了30多年的拉锯战，削弱了柔然在西域的控制力，给突厥的兴起创造了条件。突厥部落的畜牧业和锻铁业成熟，可以用牲畜和手工业品与西域和西魏进行贸易。

突厥人以毡房为室，食肉饮酪，披发左衽，善于骑射，常用武器有角弓、鸣镝（dí）、铠甲、长矛、刀、剑，生活习性已融于草原部落。突厥有成熟的冶炼技术，除可以打制兵器外，还可以加工盘碟、器皿，这使得突厥人比草原其他部落强盛和富裕。

之前，西域的高车陷入内乱，高车王越居被侄子比适所杀。东魏兴和年间，比适又为柔然所破，越居的儿子去宾逃奔东魏，被东魏封为高车王。至此，高车亡国，世系中断。

公元546年，位于漠北的铁勒一部准备攻击柔然汗国。当时，突厥部只是柔然汗国的附庸。得知此部铁勒的行动计划，突厥部落酋长阿史那土门率兵从金山出发，中途拦腰截击，大破铁勒军队，接受5万余帐（1帐为5到10人）投降。铁勒部落的并入，使阿史那土门势力大增。此时的阿史那土门认为突厥为柔然做出了大贡献，且兵强马壮，试图与柔然联姻。

这之前，东、西魏与柔然汗国联姻，互嫁公主，并以此维持三方的平衡。对于崛起的突厥人来说，如果想要立足西域，最大的劲敌就是奴役西域南部农耕地带和北部草原地带的嚈哒人。要想获得更多支持，就得交好草原地带的柔然以及实力蒸蒸日上的西魏。嚈哒人一直与中原保持着联系，先是北魏，后是西魏，年年向中原朝贡。而葱岭之东的朅盘陀国不仅朝贡中原，还通过吐谷浑道进入建康，向南朝朝贡。

这错综复杂的联系，让刚刚起步的突厥必须有所依靠。于是，阿史那土门派使节携重礼前往柔然汗国，求见可汗郁久闾阿那瓌。阿史那土门的使者也许是在提出联姻要求后，被柔然人杀了。暴跳如雷的柔然可汗还专门派出官员，前往突厥部落驻地，当面骂阿史那土门："突厥部落不过是柔然汗国的铁匠，何德何能竟然敢提出迎娶柔然公主的要求？"这似乎与同时间段梁武帝萧衍拒绝侯景迎娶王、谢士族的女子同出一辙，不过梁武帝至少提供了选项，说侯景可以娶其他士族家的女子，而柔然可汗把阿史那土门看成了下等的奴仆，直接拒绝了他。

按说，对于柔然使节的到来，突厥部落绝对展示了自己最强势的一面，柔然使节看到突厥的实力应该有所收敛，但这个傲慢的使节似乎并没把突厥酋长放在眼里。阿史那土门大怒，诛杀使节，与柔然汗国断绝关系，转而向西魏请求联姻。同一时期，能称得上深谋远虑的，当数宇文泰。在他的安排下，西魏册封了一位长乐公主，让其西出阳关，远嫁突厥。至此，突厥与柔然反目，由高昌通向中原、柔然的贸易之路中断。

高昌国王的册封一直由中原朝廷下诏。公元 548 年，高昌王麹子坚病故，高昌派人向西魏报丧。西魏皇帝元宝炬下诏，让麹子坚的世子麹玄喜继位，封其为高昌王。但这个高昌王只在位两年就去世了，其世子继位。可能是由于突厥切断了高昌通往中原之路，新任的高昌王在史料中没有留下名字。

公元 551 年，宇文泰所立的西魏文帝元宝炬驾崩，时年 45 岁，太子元钦继位，时年 16 岁。消息传到突厥，阿史那土门专门派出使节前往长安吊唁，并送去 200 匹西域战马作为礼物。可见，当时西魏与突厥的联系极为紧密。

隐忍中的阿史那土门有了一段闷头发展的过程。以突厥为号的部落势单力薄，但采用蚕食的办法将周边的游牧部落纳入其中是完全可行的。突厥势力越过金山向东部草原发展，不断地兼并散落在草原上的游牧部落。之后，在草黄马肥的季节，突厥骑兵突然对柔然王庭发起了攻击。

突厥兵团出现在怀荒（位于今河北省张北县）北，让柔然措手不及。柔然可汗郁久闾阿那瓌见大势已去，不甘受辱，选择自杀。突厥的攻击造成了柔然汗国的分崩离析，东部余众立郁久闾铁伐为可汗，西部余众立郁久闾邓叔子为可汗，而柔然中部的贵族则逃亡北齐，被安置在马邑川（位于今山西省朔州市）一带，北齐立郁久闾庵罗辰为可汗。

突厥部落的酋长阿史那土门遂自称伊利可汗，建立突厥汗国。自北匈奴西逃，南匈奴南归，柔然汗国填补漠南漠北高原 150 余年后，突厥势力进入草原，成为草原霸主。

需要说明的是，突厥在当时算是小众群体，人口基数并不大，只是统治阶层为突厥阿史那部，突厥汗国的主体民众还是原本游牧于草原的高车、柔然、结骨（汉时坚昆）等部落。在伊吾以西，焉耆以北的天山下，有契弊、薄落职，乙咥（xì）、苏婆、那曷、乌护、纥骨等游牧部落；在金山西南，有薛延陀、咥勒儿、十槃、达契等部落。

突厥统治草原后，特别强调自己与高车人为同族，这大概是需要得到人口占多数的高车人的支持。

工业革命之前，人类生产力发展非常缓慢，几乎千年不变，作战方式也是如此。

在蒙古国鄂尔浑河谷一个叫和硕柴达木的地方，考古学家发现了两块分别用汉文、突厥文镌刻的《阙特勤碑》。从碑文中可以了解突厥汗国军队的作战方式，碑文所记录的战事是突厥统一草原部落战事的一个缩影。

那是一次远征，目标是攻击结骨人。通往曲漫山（今俄罗斯萨彦岭）的路只有一条且大雪封山，于是突厥人放弃了这条路，通过一个向导找到另一条线路——一条一次只能通过一匹马的小路。军队出发，蹚过一条河，到达山边的小路。众人牵着马，抓住树木，徒步登山。就这样走了10天，快到达结骨人的领地时，军队开始用餐。天黑后，结骨人进入梦乡时，突厥军队突然发动进攻，杀死了对方首领。对方部众投降突厥。

对于另一场战斗，碑文是这样描述的："敌人如烈火一般猛烈扑来。他们从两侧冲来，人数比我们多一倍。我们迎战，没有因敌人数量多而胆怯。我们击溃了对手，俘其可汗，将其将领杀死，俘虏了50人。就在那夜，我们往各部落派出信使。听到消息后，各部落的首领和百姓都来臣服我们，只有少数人逃走了。"

只俘虏了50人，说明这场战斗的目的就是斩首，突袭的是对方的主帅大营。

阿史那土门建立突厥汗国后，在鄂尔浑河上游的郁督军山（今蒙古国杭爱山）建王庭，设规立矩。可汗分大小，通常大可汗的世子为小可汗，大小可汗分驻两地。突厥贵族子弟称为特勤。因为建立在分散的游牧组织之上，突厥汗国的统治机构比较简单。突厥辖境辽阔，最初其统治区分为三部分，首脑驻王庭，此外分东西二部，每部置将，每将领兵驻扎一处。东部牙帐在幽州之北，西部在五原之北，东西二部之间即可汗的王庭所在。

突厥的崛起与粟特人的贸易有很大关系，粟特人是善于经商、具有较高文明水准的群体。随着东西贸易的开拓，粟特人沿着贸易之路建立了很多聚集区，从东罗马到中原王朝，甚至一直深入到蒙古高原。当时很多粟特人得到突厥可汗的信任，成为重要的向导和谋士。后来，还有的粟特人成了出使中原、波斯、东罗马的使节。粟特在文明发展上对突厥的影响极大，最早的突厥文字就是以粟特文为基础的拼音加象形的文字，突厥早期的碑文也是用粟特文书写的。突厥也许是第一个创造文字的漠北游牧部落。

美国学者爱德华·萨丕尔的《语言论》中有这样一段话："只有五种语言在传播文化上有过压倒势力。它们是古代汉语、梵语、阿拉伯语、希腊语和拉丁语。和它们比起来，甚至像希伯来语和法语这样的文化上很重要的语言，都落到次要地位。……语言、种族和文化相一致是天真的想法，语言和种族不必相应……"

南北朝时的西域，是多语言、多文字的地域。按出土简牍纸本文书的数量算，南北朝时期，西域排名前三的主要文字：一是汉文。至今出土南北朝时期汉文纸本文书最多的遗址就在西域，因为这里的气候干燥，宜于保存古代文书。高昌作为汉人王国，成为西域使用汉语的中心地带，并以儒家思想为治理体系，辐射着周边诸国，影响广泛。二是佉卢文，主要是通过佛经传入，在僧侣中大量使用。三是粟特文，由东西贸易的主角粟特人所带来。

汉文是西域使用最早的文字，也是唯一长存于各历史时期的文字。如果没有使用汉文和突厥文双语的石刻，古突厥文就成了无人认知的死亡文字。

突厥汗国也将俘虏占为奴隶，但奴隶占有者与传统意义上的奴隶主不一样，他们自己也参加生产劳动。如同其他草原部落，突厥人的生产组织与军事组织相结合，民众平时劳动，战时为兵。突厥人的习俗基本与高车类似。

突厥汗国早期信奉萨满教。萨满教将宇宙分为上、中、下三界：上界为天神所居；中界为人类所居；下界为恶魔所居。沟通神、人、魔的是巫师。生活习惯上，突厥人的牙帐朝东开，面向日出的方向，而中原的建筑多为坐北朝南。突厥人建王庭于郁督军山。对他们来说，那是圣山，占有圣山意味着掌握了草原的统治权。

在敦煌藏经洞中曾有一本完整的古突厥文的《占卜书》，记录了大量吉凶的内容。吉、大吉、凶、大凶，我们各选一个来看一下书中的占卜内容。

可汗出征，消灭了敌人，部署士兵驻守新占领的地方，可汗率军返回大本营，此为吉——这大概是表达在占领区屯田驻守的意图。

巫师占卜时要观察毡房框架内是什么，排烟口、窗户、毡房顶是怎么设置的，固定用的绳索是否都已捆好。如果这一切都做好了，就为大吉——这似乎是与防火、防煤烟、防风灾相对应的内容。

大房子起火，房边房角的物品都被烧焚，此为凶——这也许是说发生火灾是将导致更大的坏事发生的预兆。

一个妇人的镜子掉到湖中，她早晚不停地骂骂咧咧，致人心烦，这是大凶——这可能是说家庭关系中女性唠唠叨叨会影响和睦。

只是不知道，这些卜辞是突厥人对事还是对梦的解读。

总之，突厥这个在乱世中进入中原史料的族群，将同汉时匈奴一样，给中原皇帝带来一段忙中添乱的历史岁月。

公元553年，突厥的第一位可汗阿史那土门突然病逝于王庭。

按照突厥的丧俗，伊利可汗阿史那土门的遗体仰卧在硕大的可汗帐中，供人瞻仰。得到消息的各部落首领和汗国的官员，从草原的各处赶来吊唁。阿史那氏的贵族和土门的儿子们宰杀羊马，陈列于王帐前献祭。在继位的乙息记可汗阿史那科罗的带领下，突厥人在帐前哭祭。之后，阿史那氏的贵族们骑马绕帐七圈，以示敬畏。新可汗科罗至帐门前，代表后人用刀将脸先后七次割破，让血与泪交流，用自戕脸面的方式表达对父亲的哀悼。为了让来自远方的部落首领能见到阿史那土门最后一面，遗体停放了一段时间。远方的亲属也派出代表，割面祭祀，以示哀悼。这场突厥汗国的葬礼，展现了草原民族的独特风俗和敬畏亡者的精神。

根据天时吉凶，突厥人挑选了日子，将阿史那土门的遗体、生前所骑的战马和他的用具一同焚烧。火化后的骨灰被装进陶器中，准备来年春季下葬。

下埋仪式的程序和丧礼类似，设祭、走马、割面、哭祭等一一进行。骨灰下葬后，陵墓边上盖起遮风避雨的房子，并竖立石像，画上亡者相貌。土门可汗的墓前树满了杀人石（代表墓主人生前杀敌数量的石头），以纪念其曾经的战绩和建立突厥汗国的功勋。这体现了草原人以战为荣、骁勇尚武的民风，也展示了他们对先人的敬意和对生命的珍视。在这个仪式中，突厥人用自己的方式，传承着草原的文化和精神。

广袤的草原上人员散居，相见不易，但在下葬之时，各部落的首领都会带着未成家的男女青年前来。葬礼还有一个作用，就是为草原上的男女青年提供一个相亲的机会。

前半程的走马割面和哭祭与后半程的男女盛装相会情景形成了鲜明对比，这也是突厥守丧之制最大的特点。或许，这种仪式代表了生命的生生不息。

那一夜的歌舞盛大而热闹，如同迎亲时一样。按照萨满教的习俗，死者的灵魂会在叩拜舞蹈中，随祈祷踏入天界。

草原人的礼仪并不繁杂，但新可汗继位有一个独特的仪式。侍卫和重臣会让新可汗上车，然后用毡盖住车，车子向着太阳出发，绕九圈。每转一圈，官员都会行礼。然后，他们会扶新可汗上马，并用布帛缠住他的脖子，使他短暂窒息。接着，他们会解开布帛，问新可汗："你主政几年？"新可汗在大喘气时，会随口说出年限。史料未记录这位新继位的乙息记可汗阿史那科罗是否说出了具体年限。他只做了一年可汗就去世了。在位的一年中，乙息记可汗在沃野之北的木赖山（在今内蒙古自治区乌拉特前旗境内）打败了柔然西部首领郁久闾邓叔子，并与西魏建立了朝贡关系，献马 5 万匹。

临终前，乙息记可汗因为儿子摄图年幼，没有立其为接班人，而是立了弟弟阿史那俟斤为新可汗，这便是突厥汗国的又一位雄主——木杆可汗。

木杆可汗在对待北周与北齐上一度举棋不定。他原本与北周联手攻北齐，却因北齐由斛律家族镇守边防，并未占到便宜。

木杆可汗答应将公主嫁给北周皇帝宇文邕当皇后，北齐得知消息后，竟出了更高的聘礼来迎娶这位公主，致使北周的迎亲使节到达突厥王庭后，被扣留了3年之久。

木杆可汗原本想与北齐和好，不料当时天公不作美，突然狂风大作，数日不停，突厥大量的牛马、毡房受损。木杆可汗认为这是上天对他不诚信的惩罚，这才下定决心准备嫁妆，将女儿送往北周都城长安。这一年，阿史那公主年仅17岁。

那么，突厥阿史那氏到底是什么样的一个群体呢?

可以肯定的是，在西域，由于大量的高车部落成为突厥的臣民，所以高车语也成为突厥使用的主体语言。如同十六国时期，匈奴后裔刘渊建立“汉”国，贵族接受汉语一样，这并不能证明突厥与高车同出一源。虽然DNA可以解读遗传基因，但是突厥汗国采用火葬，阿史那的贵族并没有留下遗骨。突厥的祖源成谜。

北方草原多部落融合，早已是你中有我，我中有你，柔然属于东胡系，高车属于丁零系，这是史学界一个基本的参照标准。

木杆可汗的这位女儿嫁给了北周武帝宇文邕，成为皇后。两人的合葬墓被考古发现后，科学家对墓中阿史那皇后的DNA进行了检测，结论是其基因起源于东北亚，与东胡系的鲜卑共享更多的基因。但是，女性只遗传X染色体，并不遗传Y染色体，这个结论只能证明此皇后的母亲和东胡系有血缘关系，可能是突厥与柔然、鲜卑等部落通婚的后代，无法证实突厥父系出于哪个部落血脉。后来，许多阿史那氏的王族投降中原王朝，改为“史”姓，成为北方汉人的一部分。但是，史姓的汉人群体认为他们的先祖源于春秋战国时期的史官，不认为与突厥有关。

《周书》《北史》均说木杆可汗相貌奇异，大脑袋，面宽一尺，肤色极红，眼睛亮如琉璃。面宽，这是典型的东胡系面相，肤色红是高原族群的特色，眼睛如琉璃则说明他不是黑眸。女儿一般长得像父亲，这位阿史那公主大概率也长着大脸，所以宇文邕并不喜欢这位突厥公主。后来，宇文邕只有几岁的小外甥女悄悄对他说："四面边境还不安宁，突厥很强大，舅舅应该对阿史那舅母好，以万民福祉为念。只要有了突厥的帮助，那么江南与关东就不足为患了。"宇文邕听后大惊，自此才对阿史那皇后上心。宇文邕的这个聪明的小外甥女窦氏，后来成为唐高祖李渊的皇后、唐太宗李世民的母亲。

欧美的史学家将中亚语系相近的族群称为突厥语族，让人错误地理解为他们的先祖就是历史上的突厥。事实上今天我们所说的突厥语族与历史上的突厥汗国王室毫无关系，中国详实的史料可以区分突厥和其他族群的不同。

小外甥女劝说宇文邕这年，刚好突厥汗国的木杆可汗阿史那俟斤病故，他没有传位给儿子阿史那大逻便，而是传位给了弟弟佗钵可汗。后来，突厥内部发生了权力变化，佗钵可汗任命侄儿阿史那摄图为尔伏可汗，令其管理东部草原，又令侄子步离可汗统治西域。由于宇文邕对阿史那皇后态度的转变，北周每年送给突厥大量的绸缎、棉布。突厥使节长住长安城，多时上千人，北周盛情款待。北齐也怕突厥入境掠夺，每年送大量财物到草原，以求得平安。

每当冬季来临，收到中原送来的米、面、丝绸时，佗钵可汗感到很满足。他曾扬言有中原两个小儿（指北周和北齐两个小皇帝）供着，何愁吃穿！

北齐有个叫惠琳的僧人被掠入突厥。他对佗钵可汗说，中原的强盛是因为信仰佛法的缘故。他向佗钵可汗讲解了佛教的因果报应。于是，佗钵可汗皈依佛教，并在草原上建立了寺庙，同时派人向北齐求《净名经》《华严经》等佛学经典。佗钵可汗力行斋戒，绕佛塔行走，还常言，恨未生于中原。后来，北齐侍中刘世清受皇帝高纬之命将《涅槃经》翻译成突厥文，送给佗钵可汗。

05 从“黄瓜堆之战”到“高昌事件”

高洋成为北齐皇帝后，开始进行军事上的改良，使得北齐的实力大增。他专门挑选了一批以一当百、骁勇善战的鲜卑武士作为宿卫军，这批人被称为“百保鲜卑”。此外，他还从汉人中选出胆力超群的勇士戍守边关。高洋是一个好战、善战的君主，他曾将东北的库莫奚、稽胡、契丹等驱逐得无路可走，让刚刚崛起的突厥也望而生畏。

但是，原本投降北齐并被立为柔然可汗的郁久闾庵罗辰在马邑川休养两年后，收拢部将后又开始自负，率部5万叛齐。高洋对这种背叛行为极为恼火，决定亲征。

两军交战，柔然军大败，郁久闾庵罗辰父子向北逃亡。一个月后，已成流寇的柔然军队进犯肆州（今山西省忻州市西北），高洋再次亲率兵马从晋阳（今山西省太原市）出兵。得知高洋来了，柔然军队四散而去。北齐撤军，而高洋率2000部队殿后。快到晋阳时，殿后部队夜宿一个叫黄瓜堆的地方。

柔然人擅长狼群战术，败了就四散而去。尾随，袭击掉队的弱羊，是狼群的战术之一。见北齐军人少势单，柔然军队又群聚而来。数万人包围了北齐的宿营地，但他们怕有埋伏，不敢夜袭。

这一夜，柔然的“狼群”一直围着北齐大营转。

天亮，高洋睡醒，观赏风景般地看着柔然的骑兵——这支骑兵的装备其实早已破落不堪，如果有一线活路，他们也不会贸然进入北齐实施掠夺。突厥的势力已进入草原，占领了柔然郁久闾家族曾经的领地，在夹缝中生存的这些柔然人其实已没有生机——要么投降北齐，要么投降突厥。当北齐的营门缓缓打开后，柔然人才发现，门后面的不是“羊”，而是一群睡醒后准备觅食的“虎”。高洋的宿卫军本身就是视死如归、百里挑一的敢死队。于是，一边倒的冲锋开始，冲在最前面的就是皇帝高洋。柔然人再次落荒而逃，尸体遍布 20 多里的山野，另有 3 万人缴械投降，其中包括郁久闾庵罗辰的妻儿。

郁久闾庵罗辰虽然侥幸逃生，却不知所终，再未出现在史料中。同月末，北齐军如同清扫门庭般将七零八落的中部柔然部落驱逐到漠北，投降者则被收归为北齐属民。至此，称霸草原一个半世纪多的柔然汗国退出了历史舞台。

“黄瓜堆之战”彻底击碎了柔然人南下的勇气和信心，成为高洋最辉煌的一战，也奠定了他“征伐四克、威震戎夏”的威名。

战胜归来的高洋返回邺城，心血来潮地认为北齐不能有两种信仰。于是，他命和尚和道士进行大辩论，结果道士败了。高洋下令在北齐境内尊佛禁道，命道士剃发为僧，还当场砍了 4 个道教“真人”，以警告不听话的道士。

当时，佛教被视为高雅的文化和哲学，高洋希望通过扶持佛教来提高自己在民众中的形象和统治的合法性。高洋尊佛禁道，还有一个关键因素是道士常装神弄鬼，聚众起事，而佛教则倡导逆来顺受，以平静、宽容、接纳的心态去面对苦难，而不是抗拒、抱怨、愤怒。

在对柔然的清扫战中，高洋意识到北方游牧民族的威胁，尤其意识到突厥的兴起是一个危险的信号。在漠北草原地带，突厥政权以原高车部落为主，虽然向北齐称臣，但并不顺服。为了抵御这些威胁，高洋下令征集 180 万民夫，继续修筑长城。在高洋统治时期，共修了 6 次长城，总长度超过 3000 余里，每 60 里设一个戍堡，并在长城要塞上建了 25 个州镇。这些措施有效地加强了北齐的防御能力，保护了北齐的边疆安全。

柔然灭亡的这一年，北齐还出兵攻打陈霸先拥立的建康政权，欲让南梁低头。南梁此时已一分为二，江陵一带为西魏扶持的以萧詧为帝的割据政权，史称西梁。南梁与西梁间争伐不断。

在高洋对北齐边境的柔然部落进行大清扫之时，突厥汗国也在西部对柔然残部发起了大反攻。突厥的木杆可汗阿史那俟斤得知北齐大败柔然的消息后，立即率领大军向西进发，攻击柔然可汗郁久闾邓叔子所部。此时的柔然已经失去了往日的辉煌，原属柔然的部落要么归属了北齐，要么投降了突厥。

突厥与柔然的最后一战，郁久闾邓叔子兵败，他仅带着 3000 余人南下投奔西魏的宇文泰。而木杆可汗率部紧追不舍，一直追逐到西魏边境。为了避免突厥的压力和威胁，宇文泰下令将郁久闾邓叔子及其所率贵族、子民全部抓捕，交给突厥使节。

当突厥使节先后到达长安时，他们集中在一起，形成了一支彪悍的军队。柔然第十八任可汗郁久闾邓叔子及其民众 3000 余人，才出长安便被集体屠杀。这一事件，标志着柔然政权的彻底覆灭，展示了突厥的强势和宇文泰的手腕。在那个风云变幻的时代，每个人都在为各自的利益考虑，而弱小的部落和子民则成了牺牲品。

在这之后，突厥在西域击败嚈哒势力，占据了中亚大草原；在东部驱逐契丹部落；在北部吞并契骨部落。至此，突厥疆域东西一万里，南北五千里，与汉时匈奴所占地盘几乎一致。柔然汗国郁久闾氏的政权就此退出历史舞台，而突厥汗国阿史那氏的政权则替代柔然，成为新的草原霸主。

需要强调的是，此时的草原易主，并不是原居民消失，替换为新居民，而是草原政权的更替。与南北朝同一时期，草原地带也开启了不同部落大融合时代，只是不同的草原政权的此消彼长，并不是原居民的大迁徙，与中原的民族大融合、王朝皇族更替的性质相似。

突厥强大后，西域诸绿洲国境遇如何？我们或许可以通过高昌了解一二。南北朝时期，史料对西域各国的状况记录得并不多。当时西域伊吾一带一直控制在北魏手中，西魏自然接手了这个“遗产”。

高昌国是由北魏任命最高行政长官的地方政权，也是重要的贸易集散地。在突厥兴起后，高昌面临着巨大的压力。这一时段，突厥对高昌的攻击可以通过出土的《宁朔将军麴斌造寺碑》找到答案。公元555年，突厥对高昌发动了战争，双方在高昌以北的郊外摆开阵势。当时高昌率兵抵抗突厥的是宁朔将军麴斌。双方刚刚接触，麴斌机智地率队迅速脱离战场，他认为高昌兵力无法与突厥相争。

之后，麴斌与突厥西部可汗进行谈判，陈述了和与战的利害。突厥同意休战，条件是高昌向突厥汗国称臣，成为其属邦，并以联姻的方式结为盟友，高昌王接受突厥所册封的官职。冲突得以解决。一位突厥公主嫁予刚刚继位的高昌王麴宝茂为王后。因为和平解决了突厥入侵问题，麴宝茂册封叔叔麴斌为振远将军、云州刺史。

突厥可汗授予麴宝茂的官职是“俟利发”，在突厥28级官职中排名第四。这是一种由可汗的亲信子弟担任的官职。由于麴宝茂已成为可汗的女婿，也就是亲属，因此得以担任此职。这个官职相当于中原王朝皇帝身边的高官侍中，可以参与突厥汗国的重大事项决策。

当时，西魏授予麴宝茂的官职是使持节、骠骑大将军、都督瓜州诸军事、侍中、瓜州刺史、西平郡开国公、高昌王。

为了纪念高昌与突厥修好，麴斌在高昌新兴县城西建造了一座寺庙。该寺环境优雅，建筑恢宏，禅室相连，金钟的响声悦耳动听。

从“高昌事件”看，突厥汗国在西域并不是单纯以武力方式征服他国，而是采取联姻、贸易、授官的方式解决争端。突厥汗国在西域的实力主要是被征服的高车遗民，人口基数也不大，征伐的模式不利于汗国内部多部落联盟的稳定。

06　吐谷浑：西域的高原通道

南北朝时期，当年位于西域要冲之地的楼兰已消失百年。原本楼兰是东西交往的必经之地，东来自长安，西来自南亚、中亚等国的使者、行商、僧侣，在经过沙漠、戈壁的长途跋涉，饱尝风沙之苦、饥渴劳顿后得以在楼兰落脚歇息，洗去风尘，补足食物，带足淡水，继续征程。楼兰是中转站、补给地、避风港。驼队给楼兰带来了光彩华贵的丝绸，晶莹剔透的琉璃，美味浓郁的香料，光洁油润的美玉……面积不足一平方公里的楼兰要塞里，汇聚着绵延万里的贸易古道上肤色不同、语言有别、信仰各异、服饰独特的商旅、使节。不同地域的奴婢在这里买卖，商人们用中原的五铢钱、南亚的银币及西域的汉佉二体钱进行交易。

在曾经的楼兰王城里，商业活动形式丰富多彩，包括销售、转售、转运、寄售、寄存、借贷等。商家经营的生活用品有丝、绫、白绢、黄绢、素巾、檀香、鞋履等，食物有麦、谷、面、米、酱、种子及药材等，还有牛、羊、马、驴、驼等牲畜。使团、商队东来西往，马队、驼队北来南去，驼铃声声，一派兴旺繁荣的气象。

北魏与吐谷浑曾争夺对楼兰的控制权，中原王朝的西域长史曾在此屯兵驻扎。

楼兰最终还是消失了，与楼兰同时消失的还有精绝。如果要分析它们消失的原因，无外乎两种：一是由于河流改道，蒲昌海水面降低，楼兰、精绝所在地区逐渐荒漠化，两国居民只好迁往各地；二是伊吾道的开通，使楼兰道不再成为贸易的必选之路。楼兰、精绝民众的出路要么是内附中原，进入高昌、伊吾、河西，要么是迁往于阗、焉耆、龟兹。

突厥汗国想要进入西域腹地，还有两个强大的对手：嚈哒和吐谷浑。嚈哒主要控制着天山以南的绿洲城邦，而吐谷浑则控制着昆仑山下的水道、城郭。

占有从南朝到西域路线“河南道”的是吐谷浑。西魏占有益州后，如果想通过西域南线开展贸易活动，吐谷浑就成了拦路虎。相比较突厥的起源，吐谷浑起源的路线图则清晰明了多了。

吐谷浑是率部落西迁的首领的名字，全名为慕容吐谷浑，该部属于慕容鲜卑的一部分。慕容吐谷浑的先祖莫护跋曾率部随司马懿出征辽东公孙渊，因战功被封为率义王。慕容鲜卑在辽东自成体系，且家族几代人里雄主辈出，世代归附中原王朝，并屡立战功。到了西晋太康三年（公元 282 年），莫护跋之孙、被西晋封为鲜卑大单于的慕容涉归去世，部落曾发生了短暂的叔侄之间的权力之争。后来，慕容涉归嫡子慕容廆（wěi）继位，慕容涉归庶出的长子慕容吐谷浑分得 1700 户的部落人畜。

兄弟俩曾同仇敌忾，站在一条战线，后来反目，源于一件小事。慕容廆与慕容吐谷浑两部的公马在发情期互争母马，马群发生争斗，结果是慕容吐谷浑的公马胜了。因为这事儿，当弟弟的慕容廆很生气，他对慕容吐谷浑发狠话："父亲把家产都分好了，你为什么不离远点儿，非要聚在一起让马相斗？"慕容吐谷浑也很生气地说："马是牲畜，争斗是常事，你为什么小题大做？你既然让我离开，我就离你万里之遥，不再相见。"于是，慕容吐谷浑就带着自己的1700户民众开始了漫长的西迁之路。慕容廆见哥哥真的走了，很后悔，派人追赶相劝。但是，慕容吐谷浑并没有回心转意。这支西迁的慕容鲜卑部落在吐谷浑的带领下到达了西北羌人的地盘，用马蹄和战刀开辟了一片领地。在与羌人作战中，吐谷浑受伤去世，长子慕容叶延继位，以沙州（治所位于今青海省贵南县一带）为中心建立了游牧政权，设置司马、长史这类汉地官位，以"吐谷浑"这个悲壮的名字作为割据政权的名号。慕容廆在哥哥西迁后，因与宇文鲜卑有世仇，所以也率本部向中原内迁。十六国时期，他的后人建立了数个以"燕"为号的割据政权。

吐谷浑部在西北与羌人、氐人开始了融合之路。巅峰时期，其控制了数千里的土地，东至洮河、龙固（今四川省松潘县），西达白兰（今青海湖西南一带），北到黄河，南抵积石山。这里被南朝称为"河南国"，成为连接中原与西域的另一条贸易通道。吐谷浑一直以中原为正统，对北朝保持着臣属关系，可汗慕容瑰曾因帮北魏抓了大夏皇帝赫连定而被封为西秦王，吐谷浑的势力因此而延展到金城、陇西等地。吐谷浑与南朝也保持着臣属关系，历代接受南北朝君主的册封，成为西北最大的割据势力。

慕容伏连筹是吐谷浑的一代雄主，在位39年。他将吐谷浑的地缘优势拉到了最高点，将一个闭塞的、位于高原一隅的部落联盟发展成了地跨东西流沙的强邦，成为西北至西南的通道上不容忽视的一股力量。

史料所记录的西域通道上的流沙有三处：一是位于吐谷浑所控制的切吉草原（在今青海省共和县）一带；二是鄯善与且末之间的黄沙滩；三是伊吾至高昌间的南湖沙漠。

楼兰、精绝的消失，加上战乱，东西贸易的中道因此改道。商旅越过葱岭后，一部分沿南线进入于阗，然后越过阿尔金山进入吐谷浑。

南北朝时期，贸易南道开始兴起，成为接连东西的重要通道。由西域通过吐谷浑，可进入南朝的益州、北朝的洛阳、草原的柔然。这一时期，半耕半牧的草原游牧政权吐谷浑开始了商业贸易，积累了财富，开始筑城、强兵、办学，民众的生存方式大为改变。

南朝也可通过“河南国”吐谷浑进入草原地带。西域的奇珍异宝也由此道进入南朝。当时，由西域进入吐谷浑必经鄯善、且末。虽然走这条道的艰难程度并不比走楼兰道轻松，一路上是沙漠、戈壁、盐湖、盐碱地、水上雅丹、丹霞、翡翠湖……，但对商人来说，有路可走总比无钱可赚好。

被德国地理学家李希霍芬称为“丝绸之路”的中原部分是这样的：

北线，由长安沿渭河至虢（guó）县（今陕西省宝鸡市陈仓区一带），过汧（qiān）县（今陕西省陇县），越六盘山，沿祖厉河行进，在会州（治所位于今甘肃省靖远县一带）渡黄河至姑臧。路程较短，沿途供给条件差，为早期的路线。

南线，由长安沿渭河过陇关、上邽、狄道（今甘肃省临洮县）、枹罕，再由金城郡渡黄河，穿西都（今青海省西宁市），越大斗拔谷（今甘肃省扁都口）至张掖。

中线：与南线在上邽分道，过六盘山，至金城郡，渡黄河，溯逆水（今甘肃省庄浪河），洪池岭（今乌鞘岭）至姑臧。

南线补给条件虽好，但绕道较长，因此中线后来成为主要干线。南北中三线会合后，由张掖经酒泉、瓜州至敦煌。从这里出玉门关或阳关，走楼兰道或伊吾道，过戈壁、瀚海便可进入西域。

当时河西走廊受中原战乱和割据的影响，时顺时阻，导致上述传统的三条路线时通时断。

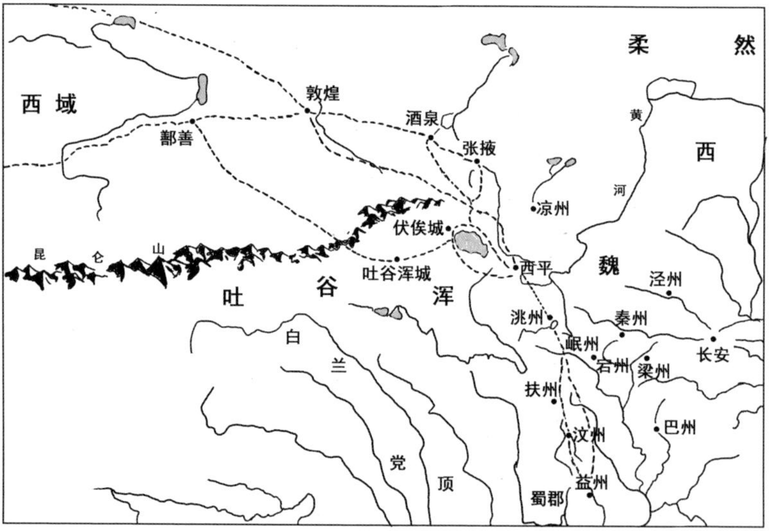

经吐谷浑至西域的河南道路线示意图 李东绘制

吐谷浑所开辟的河南道分两种：狭义的河南道仅指甘南叠州（治所位于今甘肃省迭部县）至青海湖伏俟城的一段线路；广义的河南道是指从益州经过川北，通过汶州（治所位于今四川省茂县）、龙固至甘南的洮州（治所位于今甘肃省临潭县），穿过浇河郡（治所位于今青海省贵德县），抵达伏俟城，然后再北穿祁连山扁都口至张掖，或经青海湖北岸西行，沿柴达木盆地东北缘北上，穿当金山口到敦煌，或从伏俟城穿越吐谷浑境内的草原地带（由今都兰西至格尔木），过茫崖，穿阿尔金山至若羌，进入西域南部腹地，与东西贸易的中道相接，过葱岭，到达南亚、西亚乃至罗马。

河南道成了西行的求法之路、商旅之路、联盟之路、使节之路、朝贡之路、和亲之路……凉州的风拂过漫天黄沙，祁连山北山花烂漫……

在这条路上形成了众多的行商和坐商。有个粟特人叫何细胡，通过河南道进入益州经商，于是就在郫（pí）县（今四川省成都市郫都区）安了家。他经商时结识了武陵王萧纪，成为专门为其打理生意的官员，主管金、帛交易，因而成为巨富，号称“西州大贾”。何细胡的儿子何妥从小研习儒学，17 岁时因才学出众成为湘东王萧绎的侍从。攻陷江陵后，西魏掌权者宇文泰非常重视何妥，任命其为太学博士，何妥成为那个时代著名的音乐家、哲学家。

由于北魏分裂后东、西魏征伐不断，中原局势动荡，公元 540 年，新上位的吐谷浑首领慕容夸吕不再接受南北朝的封号，自称可汗，王庭设在伏俟城，并按中原模式分封文武官员，设置了王、公的爵位和尚书、将军这类称号，官方文字为汉文。

慕容夸吕不常住在伏俟城内，他更喜欢游牧生活。慕容夸吕的王冠用黑色锦缎做成，呈锥形，用羽毛和明珠装饰。他坐金狮胡床——扶手处用金狮子图案装饰。王后穿用丝绸锦缎做的裙装，披锦袍，梳多根小辫并后垂，戴金花冠。吐谷浑的服饰与中原基本相同，男子用布缯做冠帽，妇人戴珠贝，以小辫数量多者为尊贵的象征。吐谷浑民风彪悍。

吐谷浑并没有固定的赋税，需要时向贵族商人征收。这里盛行草原风俗，实行收继婚制，婚嫁给不起聘礼的采用私奔的方式解决。盗马与杀人同罪，判死刑，但行刑并不是用刀斩首，而是用毡子蒙头，用石头从高处砸头至死。人死后，行土葬，没有守孝之说，遗体入土后服丧即终止。

这里的百姓善射猎，食肉酪，种大麦、菽豆。这里有一个风俗，冬季结冰后把母马赶入山中，让母马与野马交配，春季时再赶回，母马怀孕，所生的马驹称为龙种。吐谷浑人还将波斯马与当地的龙马交配，生下青白色的千里马——青海骢（cōng）。当地的铜铁、朱砂等矿产丰富。

基于远交近攻的策略，吐谷浑国与东魏保持着友好关系。柔然尚存时，双方绕过西魏，穿过柔然境内相互遣使。东魏孝静帝元善见将宗室女封为广乐公主并嫁给慕容夸吕，而慕容夸吕也将堂妹嫁给了孝静帝。北齐高氏接手东魏皇权后，虽然皇帝高洋常酗酒闹事，但主事的宰相杨愔（yīn）还能把北齐的对外事务处理得清明有序，尤其是能比较妥当地处理好与吐谷浑的关系。

这样，西魏就夹在了北齐与吐谷浑之间。其中，北齐的实力最强，推行均田制、州郡县三级行政制，大力实行汉化措施。而吐谷浑因为占据了贸易之道，势力远达西域昆仑山下的城邦。如果吐谷浑与北齐都采用远交近攻的方略，对西魏来说并不是一件好事。

慕容夸吕还经常命人掠夺河西一带。为此，宇文泰曾率大军到姑臧施压。后来，突厥占有柔然之地，慕容夸吕与北齐相互遣使的通道就被切断了。这期间，西魏凉州刺史史宁得到情报说吐谷浑的使团以商人的身份去了北齐，于是，在这批商人从北齐返回，途经一个叫赤泉的地方时，史宁派人袭击了使团，抓获了吐谷浑一文一武两位高官，以及与胡商混杂在一起的使团成员240余人，驼、骡600头，杂彩丝绢数以万匹计。

吐谷浑与北齐重要的国书落到凉州刺史史宁的手中。因此事，史宁就地升为大将军，可见信中的内容高度机密，掌握此内容对西魏有利。

时间到了公元556年，突厥势力完全占据了草原地带，在西北存续了200余年的吐谷浑汗国即将面临一次重大打击——突厥汗国提出借道凉州，进攻吐谷浑。

原本塞北的突厥与吐谷浑并不接壤，借凉州之地攻击吐谷浑，如果突厥失败或收获不大，回军时他们必然会掠夺凉州。这一点，西魏的宇文泰当然明白。于是，他命令史宁率军配合突厥军队行动，预防“假道灭虢”悲剧的发生。这不单是提防突厥，同时还是借突厥势力对不友好近邻的威慑。从地缘角度来说，这也是为保护其自身利益，以确保西域诸国自高昌至河西贸易通道的畅通繁荣。

之后，西魏与突厥联手向西攻击吐谷浑。西魏方面的主将就是史宁，突厥方面的主帅是木杆可汗。联军到达番禾（今甘肃省永昌县）时，被吐谷浑的游牧部落发现，吐谷浑军队保护着民众迅速撤往南山（今祁连山东支）。

木杆可汗的方案是两军分头追击，但史宁则不以为然，他认为树敦（一说位于今青海省兴海县）、贺真（一说位于今青海省乌兰县茶卡镇一带）是吐谷浑的重要基地，如果先将此二城拿下，吐谷浑失其要地，余部将不攻自破。木杆可汗觉得史宁的方案可行，于是兵分两路，史宁率兵直捣树敦，木杆可汗率军攻击贺真，两军相约会师西海

（一说为今青海湖一带）。

史宁部遇到吐谷浑娑周王的阻截，史宁率军攻而破之，斩杀娑周王，然后翻山越岭到达树敦。这里是吐谷浑的旧都，库房里存有大量珍奇宝物。当时，吐谷浑的征南王率数千人固守孤城。久攻不下的史宁玩了回兵不厌诈的计谋。他扬言粮草不足，引兵退去，实则是引诱对手出兵，并在要道上布下伏兵。城中主帅出兵追击，结果中计，节节败退，城门还没来得及关闭，史宁率军攻入城内，生擒征南王。回返西海时，史宁在险要处又与吐谷浑的罗拔王所率阻击部队相逢，再破吐谷浑军。

北路的木杆可汗此时也率军攻下了贺真城，缴获极丰，甚至还俘获了慕容夸吕的妻儿。草原抢婚原本就是风俗，只是不知道木杆可汗所抢的这位是不是东魏的广乐公主。慕容夸吕因未在贺真城中，幸免于难。

突厥越过河西进攻吐谷浑当然有其目的。吐谷浑占据着东西贸易的要道，那里是财富的集散地，其所处位置的重要性在某种程度上要超过西域的高昌，而此时的高昌已臣服于突厥汗国。对西魏来说，占有益州后，如若想进一步进取长江流域，扼制吐谷浑是关键的一步。

如果与同是鲜卑人建立的政权相比，北朝已完成了中原化的进程，融入了农耕文明。吐谷浑则因处高原牧区，也牧也农，成为新的东西文明的交汇地，佛教与萨满教并重，胡语与汉文同行，南来北往、西进东去的人都要在吐谷浑寻找翻译和向导，中原佛经在那里被翻译成佉卢文、粟特文、波斯文并回传西域。

对于突厥来说，掠夺吐谷浑的财富也是其重要目的。

吐谷浑事实上成了东西交通的中心之一，连着中原与漠北、西域等地。特别是在河西走廊受阻的情况下，控制河南道的交通线相当重要。

史宁明白突厥此次出兵的多重目的，所以两军会合于西海后，史宁将俘获的人、牲畜、财产全都送给了突厥可汗，以避免突厥回程时劫掠凉州。突厥军撤回，史宁一路送其至边界。告别宴之后，木杆可汗握着史宁的手，让他在帐前上马，步行为其送别，他既感谢又感叹地夸赞史宁智勇双全，并把自己的坐骑赠送给史宁。此外，他又从俘获的战利品中分给史宁奴婢百人、马 500 匹、羊万头。

宇文泰对史宁也同样欣赏，曾将自己的衣服、弓箭、盔甲赠送史宁，这让史宁很感动。回到凉州后，史宁得到一个坏消息——宇文泰病故了。史宁悲痛不止，亲赴长安，在宇文泰棺前祭告出征大捷。

07 “西域浮图，最为第一”

南北朝时期，得益于西域通道大部分时间较为畅通，中原与西域的佛文化交流频繁，中原地区佛教传播活跃。在统治阶级的推动下，与佛有关的建筑如雨后春笋般拔地而起，其中不得不提的是曾轰动一时、极尽奢华的皇家寺院——永宁寺。寺中的佛塔为胡太后时期所建，是史料中记载的当时最高的一座木制佛塔。塔共9层，每层的角上都有石瓮大小的金铎（duó）①，从上到下共有130个。塔有4面，每面有3门6窗，涂红漆，门扇上各有金铃5行，共5400枚。金铃下面有金环和金铺首②。塔顶还有10丈高的塔刹，用铁锁连接塔身四角，其上布满金铃。塔刹上有25斛③容积的金宝瓶，宝瓶下是30层的承露金盘……永宁塔代表了当时最高的建筑工艺。每当长夜沉沉，有风吹过，金铎和鸣，悦耳动听，令人回味。

佛塔的北面是以皇宫的太极殿为标准建造的佛殿，内供有大小金

---

① 铎，中国古代乐器，形如铙、钲而有舌，是大铃的一种。

② 铺首，衔门环的底座，多为铜制，作虎、螭、龟、蛇等形。

③ 斛，古代容量单位，初以10斗为1斛，南宋末年改以5斗为1斛。

佛11尊、玉佛2尊，还有绣珠佛像、金丝所织佛像多幅。寺内有僧房千间，雕梁画栋，门刻青云，窗有镂空，柏松枝叶覆盖檐道，丛竹香草分布阶石。从西域而来的佛像、经书都收藏在这个寺中。

永宁寺四面均开有门，南门楼的形状规则按洛阳宫城的端门修建，门楼3层，高20丈，画有云气和仙人。拱卫大门的有4位金刚、4只石狮，用金银装饰，镶有珠玉。东西两门也是如此，只是门楼有2层。四门之外，皆为青槐，绿水环绕。永宁寺的各种奇特，不胜枚举，也无法想象，代表了当时最高的佛教建筑艺术。

当年，走海路从南天竺而来的禅宗始祖达摩法师，从建康到达洛阳，见到永宁寺的壮观，听到金铎的鸣响后惊叹道："走过世间佛国净土，这才是真正的佛国世界。"然后，他口吟南无，合掌连日，长久端立，不愿离去。

北魏孝武帝永熙三年（公元534年），初春时节，黑云涌动，雷声阵阵，永宁塔上的金铃在狂风中凌乱地鸣叫。一道闪电撕裂黑云，击中永宁塔第8层的梁柱，大火顷刻而起。寺中的僧人呼喊着提水桶冲上佛塔灭火，但火越烧越大。

身在宫中的皇帝元修也看到了永宁塔的大火，他派南阳王元宝炬率1000名皇城禁卫军赶去扑救，但整个塔已完全燃烧，塔刹轰然坠地，高温使人无法靠近。整个洛阳城因此骚动起来，贵族、官吏、僧侣、百姓、商旅凡见到火光者，均从四面赶来增援，但已无济于事。火光在众人的泪目中闪烁，哭声冲天，震动京师。有3位高僧不能自禁，冲破众人的阻拦，悲号着投进烈焰，与永宁塔一起涅槃。这场大火烧了3个月。1年之后，废墟中仍有烟气冒出。

《水经注》中记载这座塔——"浮图下基方一十四丈，自金露盘下至地四十九丈”。火灾当年五月，与洛阳相距千里的东莱郡（治所在今山东省莱州市）的人声称在海上看到了这座宝塔——“光明照耀，俨然如新，海上之民，咸皆见之”。但后来海上雾起，宝塔不见了身影。

当时，龟兹国欢快的鼓乐在中原的影响力极大。龟兹的乐师、西域的胡商和杂耍艺人在北齐都城邺城已成为富贵人家的座上宾，而且这些人通过贿赂获取官位的也不少。西域的高昌、焉耆、龟兹、粟特、安息、嚈哒等官方使节献马朝贡的对象主要是北周，而民间的胡商、杂耍之流则多数涌入北齐。

在龟兹有一个雀离大寺（位于今新疆维吾尔自治区库车市苏巴什佛寺遗址），建于魏晋时期，是当时西域最大的佛寺。该寺位于高坡之上，傍河而立，河东、河西各有一片寺院。佛陀雕像装饰庄严，雕像所展现的泥塑技术高超。还有一块玉石供奉在佛殿大堂内，其上有释迦牟尼足印——长1尺8寸、宽约6寸。东晋时代的名僧鸠摩罗什在出家之前，常常至此听讲佛法。

在邺城，龟兹人很多，原因是这里也仿建了一个雀离大寺，位于漳水（今漳河）边的华林园内，是北齐的皇家寺院。两个雀离大寺都呈正方形，布局几乎一样——四周为僧房，中间为佛塔。只是邺城雀离大寺的位于中心的佛塔由圆形建筑变成了中原方型汉式木构，外观更加精美。

龟兹与邺城的雀离大寺的模板都来自葱岭以西的犍陀罗。北魏时期，宋云等人曾去过犍陀罗的雀离寺，并在《宋云家记》中对其做了详细的描述。当时，人们普遍认为犍陀罗的雀离寺的塔是佛界第一高塔，正如《洛阳伽蓝记》所记载：“西域浮图，最为第一。”

由于北齐皇室重视佛教，不少西域僧人接踵而来，有的还担任了重要的僧官。北齐的上层统治阶级沉溺于龟兹的歌舞、游戏与玩物，让大批西域胡人为官为仆，从事演艺工作。像北齐重臣和士开、祖珽（tǐng）等人还都精通琵琶与西域舞蹈。

当时还流行一种游乐活动叫乞寒胡戏，亦称泼寒胡戏。这个戏种来自西域，有说源自康国，有说源自高昌，有说源自龟兹，主要内容类似于泼水节，其间夹杂大量的西域民间杂技和即兴歌舞。表演者穿着裸露肢体的胡服，戴着兽头面具边唱边跳，跟观者用泼水来互动，祈求驱邪除病、身体健康。

中国历史上最混乱的南北朝时代，也是佛教最兴盛的时期。自西域至中原，保留最完整、最精美的佛教洞窟——吐峪沟石窟、柏孜克里克石窟、克孜尔石窟、胜金口石窟、敦煌石窟、麦积山石窟、云冈石窟、龙门石窟等，都完工或始建于这个时期。佛教可以在中国存在这么多年，是因为它与儒、道的人文思想几乎一致。在东方人的思维中，佛是一种人生哲学，能够提供世间显而易见的普世观。佛最初在中原大地得以广泛传播，以皇权为主要推动力，并不是因为历史上的皇帝有善良的天性，而是他们有维护统治的需要。皇权需要百姓逆来顺受，而佛教提倡的忍耐、慈悲、宽容等理念，恰好符合这种需要。

佛教的传入，为中国带来了一种新的思想和文化，促进了游牧与农耕之间的交流和融合。同时，佛学对中国的艺术、建筑、哲学等领域产生了深远的影响，成为中国文化的重要组成部分之一。可以说，佛学是让西域与中原联系更加紧密、彼此更加亲密的不可或缺的“黏合剂”。

就统治者而言，梁武帝萧衍可以说是极其推崇佛法的代表人物之一。前半生，他写了大量著作来解读《周易》《春秋》，主持编写了《通史》六百卷，并曾自豪地对臣下说："此书若成，众史可废。"后半生，他痴迷于佛经，著有百卷佛学著作，并将儒家的"礼"、道家的"无"、佛家的"因果"综合，创立三教同源说，迈出了佛教中国化的关键一步。

他还曾与菩提达摩就佛学研讨有过一段经典的对话。

公元526年，菩提达摩法师自南天竺经海路到达广州。得知有西域高僧来访，梁武帝下旨，让广州刺史护送高僧到建康。于是，在南梁国都建康，62岁的梁武帝萧衍与据说已经140岁的南天竺高僧达摩有过一次对谈。

梁武帝问："我这些年写佛经、造佛寺，鼓励俗人出家，做善事，结善缘，净身持戒，这是何等的功德？"

达摩法师答："这不是什么功德，这只是世间的福德。布施、念佛、造寺只是做善事，不能自悟即无功德，终不能脱离苦海。"

梁武帝追问："那什么才算功德？"

达摩法师答："真正的功德是能视一切众生平等。功德原本在自悟，不在于修福。"

梁武帝又问："得道高僧至高无上的真理圣谛是什么，第一义谛的境界是什么？"

达摩法师答："境本非境，界亦无界。世界本是空廓无相，也无圣道存在的境界。"

这些言论听得梁武帝云里雾里，茫然不知所云，露出了俗人的本来面目。他愤怒地问达摩法师："既然无圣，那么现在与天子对话的人是谁？”

在达摩法师眼中，世间本来无一物，哪里有什么“天子”？但是达摩法师还是用佛理说了句：“不识。”用佛经来理解就是：我本非我，你亦非你，世界本就空寂、圆融、清静、妙密，修炼佛法理应去“有相”而达“无相”。只是常给众生解读佛经的梁武帝，其实并没有理解其中“凡所有相，皆是虚妄”“离一切相，则名诸佛”的真实意思。

达摩法师见眼前这个皇帝并未开悟，依旧心存邪见，无法度化，于是告辞回驿馆。

梁武帝静思几天后，稍有开悟，想请达摩法师再来辩论。但是，此时达摩法师已踏苇过江。这之后，达摩法师去了洛阳永宁寺，然后到嵩山少林寺面壁 9 年，自修功德，再也没去过南朝。

达摩没有留在南朝而是匆匆去了北地，也许一个重要的原因是，这位禅宗祖师通过了解梁武帝对佛法的认知，看到了南朝佛教的虚华。这种虚华可以通过《洛阳伽蓝记》中的一则故事来解读。

洛阳有座崇真寺，寺中有个僧人叫慧嶷（yí）。有一天他突然昏迷不醒，7 天后才苏醒过来。他告诉其他僧人，那几日他灵魂出窍，他和其他 5 个僧人一起到了阎王殿，自己因为阳寿未到，被小鬼招错了，所以又被放了回来。在阴间，慧嶷和尚亲历了阎王判案，知道了其他 5 个和尚的命运的结局。

前两位和尚是宝明寺的智圣和般若寺的道品，两人自述生前一心打坐，苦苦修行，坐禅悟道，无欲无求。于是，这两个和尚离开冥府，升入佛国。

第三个僧人是融觉寺的昙谟最。他告诉阎王他的功德是生前注释并讲解了《涅槃经》《华严经》两部经典，听者有千人之多。阎王听后说："喜欢讲经的人，心中充满傲慢，总认为自己比他人强，这是僧人的第一粗俗。我只想知道你坐禅诵经的功力。"昙谟最马上辩解说："贫僧从不曾傲慢，只是好讲佛经，发扬佛法理论而已，不善诵经。"阎王见他不悟，不再搭理，挥挥手，让小鬼把他押入地狱西北处一个带黑色大门的牢中。昙谟最没有明白，他用自己的理解讲授佛法就是最大的傲慢之心，以致传播谬论，干扰他人修行开悟。

第四个僧人是禅林寺的道弘和尚。他告诉阎王他的功德是平和教化施主，刻写佛经，共造了十尊等身金佛。阎王听后说："你既已成僧，应当收摄身心，一心念佛，打坐修炼，严守戒规，不做有为之事。当你教化施主，叫他们多多捐献时，求财的贪心就有了。既然心怀贪念，心中'贪、嗔、痴'三毒便定然不灭。有了贪心则烦恼不断。"说完，阎王挥挥手，小鬼把道弘也押进了黑牢。道弘没有领悟到，戒律中出家人不得接受或储蓄钱财，可他却到处募化，要人捐钱物，陷入了对钱财的执迷之中，不是修行人。

第五个僧人是灵觉寺的宝真和尚。他说："出家之前，我曾做过陇西太守，酷爱佛法，知晓下界之苦与佛国之乐，于是皈依佛门，割舍家财，建灵觉寺。出家后，我虽然不好打坐入定，也不好念诵佛经，但非常虔诚地礼佛拜佛。"阎王听后说："你当太守之时，歪曲事实，贪赃枉法，以修寺为名劫夺民财，中饱私囊。修建灵觉寺的资财都是民脂民膏，还谈什么建庙之功德。作为官员，向内修行，提高自己的道德水准才是功德。"于是，这个曾经的官员也进了黑牢。

南北朝时期佛教兴盛，寺庙中的和尚良莠不齐，浑水摸鱼者有之，借机敛财者有之。尤其可笑的是，讲经文的僧人自己不会诵经，这是一种对当时社会现状的讽刺。这个故事，其实就是告诉世人，心怀“贪、嗔、痴”的人，不可能积功德，所作所为只是掩人耳目的表象而已。梁武帝萧衍所犯的错就是后三个和尚所犯错的聚集，这也坚定了达摩离开南朝的决心。

08　长孙晟的高光时刻

公元 581 年，隋开国当年，吐谷浑汗国攻击河西的凉州，隋军大败吐谷浑军，斩俘万余人。吐谷浑王侯 30 余人率部落向隋军投降，可汗慕容夸吕远逃。隋朝册封吐谷浑高宁王慕容移兹裒（póu）为河南王，统治归附隋朝的部落。

草原上的突厥佗钵可汗在隋开国这一年病逝，临终前他对儿子庵逻说："你大伯把汗位传给我，没有传给你的堂兄大逻便。我死后，当立大逻便为可汗。"突厥当时并没有严格的立储制，前三任可汗是兄死弟及。突厥人很重视门第高低，大逻便的母亲出身卑微，而庵逻的母亲出身高贵。在这些堂兄弟中，小可汗摄图的年龄最长，他掌控的军队兵强马壮，且能征善战。从东部草原奔丧来的摄图拥立出身高贵的庵逻为可汗。

大逻便没当成可汗，很气愤，心中不服，就常派人到汗国王庭辱骂当了突厥可汗的堂弟庵逻。后来，庵逻实在受不了了，就决定将可汗位让给大堂兄摄图。

突厥汗国的贵族们聚会，就禅让可汗位进行了讨论。他们认为阿史那氏的四个堂兄弟中，摄图最有能力振兴汗国。于是，他们迎摄图回王庭所在地郁督军山为可汗，称沙钵略可汗；将庵逻的部落迁到独洛水（今蒙古国图勒河），称第二可汗。这原本是突厥贵族的集体决议，但大逻便还是很生气，又来骂沙钵略可汗，他质问道："我们的父亲都当过可汗，为什么你们可以继承家业，而我什么都不是？"

沙钵略可汗也很无奈，于是就封大逻便为阿波可汗，让他回到位于突厥发源地，统治突厥在祁连山至金山一带的草原部落。为了掣肘大逻便，沙钵略可汗又封叔叔玷厥为达头可汗，统治伊吾的草原地带。

隋朝立国后有两个强敌：一是江南的南陈；二是草原的突厥。

按草原的继婚制，原佗钵可汗的夫人、来自隋朝的千金公主成了可汗摄图的夫人。于是，摄图对突厥官员说："我是宇文皇室的女婿。现在杨坚称帝，杀宇文皇族，如果你们不报仇，还有什么脸面见可敦[①]？"

此后，突厥不断攻击隋朝边境。隋朝开始在沿边修整长城，建立戍堡，集结兵力。为了对付草原上的突厥，隋文帝杨坚找来曾经出使突厥、送千金公主联姻的奉车都尉长孙晟，询问突厥的虚实。

长孙晟是位列凌烟阁二十四功臣之首的长孙无忌的父亲。他在送千金公主去突厥后，在草原上待了一年。他与摄图的弟弟处罗侯关系密切，两人曾秘密盟誓，互为外援。与处罗侯在草原上狩猎时，长孙晟仔细观察、记录了突厥的山川地形以及部落强弱情况。这之后，长孙晟针对突厥问题，给隋文帝杨坚写了详细的对策。

长孙晟认为，目前讨伐突厥的时机尚不成熟，但突厥汗国内部矛

---

① 可敦，突厥、鲜卑、柔然等政权对可汗正妻的称呼。

盾不断：

一、位于伊吾的达头可汗玷厥虽然兵强马壮，但他在突厥汗国的地位并不高，与沙钵略可汗摄图虽有隶属关系，但之前因可汗之争，两人已有矛盾。如果从中离间，可引起突厥内斗。

二、摄图的弟弟处罗侯势力单薄，处心积虑地结好贵族，这让摄图多有猜忌。处罗侯表面上与贵族没有隔阂，实际内心甚为惊恐。

三、位于西域金山一带的阿波可汗大逻便实际上夹在摄图与玷厥的势力之间，谁强他就倒向谁，目前没有确定的立场。

鉴于突厥有内部矛盾，长孙晟认为应当采取远交近攻的方法，派人交好伊吾的达头可汗，迫使摄图分兵、分精力应对来自达头可汗的压力。再结交处罗侯，联合东部的奚人、契丹部落，致使摄图再分兵东部边境，让他头尾不连，内部不和，没有精力南下中原。用不了几年，突厥可征服。

杨坚召见长孙晟并听取了更详细的汇报，随后他按长孙晟的方案派出两路使团。第一路：太仆元晖出使西北的伊吾，晋见达头可汗玷厥，给了他精绣的狼头大旗。第二路：任命长孙晟为车骑将军，率队携带重礼出使东北黄龙，赏赐奚人、契丹部落，再由东北转道进入草原，抵达处罗侯的部落，劝说他归附隋朝。

这之后，突厥汗国派人出使中原，杨坚还专门让达头可汗的使者坐在沙钵略可汗使者的上位，突厥汗国内部的矛盾与猜疑在长孙晟的计划中得以滋生。

此后在边境上，突厥的攻击不断，沙钵略可汗还下达突厥全线南下攻隋的作战令，但战线主要在河西、阴山、马邑、凉州一带，这一线属于中部沙钵略可汗的属地。突厥的攻势都被驻守的隋军击退，长孙晟远交近攻的策略起了作用。

公元 582 年底，突厥再次兵分多路南下抢掠，沙钵略可汗亲率 10 万大军与隋军在周盘（位于今甘肃省庆阳市）遭遇，隋军将领达奚长儒仅以 2000 兵抵抗。兵器受损，隋军就以肉搏抵抗，杀敌万余，将士亡者十之八九。之后，突厥撤去，转而攻击临洮、幽州，当地隋军抵挡不利，突厥大军大举南下，杀入武威、天水、金城、上郡、弘化、延安，将沿边抢掠一空。

此时，长孙晟通过沙钵略可汗的儿子给突厥提供假情报，说突厥以北的铁勒等部叛乱，打算袭击突厥汗国的牙帐。得此消息的沙钵略可汗急忙率军北返。

面对突厥的不断入侵，隋朝决定反攻，改变北周以往用金钱换取和平的策略，不再给突厥提供财物，而是把这批财物用于奖励前线将士。这之后，隋军兵分八路，全线出击。

中路大军与突厥沙钵略可汗在白道（位于今内蒙古自治区呼和浩特市）相遇，隋军的 5000 精锐向突厥发动闪电战，突厥军大败，沙钵略可汗脱去铠甲窜逃。突厥无粮，加上瘟疫流行，死亡惨重。东路大军从卢龙塞（位于今河北省迁西县北喜峰口附近）北出长城，攻击勾结突厥的北齐残余势力，收复和龙（位于今辽宁省朝阳市）所属各县。西路大军在摩那度口（大约位于今东天山一带）大败突厥军。

北伐的一路大军为秦州总管窦荣定所率的步骑 3 万。此军从凉州北面攻击突厥，与突厥阿波可汗大逻便所部在高越原（位于今甘肃省民勤县西北）相拒。这里地处沙漠，原本干枯无水，但时逢大雨，隋军军心大振。主帅窦荣定派人向突厥阿波可汗下挑战书："士兵有什么罪，何必要互相残杀？明天对阵，两军各选一位勇士决定两军胜败如何？”阿波可汗答应。于是，第二天对阵，隋军、突厥分别派出一名勇士，两人交战，只一个回合，突厥勇士的头便被砍下。突厥军大惊，不敢再战，阿波可汗请求议和，随后退去。

隋军派出的勇士原本是发配敦煌的戍卒，叫史万岁，京兆郡（治所位于今陕西省西安市）人，原本就是北周名将，屡立战功，因一起谋反案牵连，被发配敦煌当戍卒。

敦煌的边防戍主也很勇猛，常常一人一马深入草原部落抢夺羊马，总有收获，因此他颇为自负。于是，史万岁说自己也可以单枪匹马抢夺羊马。于是，戍主给他快马、弓箭，史万岁果真抢了大批牲畜回营。于是，两人成为朋友，常一起进突厥部落打劫，名震草原。此次刚好遇到反击突厥之战，史万岁便主动投军效力，于是就有了一人一战决胜负的战果。

长孙晟正好任窦荣定大营的副帅，于是离间计再次上演。长孙晟派人游说大逻便：“摄图每战必胜，你首战便败，摄图一定会趁机归罪于你，完成吞并你的领地和部落的目的，你自己要考虑好后果。现在玷厥跟隋和好，摄图也没办法，你也可以归附隋朝，联合玷厥，增强实力。”大逻便觉得有道理，就派使节跟随长孙晟到长安朝见。

白道之战后，摄图狼狈撤退。听说大逻便与隋结盟，他大为气愤，率军袭击了大逻便的后方部落，杀其母，占其地。攻击大逻便时，摄图把另一个小可汗贪汗的领地也一并占了，并取消了贪汗的可汗称谓。屯兵在高越原的大逻便无家可归，只好前往伊吾投靠玷厥。此时，贪汗也投奔玷厥。

得知摄图如此无情，玷厥大怒，率军东征，大逻便也集结旧部，两人一同攻击摄图，收复了大逻便的领地。另有一部落也因与摄图不和，投奔了大逻便。此战后，大逻便的势力大长。

突厥汗国的内战日益激烈，各部都派出使节前往长安，请求支援。隋文帝一概拒绝。

随后，突厥汗国的达头可汗玷厥派使节到长安，请示归附。

此时的沙钵略可汗不断被隋军击败，于是请求和解，千金公主也主动改姓杨，当杨坚的女儿，杨坚封千金公主为大义公主。这估计是在讽刺该公主忘记了大义吧。

沙钵略可汗写了封信给杨坚说："中原的天子是我的岳父，草原与中原风俗不同，但亲情是一样的。从今往后，万世万代，亲上加亲。上天做证，突厥的牛马就是天子的牲畜，帝国的绸缎也是汗国的物品。"

杨坚回了封信说："可汗既是我的'女婿'，就跟我的儿子一样，我会常派使节探望儿女。"

杨坚果真派了两个高官去了——正使虞庆则，时任尚书右仆射；副使就是车骑将军长孙晟。长孙晟绝对是卓越的外交家，但并不为常人所知。

长孙晟生性聪慧，文武兼备，"一箭双雕"的成语说的就是他的故事。长孙晟多次奉命出使突厥。在与突厥交往的20余年中，其发挥出众的智谋，提出"远交近攻、离强合弱"之策，为分化瓦解突厥、保持隋朝北境安宁起到了决定性作用。

长孙晟再次到达草原，此时的突厥已没有了霸气与傲慢。

草原上穹顶结构的毡房，受材料限制，最大直径也不过20来米，与中原的梁柱式建筑的宏伟几乎没有可比性。但沙钵略可汗很是自信，他在牙帐内陈列了各种金银器具来展示突厥的"富"，帐外集结武装，炫耀武士的“强”。在隋使看来，毡房的局限则为“困”，武士铠甲非统一制式则为“贫”。文化差异造成行为差异，这种阵势并未给得胜方的隋使造成心理上的压力。

沙钵略可汗摄图并未出帐迎接隋使，而是声称有病，不便迎接。当虞庆则要求可汗下跪接受大隋皇帝的诏书时，摄图不屑地说：“草原人上敬天，下敬地，从不向人叩首。”并且，千金公主警告虞庆则说：“可汗性格狂暴，跟他对抗，只有死路一条。”

长孙晟则展现出外交家应急谈判和交涉的能力。他对摄图说：“可汗跟大隋皇帝都是天之骄子，可汗有病不便起身，我们怎敢强迫？可是，现在可汗是大隋皇帝的‘女婿’，按中原礼俗，女婿跪接岳父大人的信，是最受人尊重的仁孝之礼。”

摄图听罢，突然大笑，对左右说：“有道理，用中原的礼仪接待中原使节，也显示出我突厥的风范。”于是，摄图跪地接受诏书。

虞庆则要求摄图今后给大隋皇帝写国书时自称“臣”。

摄图问千金公主：“‘臣’是什么意思？”

千金公主答道：“‘臣’就是大隋皇帝的‘奴’。”

摄图听后，想了一会儿，对虞庆则说：“能当中原皇帝的奴，这是隋使的功劳呀。”于是当场赠给使团马千匹，并把一位突厥公主嫁给虞庆则。

仪式之后，摄图跟部属聚在一起。这些草原的贵族们相拥，放声大哭。摄图面对内忧与外患，无奈与委屈的心情跃然于史料中。

摄图的内忧：西部被达头可汗玷厥与阿波可汗大逻便不断地侵蚀和围攻。西部突厥两部已控制了西域。外患：东部契丹部落常常入侵。中部突厥部落被夹于中间。

摄图称臣的目的是请求率部向南迁徙，借驻白道川（位于今阴山以北）。隋文帝同意，命晋王杨广接应，供应突厥人衣食车驾。摄图趁势西上攻击大逻便，可东部的阿拨国却趁机窜入，俘虏了摄图的妻儿，包括千金公主。杨广率军反攻，击败阿拨国，将所获突厥人口和牲畜全部送还摄图，摄图大为感动，立下誓言，上书杨坚："天上只有一个太阳，地上只有一个隋皇。突厥汗国深受淳朴隋风感动，向隋皇归附，从今屈膝叩头，为中原藩属。"并派儿子出使长安，从此对隋朝进贡称臣。

这段历史几乎是两汉王朝与匈奴故事的重演，也应了一句话：天下大势，合久必分，分久必合。

09 回望南北朝

南朝科学家祖冲之最大的贡献是精算出了圆周率。在那个时代，为什么要去计算圆周率呢？这源于建筑的需要。祖冲之的爷爷是刘宋的大匠卿，主管全国土木工程。在祖冲之之前的魏晋时期，已用割圆术算出了圆周率是 3.1428，但这个数值在大型建筑的计算中还是不够精准，达不到建筑要求。失之毫厘，将差之千里，这会造成材料和人工的浪费。在画建筑图纸时，也不可能用有弹性的绳索去测量圆的周长，必须用一个简单的公式计算。那时候还没有算盘，也没有阿拉伯数字，得通过摆小木棍来辅助推算，可见计算之繁难。

在祖冲之时代，西域就存有一些圆形的建筑和城池，这当然与祖冲之无关，但这说明圆形在人类建筑中非常常见。

在今新疆巴音郭楞蒙古自治州南部、孔雀河[①]北岸有一座古城。这个地方在库鲁克塔格山支脉兴地山以南的戈壁滩上，海拔 849 米。这里地势平坦，背靠山，面对大漠，周边寸草不生。令人感到奇怪的是，这个古城不是较为常见的方城，而是一座直径 350 米的圆城，

---

① 此处的孔雀河为早已干涸的古孔雀河，非今天穿库尔勒市而过的孔雀河。

城墙厚达 5 米，城高 7—8 米。夯土建筑中夹有植物枝条。这座城有东、西、北三个城门，被称为营盘古城。这里出土过木简、钱币、刀剑、陶片等文物。

营盘古城的城墙，采用中原的夯筑法，不同的墙段使用了不同的构筑方法，这说明后人在不断地修补。古城附近有烽燧、亭障等防御设施，构成以该城为交通枢纽的楼兰道沿线防御体系，戍卫周边的安全，以保障丝绸之路的畅通。

由于营盘古城位于库鲁克塔格山南麓、孔雀河北岸，可见建设过程中融入了中原“坐山面水”的筑城思想。因山为屏障，又保证了水源供应，可以说是充分利用了优越的自然地理环境。

塔里木盆地的河流基本发源自周围的山系，靠近山川的营盘古城可凭借地理优势获得充足的冰雪融水，附近还分布有小的湖泊和绿地。或者这里当时就是一个十字路口，古城所在的营盘绿洲东接楼兰，西通轮台、龟兹，北连车师，向北穿天山峡谷可达乌孙，向南越浩瀚沙漠可达于阗，四通八达，是丝绸之路上的交通枢纽，古城因而成为楼兰道上的军事重镇。

很多学者认为这个圆形的营盘古城是史料中记载的墨山国国都。三国时，墨山被焉耆所吞并。营盘贵族墓出土的文物汇聚了中原的锦缎、罗马的罽袍、中亚的皮革、印度的首饰、波斯的器皿，这说明丝绸之路曾给这一区域带来过贸易的繁荣。

墨山国在哪里？《汉书·西域传》中有一段这样的描述：“……去长安七千一百七十里。户四百五十，口五千，胜兵千人。辅国侯、左右将、左右都尉、译长各一人。西至尉犁二百四十里，西北至焉耆百六十里，西至危须二百六十里，东南与鄯善、且末接。山出铁，民山居，寄田籴（dí）谷于焉耆、危须。”对于这段文字，隋唐时的历史学家颜师古有一个注解：“常在山下居，不为城治也。”即墨山国人常在山下居住，没有建立城郭。

在山下居住、不建城郭的是些什么样的居民？

墨山人的粮食来源是焉耆和危须，这说明焉耆和危须是以农耕为主的城邦。而墨山人在山下居住，自然是靠山吃山。山地不便游牧，那最大的可能就是墨山人以狩猎为生。如果以狩猎为生，则墨山人不易聚居，容易坐吃山空。按史料的描述，汉时的墨山猎人可生存的山是在今日的巴仑台一带的山地，这个位置和《汉书》描述墨山国至焉耆国的距离时提到的位置刚好相近，而且山里出铁矿。

据《汉书·西域传》，车师前部离长安 8150 里，墨山国离长安 7170 里，焉耆国离长安 7300 里，由此可推算出墨山国到焉耆国的距离是 130 里。

这就有问题了。了解地理的人都知道，从现今的路线进入新疆，先路过车师前部所在地的吐鲁番交河故城，然后西行 600 多里的现代公路才会到达焉耆国所在的现今焉耆县。那为什么从长安到焉耆国和墨山国近，而到车师前部远呢？

原因在于路线上。那么当时行走的路线又是怎么样的呢？

西汉初期，由于匈奴控制着天山北部草原及车师所在的吐鲁番盆地，在焉耆设立僮仆都尉府，所以当时汉使通西域主要走南道：出敦煌，偏向阿尔金山，穿位于昆仑山北麓的匈奴势力弱的城邦西行，经楼兰、精绝、扜弥、于阗、皮山、西夜、莎车等地，越葱岭到大宛。北道则是出敦煌，沿疏勒河谷，经白龙堆、盐泽、楼兰到达焉耆盆地。从焉耆向西可去龟兹、姑墨、温宿、疏勒，越葱岭至大宛、康居。如果以长安为起点，从焉耆折向东经墨山进入车师，则墨山、焉耆距长安近，车师距长安远，这说明《汉书·西域传》的记载无误。

不过话说回来，公元前121年，匈奴浑邪王降汉，河西走廊形成，南山（今祁连山东支）至盐泽已无匈奴势力，西汉已开始自敦煌向西筑长城、亭燧，在渠犁、轮台屯田，通过伊吾、车师进入焉耆，沿天山南麓西行的道路已得到稳固的控制。早在《汉书》成形之前，窦固征匈奴，在伊吾屯田，此新北线已开通，那么从长安到车师的距离要比从长安到墨山、焉耆的距离近1000里。如果我们把长安、车师、墨山这三个点拉成一条直线，车师则居于中点至墨山的线条上。是不是《汉书·西域传》中的距离写错了，将长安到车师前部的6150里写成了8150里呢？目前已无从考证。且武帝时代，赵破奴、王恢率700骑出敦煌，击楼兰后沿盐泽攻车师，并没有提到经过焉耆转道车师，这更加提升了《汉书·西域传》记载有误的可能性。

盐泽在历史上有多种叫法，如泑（yōu）泽、罗布淖尔、蒲昌海。为什么汉代的记录中提到过盐泽，没有提到现今的艾丁湖？艾丁湖在《西域图志》中被称为觉罗浣，汉代时水面非常大，是不是汉朝人把艾丁湖认为是罗布泊的一部分了呢？事实上，罗布泊与艾丁湖并不相连，二者是分开的两个湖，罗布泊的海拔在700米以上，而艾丁湖周围的交河故城海拔只有34米。

《托克逊县志》记载：墨山国在托克逊县境内。具体在哪儿呢？我们沿着丝路古道去寻找一下。

由托克逊出发走70里石路到达苏巴什驿，折向西南再走80里到达哈尔布拉克驿（此段山路险恶），再走60里到达桑园驿，由桑园驿西行20里，向南进山50里到达苦水井，再走100里——30里浮沙路，60里石子路，10里碱滩——到达干草湖，接着走60里的沙石路到达一个叫破城子的地方。这个地方有一座古城，残破不堪，周长一里，东南有池塘，北面有可耕种的土地六七十亩，附近的山里有铅矿。这个叫破城子的地方有说就是墨山国所在地——在现今的托克逊县与和硕县交界处，离孔雀河故道和博斯腾湖很近。破城子周围的山光秃秃的，根本不可能为猎人所居。这里离湖近，当渔夫倒是可以生存。

从破城子再向西走，便可进入尉犁北部狭长的兴地山谷绿洲和营盘绿洲。

《水经注》中有一句话提到了墨山国："河水又东径墨山国南，治墨山城，西至尉犁二百四十里。河水又东径注宾城南，又东径楼兰城南而东注。"这句话可以这样理解：一条大河波浪宽，河边就是墨山国，东流路过注宾南，再过楼兰入盐泽。

一个多达5000人的部落，且不知分散在几处，所以破城子、营盘古城以及后来发现的辛格尔遗址都不可能是墨山国的城，因为都不具备供养山民的条件。

南北朝之后，由于孔雀河断流，营盘这块曾经水草丰美的土地因缺少足够的水源而失去生机。受环境恶化的影响，绿洲上的聚落也逐渐荒废，导致丝绸之路交通线的改道，楼兰地区失去交通枢纽地位。营盘古城，这座凭借丝绸之路交通线上的贸易往来而兴盛的城市也逐渐失去往日的繁盛气象。营盘衰废后，因自然环境的优势，这里并没有完全成为一座荒城，仍作为一个普通的居民点存在了很长时间。

营盘古城为何人所建，为何人所居，对于今天来说并不重要，重要的是这里曾是丝路辉煌的印证。

比祖冲之小 37 岁的郦道元是北魏的军队将领，曾任过御史中尉、北中郎将，还在多地出任过太守和刺史。他执法严峻，极富威名，也因此招致了一些官员的怨恨，被奸臣所害。这位南北朝时期的地理学家以前人资料为依据编著了《水经注》。《水经注》中对流经西域的河道及周边居落做了详细的介绍。由于西域是众多河流的源头，所以《水经注》开篇两卷就是西域的山水故事。

古汉语中有一个不常用的词叫“羁縻”。羁，指马笼头；縻，指牵牛鼻子的绳子。这两个字合并起来是指中央王朝采用怀柔的政策控制蕃属地。当时的西域，北魏对西域诸国采用了羁縻的政策。对于柔然来说，控制西域的主要目的是在商业上获取利益，所以还谈不上羁縻，更准确地说，西域其实只是柔然的活动和抢劫范围。

如果从军事角度来看，《水经注》就是一本便于中原控制西域的兵要地志。跨越时间与空间的维度，我们可以从《水经注》中了解南北朝时期的西域山川水道的布局，可以从兵要地志的角度洞察西域河流流经的地域、物产、历史、佛的传说及人文故事。

《水经注》中，河水流经地，再现了大量西域的地名——于阗、且末、疏勒、鄯善、焉耆……

《水经注》中，华夏的母亲河黄河的河源出于西域的喀喇昆仑山和葱岭，由积雪融水而成的河流分流东西。西流的水，经南亚次大陆，形成众多河流，又分别流入里海和印度洋。自于阗分界，东流的河流，汇入蒲昌海。当时的蒲昌海水面宽广，水波荡漾，是诸多河流的集结地，但水面长年不增不减。古人并没有海拔的概念，只有远近高低的视觉差。当时的人认为，昆仑分三层，最高一层叫天庭，第二层叫阆（láng）风，第三层叫板桐，都是神仙的居所。在郦道元的概念中，“村外古道三重山，人间沧桑二月天”，昆仑山地势最高，积石山低于蒲昌海，于是肯定了《水经》的说法，加上自己的“注”。郦道元也错误地认为源于昆仑东流的河水与发源于葱岭的河流相汇，流经西域广袤的土地，滋养一方绿洲后注入蒲昌海。水再潜入地下，从千里之外的积石山渗出，汇成黄河，东流入海，哺育了华夏文明。

自汉以来，中原王朝对西域的经营，除武力征伐外，主要是驻军屯田，于是《水经注》中记录了一段索劢（mài）治水的故事。

敦煌的索劢很有才能，刺史毛奕就上书，请求让索劢率领酒泉、敦煌的士兵千人，到楼兰屯田。索劢进入西域后，带领士兵挖了地窝子，并在其上方盖上茅草，用来居住；召集鄯善、焉耆、龟兹三国兵士各千人，在荒滩上兴修水利，截断注滨河。注滨河的下游便是楼兰国的伊循城。截水筑坝当日，水势涌起，水流激荡，波涛上腾并翻越堤岸。索劢高声叫道：“王尊拥有高尚的节操，河道因此不再决堤；王霸怀着精诚之心，滹（hū）沱因而不流。水的德行神异圣明，古往今来道理都是一样的。”说罢，索劢亲自祭祀祈祷。但水势没有减弱，于是他摆开阵势，手握刀枪，擂鼓呐喊，边刺边射，与水神大战三日，水势才减退。堤坝筑成后，灌溉范围扩展到平原一带。当地胡人都以为索劢是神人。屯田的士兵辛苦耕种了3年，积聚了百万斤粮食，索劢威震西域。

南北朝时期，索姓是凉州与高昌一带的士族大姓。这段故事在正史中并没有记录，所以索劢与毛奕生活在哪个时代已无从考证。但提到的王尊、王霸则是汉代的两位名人。王尊任东郡太守时，曾率万民治理黄河，黄河不再决堤。王霸随光武帝刘秀征战，因河水相阻，于是便在滹沱河边长跪，精诚所至，河水成冰，大军得以渡河。东汉中期，汉军重返西域，所以这位治水的索劢应当是班超统领西域时的人物。

屯田的士兵在索劢的带领下，治河屯田，并在河边修建了一座城，称为注宾城。营盘古城最初被发现时，便被确认为《水经注》中的注宾城。后世学者反对，认为营盘古城是墨山城。各方都有道理也都无道理，历史的痕迹给今人留下了无限的想象空间。无论如何，这里发现的棺木下葬的形式，以及棺木上的图案、绘彩，都与中原相似，营盘古城可称为“第二楼兰”。至于营盘古城具体对应哪座城，并不重要，我们要考证的是中原文化对西域的影响力。

太守，在南北朝时为一方大员，秩二千石，加将军名号，兼管治民、选官、审判等。“守”字，则代表其具有武官的性质。贾思勰是北魏人，中国古代有名的农学家，曾任高阳太守。面对战乱，为保障战备供给，提高农副产品的产量与储存，他写就了《齐民要术》一书，堪称农业百科全书。《齐民要术》记载了取熟葡萄阴干的方法，此方法给当时中原的果品加工技术带来了巨大变革。

葡萄种植技术由西域传入，葡萄逐步在内地大量种植，成为“中国珍果”。魏晋南北朝时期的人们将葡萄看作稀罕之物，使用其酿酒的技术也随之进入中原。这在不经意间，促使中国酿酒产业实现大飞跃，葡萄酒更是成为珍品中的珍品。

“蒲桃一杯千日醉，无事九转学神仙”，这是北朝骠骑大将军、著名诗人庾信饮用葡萄酒后的一声感叹！

南北朝时期的西域，由于大量汉人的迁居，汉文化对此地的影响力越来越大。高昌通用汉语、汉文，与之相邻的鄯善、焉耆、于阗等地也纷纷效仿，学子以四书五经为教材。不仅如此，胡服汉化也成为一种趋势。于阗、龟兹成为距中原最近的佛教圣地，并首开雕塑佛像之风，成品有浮雕，也有立雕。西域与中原的高僧辈出，两地之间的佛学交流频繁。来自西域的佛经，给中原的文学、艺术注入哲思的血液。西域的壁画艺术精美，克孜尔石窟、库木吐喇石窟、吐峪沟石窟、敦煌石窟、炳灵寺石窟、麦积山石窟、龙门石窟……如珍珠一般由西向东串起，如花儿绽放般惊艳夺目。

进入凉州的西域乐工和舞蹈，促使当地形成了西凉乐（又称秦汉伎，约出现于前秦苻坚统治末年），极大地丰富了当地人们的精神文化生活。北魏灭北凉后，这些乐工和舞蹈被带入中原。到了北齐时期，龟兹乐吸收了中原的文化基因，形成风格独特的北朝的音乐。

南北朝时期，西域的地名成为儒将们吟诗作赋时，用以表达豪迈的激情所不可缺少的一部分："陇西将军号都护，楼兰校尉称嫖姚。自从昔别春燕分，经年一去不相闻"，"奉使穷沙漠，抆（wěn）泪上河梁。食雪天山近，思归海路长"，"扶山剪疏勒，傍海扫沈黎"……

南北朝时期，汉文化在西域诸国得以传播，得益于中原王朝推行"振威德于荒外"的文化策略和"致奇货于天府"的经济策略。内地先进的生产技术随贸易不断输入西域，使其生产方式打上华夏文明的烙印，而来自西域的奇珍异果也丰富了中原的餐桌。

南北朝经营西域的方式与两汉有了很大不同——以报使往来为主、军事讨伐为辅。尽管形式有了变化，但彼此交流不曾中断。

如果我们从宏观角度来看，南北博弈的结果是：北方塞外的彪悍之血注入华夏文明的躯体内，使无畏、勇敢、善战且战之必胜的血性被继承下来，而南方将儒雅、智谋、内敛的性格传承下来，这就是融合的优势。北朝的皇权士族历史包袱轻，建立北方政权后，在制度方面做出很多创新，历史包袱相对沉重的南朝就很难改变。最有说服力的就是北魏时期的“均田制”，该制度让农耕以生的百姓在一定程度上实现了“耕者有其田”的理想。

在南北大融合的基础之上，一个幅员辽阔、经济繁荣、文化璀璨的大时代将要到来！

10　结语：统一——君主的历史使命

德国著名古典哲学代表人物黑格尔，是“欧洲中心论”的标志性学者。19世纪初，他曾在柏林大学主讲《历史哲学》，在讲稿中他提到：“中国从本质上看是没有历史的，她只是君主覆灭的一再重复而已。任何进步都不可能从中产生。”介于黑格尔在欧洲学界的影响力，他的观点几乎代表当时整个西方世界对中国的认知。

西方对中华文明重新认知来源于另一位德国存在主义哲学家——雅斯贝斯。1949年，雅斯贝斯在他的《历史的起源与目标》一书中说，中国现在还不具备决定性的力量，但是它的重要性会逐渐增长。中国所拥有的巨量人口，连同其深远的、无可替代的传统，会变成人类的一个基本要素。1962年，他再次断言：“长远来看，随着人类的继续发展，中国必将成为第一等的世界力量。”

不了解中华文明的西方人，永远不可能理解中国的文明源远流长、赓续不断有其深层次的原因。

隋唐之前，在欧洲及南亚次大陆先后出现了庞大的帝国：波斯帝国、亚历山大帝国、罗马帝国、阿提拉帝国、孔雀王朝、贵霜王朝、笈多王朝……在其他地区还有中国史料中记载的嚈哒、柔然人建立的汗国。这些帝国的政权是一个种族征服另一个种族后形成的，都未能逃脱昙花一现的命运。被入侵的古老文明因此断裂，不再延续。这些帝国衰落后，没有任何子民会畅想延续他们先祖曾经的辉煌。整个欧洲及南亚次大陆的古老国度，他们或以血脉为纽带，或以宗教为联系，分裂后水火不容。在他们心中，普遍认为遭到某个强大帝国的入侵与奴役后，对先祖文明的延续已无必要，故而新的帝国或丢失了古老的文明，或彻底走向分裂。唯有中国虽各个王朝或多或少都存在一定的割据政权，但最终又会走向长久的统一，这种情况让西方人无法理解。

中国历史上所建立的王朝，虽然周而复始地更替，但每个入主中原的政权或者偏安一方的势力，都以一统华夏为己任。五胡十六国时期，就连大夏政权的皇帝赫连勃勃都想“统一天下，君临万邦”，据此而把都城命名为“统万城”。五胡割据时，每一个“胡”都先给自己找一个合法正统的祖先。

传说黄帝有 25 个儿子，被分封到各处，有的在中原，有的在荒蛮之地。鲜卑人的祖先就是被分封到荒凉偏僻之地的这 25 个人之一。《魏书》记载，鲜卑人的先祖是一个叫始均的人，还曾入仕尧帝的王朝，因功劳大，舜帝时被任命为田祖，也就是农业神。如此记录，显然是用以强调鲜卑与中原的血脉关系。

洪荒时代，尧有 4 个下属：共工、驩(huān)兜、三苗、鲧(gǔn)。4 人因为作乱，被尧分别流放到四方的边疆。他们的后人形成了南蛮、北狄、东夷、西戎，中央之地则为中国。虽然没有任何一个王朝自称为“中国”，但谁承继了华夏的文明，谁就是中国，亘古未变，直至今日。

有了共同先祖的认同基础，文化成为大一统的“催化剂”。中华文明让生活在九州方圆上的百姓形成了共同的“三观”——自强不息的人生观、舍生取义的价值观、和睦万邦的世界观。

从五胡十六国到南北朝，贤明的君主多能“课农桑，行乡约，不事捶楚，专务以德化民”。所以数千年来，中国绝大多数时间都是统一的，都有一个完整的王朝，这让西方人很难理解。其他文明古国先后消失，唯有中国屹立于世界的东方，长久不衰。于是，西方的学者推出一个理论：“中国不是一个国家，而是一个伪装成国家的文明。”因为中国历代帝王实际上都没有放弃共同的文化认同感，所以中华文明不会断绝。

农耕民族与游牧民族每次大冲突后所建立的王朝，都会认为自己继承了前朝的大统，建立了新的社会秩序，而不是新的国家，并以五行相生相克的原理来解释朝代更替现象，以确认本朝的正统性，证明自己的合法性。这就是文化的魅力。

不同地域间的人口大流动、大融合是南北朝时期的一个特色。建立在融合基础上的伦理认同，让人们对于“分久必合”的意志更加坚定，将国家的统一和发展推向新的高度，为隋唐的统一奠定了基础。

秦汉 400 余年确立了大一统的观念。魏晋南北朝的近 400 年间，地域政权旋起旋灭，都有客观上存异、主观上求同的意志。这一时期，以中原之地为核心的四夷南下北上，东进西入，形成了十六国时期“关中之人百余万口，率其少多，戎狄居半”（江统《徙戎论》）的局面。随着南北朝由对立到融合，这让两汉之后、隋唐之前的近 400 年中，融合的形式多样化，汉化远大于胡化并成为主流，彰显了华夏文明的主体地位。改汉制、随汉姓、崇儒学、尚佛法、尊天道，汉语成为内迁胡人的通用语言，有地域特点的姓氏、服饰、习俗逐渐消失，杂居通婚、血脉相融成为一个时代的标志。谁代表了中华正统，成为“华夷之辨”的对冲点。最后的结局：王朝发展的整体属性趋于大一统，文化、伦理的认同趋于一致。这一时期的割据，是为进一步的统一做准备。

我们再回顾一下本书的开篇，关于一块石头的故事。

大秦帝国的国运很短，但留下了完整的体制遗产。秦始皇一扫六合之后，除了设郡县，下令使车同轨、书同文、度同制外，还给后世留下了那块刻有“受命于天，既寿永昌”的玉玺——代表着君权神授的传国精神。一方小小的玉石，给后世确定了“天下”的概念。从玉玺的本源故事，我们可以得知，玉玺是民心，得民心者得天下，这是天命所归，也是这块玉玺的传奇功效。秦始皇为践行一统天下的理念开了头，后代皇帝遵守并强化了这一理念 2000 多年，并不断地在变化中完善，这便是中国的独特之处。在历史的长河中，中国或许会短暂衰落，但永恒不灭，就是这个原因。

在英语中，中国的词源不是“瓷器”，而是“秦”。西辽统治西域时期，形成了今天斯拉夫语中的“中国”，发音源于契丹。西域地区对中原皇帝的称谓“桃花石汗”，则是拓跋氏汗的音译。辽、金、西夏、西域诸国等，最终融于中华文明里。它们都是中国，只是换了不同的姓氏的君主，百姓没有变，土地没有变。

我们的国土，正如谭其骧所说：“中国也经历过统一和割据，但几千年融合而成的中华民族，却是一个不可分割的整体。不能说割据时期她就不是中华民族，就可以把这个或那个民族从中华民族中任意割出去。更不能说只有汉民族掌握中央政权时，中国才是中国，别的民族掌握中央政权时，中国就不是中国。”

中华文明可以用一句话来解释：夷狄而华夏者，则华夏之。即认同了我们的文化，就是中国人。经历离乱隔绝、互相仇视、兵戈搏杀之后，南北方大融合并逐渐形成一个新的中国，五胡时代的鲜卑、匈奴、羯、氐、羌融入了中国。这似乎形成了中国人的一个特点——在存异下求同。在这一进程中，起决定作用的绝不是武力与强权，而是文化，或以文化为代表的文明。

方块字本身就是不同偏旁的组合，文明则是用这种小组合完成思想上的大组合。

腓尼基人发明的字母之下不可能产生统一思想，它的随意性、多变性让使用它的人群的语言、思想、行为多变。而方块字如同一块方正的玉，轻轻敲开语言、风俗、地域、血脉各异的心灵之门，中华大地上的人们在使用它时，成为自觉的中国人。

中国历代君主的使命只有一个——统一中国。这也是中国人共同的历史使命。

参考文献

[1] 司马光 . 传世藏书 · 史库 · 资治通鉴 [M]. 海口：海南国际新闻出版中心，1996.

[2] 郦道元 . 传世藏书 · 史库 · 水经注 [M]. 海口：海南国际新闻出版中心，1996.

[3] 松田寿男 . 古代天山历史地理学研究 [M]. 陈俊谋，译 . 北京：中央民族学院出版社，1987.

[4] 余太山 . 西域通史 . 河南：中州古籍出版社，2013.

[5] 曾问吾 . 新疆文库 · 中国经营西域史 [M]. 乌鲁木齐：新疆人民出版社，2013.

[6] 陈世明 . 新疆文库 · 二十四史西域史籍辑注 [M]. 乌鲁木齐：新疆大学出版社，2013.

[7] 王治来 . 中亚通史：古代卷（下）[M]. 乌鲁木齐：新疆人民出版社，2007.

[8] 方英楷 . 中国历代治理新疆国策研究 [M]. 乌鲁木齐：新疆人民出版社，2006.

[9] 周伟洲 . 西域史地论集 [M]. 兰州：兰州大学出版社，2012.

[10] 薛宗正 . 西域史汇考 [M]. 兰州：兰州大学出版社，2014.

[11] 张星烺 . 中西交通史料汇编 [M]. 上海：中华书局，1977.

[12] 童书业 . 中国疆域沿革略 [M]. 上海：开明书店，1949.

[13] 曹尚亭 . 吐鲁番五千年 [M]. 乌鲁木齐：新疆大学出版社，2007.

[14] 马登杰 . 新疆历史与发展 [M]. 乌鲁木齐：新疆人民出版社，2010.

[15] 谷苞 . 新疆历史人物 [M]. 乌鲁木齐：新疆人民出版社，2006.

[16] 逯钦立 . 先秦汉魏晋南北朝诗 [M]. 上海：中华书局，1983.

[17] 葛承雍 . 胡汉中国与外来文明 · 绵亘万里长：交流卷 [M]. 北京：三联书店，2019.

[18] 王功恪，王建林 . 龟兹古国：遗落的西域故地文明探秘 [M]. 重庆：重庆出版社，2007.

[19] 孟凡人 . 新疆考古与史地论集 [M]. 北京：科学出版社，2000.

[20] 马大正 . 中国边疆经略史 [M]. 郑州：中州古籍出版社，2000.

[21] 鲁保罗 . 西域的历史与文明 [M]. 耿昇，译 . 乌鲁木齐：新疆人民出版社，2006.

[22] 斯坦因 . 西域考古记 [M]. 向达，译 . 北京：商务印书馆，2013.

[23] 黄文弼 . 西域史地考古论集 [M]. 北京：商务印书馆，2017.

[24] 侯灿 . 高昌楼兰研究论集 [M]. 乌鲁木齐：新疆人民出版社，1990.

[25] 彭无情 . 西域佛教演变研究 [M]. 成都：巴蜀书社，2016.

[26] 侯灿，杨代欣 . 楼兰汉文简纸文书集成 [M]. 成都：天地出版

社，1999.

[27] 武斌 . 丝绸之路全史：精编版 [M]. 沈阳：辽宁教育出版社，2018.

[28] 蓝勇 . 南方丝绸之路 [M]. 重庆：重庆大学出版社，1992.

[29] 莫尼克 · 玛雅尔 . 古代高昌王国物质文明史 [M]. 耿昇，译 . 上海：中华书局，1995.

[30] 马克章 . 西域汉语通行史 [M]. 兰州：甘肃教育出版社，2016.

[31] 耿世民 . 古代突厥文碑铭研究 [M]. 北京：中央民族大学出版社，2005.

[32] 林幹 . 突厥史 [M]. 呼和浩特：内蒙古人民出版社，1988.

[33] 张小元 . 牧歌流韵——中国古代游牧民族文化遗珍（粟特卷）[M]. 兰州：甘肃人民出版社，2015.

[34] 王仲荦 . 魏晋南北朝史 [M]. 上海：上海人民出版社，2016.

[35] 勒内 · 格鲁塞 . 草原帝国 [M]. 赵晓鹏，译 . 北京：中国致公出版社，2019.

[36] 叶舒宪 . 河西走廊：西部神话与华夏源流（修订本）[M]. 西安：陕西师范大学出版社，2019.

[37] 马建春 . 中国西北少数民族通史：西晋十六国卷 [M]. 北京：民族出版社，2009.

[38] 徐东 . 神秘的楼兰古国 [M]. 北京：华龄出版社，2010.

[39] 王素 . 高昌史稿：交通篇 [M]. 北京：文物出版社，2000.

[40] 王素 . 高昌史稿：统治篇 [M]. 北京：文物出版社，1998.

[41] 冯志文 . 西域历史编年 [M]. 喀什：喀什师范学院图书馆编印，1983.

[42] 柏杨 . 现代语文版资治通鉴（36）：河阴屠杀 [M]. 北京：中国友谊出版公司，1990.

[43] 柏杨 . 中国人史纲 [M]. 杭州：浙江文艺出版社，2020.

[44] 陈良伟 . 丝绸之路：河南道 [M]. 北京：中国社会科学出版社，2002.

[45] 汪鹏 . 再现世界历史 21：南北朝 [M]. 济南：山东科学技术出版社，2017.

[46] 汤球 . 十六国春秋辑补 [M]. 北京：商务印书馆，1958.

[47] 火焰塔 . 五胡录 [M]. 北京：中国三峡出版社，2010.

[48] 三崎良章 . 五胡十六国：中国史上的民族大迁徙 [M]. 刘可维，译 . 北京：商务印书馆，2019.

[49] 刘建中 . 五胡十六国论著索引 [M]. 合肥：黄山书社，2008.

[50] 王怀成 . 魏晋南北朝文史论集 [M]. 成都：巴蜀书社，2022.

[51] 李硕 . 南北战争三百年 [M]. 上海：上海人民出版社，2018.

[52] 王荣珍 . 淝水之战 [M]. 长春：吉林文史出版社，2011.

[53] 郭宝臣 . 南北对峙 [M]. 北京：长城出版社，1997.

[54] 余耀华 . 大裂变：南北朝的天空 [M]. 北京：东方出版社，2021.

[55] 李延寿 . 传世藏书・史库・北史 [M]. 海口：海南国际新闻出版中心，1996.

[56] 张小泱 . 神奇的北魏 [M]. 成都：四川文艺出版社，2023.

[57] 张广达，荣新江 . 于阗史丛考 [M]. 上海：上海书店出版社，1993.

[58] 李吟屏 . 佛国于阗 [M]. 乌鲁木齐：新疆人民出版社，1991.

[59] 贾小军 . 本位、正统与守国：魏晋南北朝政治格局新论 [M]. 兰州：甘肃文化出版社，2014.

[60] 王永平 . 中古士人流迁与南北文化传播 [M]. 南京：江苏人民出版社，2019.

[61] 张家林 . 二十五史精编：宋・齐・梁・陈全书 [M]. 北京：中国戏剧出版社，2007.

[62] 段连勤 . 丁零、高车与铁勒 [M]. 上海：上海人民出版社，1988.

[63] 周伟洲 . 敕勒与柔然 [M]. 上海：上海人民出版社，1983.

[64] 袁刚 . 中国古代北方民族史：柔然卷 [M]. 北京：科学出版社，2021.

[65] 陶克涛 . 毡乡春秋・柔然篇 [M]. 呼和浩特：内蒙古人民出版社，1997.

[66] 文韬 . 鲜卑帝国 [M]. 北京：九州出版社，2007.

[67] 罗三洋 . 消失的帝国：柔然帝国 [M]. 北京：中国国际广播出版社，2013.

[68] 杨军，吕净植 . 鲜卑帝国传奇 [M]. 北京：中国国际广播出版社，2008.

[69] 李强，李斌 . 图说中国古代纺织技术史 [M]. 北京：中国纺织出版社，2018.

[70] 李万生 . 侯景之乱与北朝政局 [M]. 北京：中国社会科学出版社，2003.

[71] 法显 . 佛国记注译 [M]. 郭鹏，注译 . 长春：长春出版社，1995.

[72] 杨衒之 . 洛阳伽蓝记校释今译 [M]. 周振甫，释译 . 北京：北京联合出版社，2019.

[73] 陈舜臣 . 门阀乱：且说魏晋南北朝 [M]. 廖为智，译 . 北京：新星出版社，2008.

[74] 魏收 . 魏书 [M]. 北京：中华书局，1974.

[75] 法显 . 佛国记两种 [M]. 北京：文物出版社，2020.

[76] 萧子显 . 南齐书 [M]. 北京：中华书局，1972.

[77] 房玄龄 . 晋书 [M]. 北京：中华书局，1974.

[78] 沈约 . 宋书 [M]. 北京：中华书局，1974.

[79] 殷晴，李肖，侯世新 . 吐鲁番学新论 [M]. 乌鲁木齐：新疆人民出版社，2006.

[80] 新疆维吾尔自治区自然资源厅 . 地图上的中国新疆 [M]. 北京：中国地图出版社，2021.

[81] 李东 . 西域四百年：汉匈争夺战 [M]. 北京：新世界出版社，2023.

[82] 锦公子 . 中国古都四千年 [M]. 北京：新世界出版社，2023.

[83] 张新泰，贺灵 . 西域历史文化大词典：全 3 册 [M]. 乌鲁木齐：新疆人民出版社，2012.

[84] 蔡镇楚，蔡静平 . 中国战争诗话 [M]. 长沙：湖南师范大学出版社，2010.

[85] 裴孝曾 . 龟兹史料辑录 [M]. 乌鲁木齐：新疆人民出版社，2010.

[86] 葛剑雄 . 统一与分裂：中国历史的启示 [M]. 北京：商务印书馆，2013.

[87] 杨建新 . 古西行记选注 [M]. 银川：宁夏人民出版社，1987.

[88] 丝绸之路考察队 . 丝路访古 [M]. 兰州：甘肃人民出版社，1983.

[89] 章巽 . 法显传校注 [M]. 上海：上海古籍出版社，1985.

[90] 冯承钧 . 西域南海史地考证论著汇辑 [M]. 北京：中华书局，1957.

[91] 王炳华 . 丝绸之路：考古研究 [M]. 乌鲁木齐：新疆人民出版社，2010.

[92] 韩康信 . 丝绸之路：古代种族研究 [M]. 乌鲁木齐：新疆人民出版社，2010.

[93] 盖山林 . 丝绸之路：草原文化研究 [M]. 乌鲁木齐：新疆人民出版社，2010.

[94] 李竟成，雷茂奎 . 丝绸之路：民间文学研究 [M]. 乌鲁木齐：新疆人民出版社，2010.

[95] 仲高 . 丝绸之路艺术研究 [M]. 乌鲁木齐：新疆人民出版社，2009.

[96] 田卫疆 . 丝绸之路：吐鲁番研究 [M]. 乌鲁木齐：新疆人民出版社，2010.

[97] 冀名峰 .《论语》中的行政精神 [M]. 北京：中国言实出版社，2014.

[98] 李强 . 皇权血酬游戏 [M]. 哈尔滨：哈尔滨出版社，2006.

[99] 黄仁宇 . 中国大历史 [M]. 北京：三联书店，1997.

[100] 周伟洲 . 吐谷浑史 [M]. 银川：宁夏人民出版社，1985.